현대 인간행동과 사회환경

김향선 저

학지사

머리말

인간의 행동이란 반응자극에 대한 행동을 총칭한다. 이 반응자극은 인간이 사회적으로 창조하고 학습한 것으로서 행동은 상황과 조건 속에서 이 반응자극에 새로운 의미를 부여함으로써 선택된다. 인간행동에 대한 연구는 사회복지 분야에서 매우 중요하다. 사회복지는 인간이 인간답게 살아가고 행복한 삶을 영위하도록 도와주는 인간 중심의 복합 영역이라고 할 수 있다. 그리고 인간다운 삶을 살기 위해서 개인이 다양한 문제의 원인을 찾고 해결방안을 모색하는 것은 매우 의미 있는 일이며, 이러한 일에 있어서 '인간행동과 사회환경'은 매우 중요한 위치를 차지한다.

또한 인간은 주변의 환경을 매개로 성장하고 사회화되며 환경과 상호작용을 한다. 이러한 상호작용은 매우 복잡하다. 인간의 행동을 이해하기 위해서는 '생태체계의 환경 안에서의 인간'을 고려해야 하며, 이러한 인간 이해를 사회복지실천을 위한 전문적인 지식과 기술로 연결시켜야 한다.

'인간행동과 사회환경' 교과목은 인간의 내적인 발달을 다루는 성격이론과 인간행동에 영향을 미치는 사회체계 및 구조에 관한 이론으로 구성되었다. 총론에서는 인간행동과 사회환경이 무엇이며, 인간행동과 사회환경을 바라보는 관점에 어떤 것이 있는지를 다루고, 제1부에서는 생애주기에 따른 인간의 성장과 발달을, 제2부에서는 인간행동의 발달이론을, 그리고 제3부에서는 사회체계의 이해를 다룬다.

따라서 '인간행동과 사회환경' 과목에서는 인간의 발달단계와 각 단계의 발달과업을 살펴보고 생애주기와 성격발달이론 그리고 인간의 발달에 영향을 미칠 수 있는 생물학적 · 심리적 · 사회적 요인을 살펴볼 것이다. 결국 '인간행동과 사회환경'에서의 과제는 우리가 살아가면서 통과하는 여러 가지 발달단계의 각 과정이 어떤 특성과 의미가 있는지, 또한 그것들이 현장에서 사회복지실천과 어떤 관련성이 있는지 파악하는 것이다.

이 책이 사회복지실천 현장에서 사회복지실천을 직접 실시하게 될 미래 전문가들에게 미력하게나마 도움이 되고, 인간이 보다 행복한 삶의 과정을 영위해 나갈 수 있도록 인간본성에 대한 이해와 사회적 기능 향상과 삶의 질 개선을 통해 효과적인 사회적 서비스와 복지증진을 이루는 데 기여한다면 더 바랄 것이 없다. 마지막으로 이 책을 출판해 주신 학지사 김진환 사장님과 관계자분들께 깊은 감사를 드린다.

2018년 3월
저자 김향선

차례

제1부 생애주기에 따른 인간의 성장과 발달

제2부 인간행동의 발달이론

제3부 사회체계의 이해

총론

사회복지실천(social work practice)은 개인을 포함하여 크고 작은 사회집단을 대상으로 하는 것이기에 개인, 가족, 집단, 조직, 지역사회 등과 밀접한 관련이 있다. '인간행동과 사회환경'이라는 과목은 기본적으로 이러한 인간관계를 다루고 있으므로 사회복지사가 익혀야 할 중요한 기초지식 중 하나이다. 사회복지실천에서는 가치, 목표, 지식, 기술, 환경 등이 토대를 이루고 있으며, 이러한 토대를 세우는 데 인간행동과 사회환경에 대한 지식이 근간을 이룬다.

인간과 환경은 서로 영향을 주는 방식으로 상호작용한다. 인간은 환경에 반응하기도 하고 반응을 불러일으키기도 하는 것이다. 인간과 환경은 직접적·간접적 영향을 주고받으며, 나아가 물리적 환경과 사회적 환경 역시 상호 간에 영향을 미치는 통합된 체계를 이룬다.

제1장
인간행동과 사회환경의 이해

1. 인간행동의 이해

인간행동은 생애 발달단계별로 상이한 특성을 갖고 있다. 즉, 유아기, 아동기, 청소년기, 성인기, 노년기와 같은 각 발달단계마다 인간행동은 특이한 성격을 가지고 있다. 그렇기 때문에 사회복지실천을 위한 지식을 위해서는 발달연령에 따른 신체적·심리적·사회적 변화를 이해함으로써 구체적인 인간 이해에 도달해야 한다. 최근 사회복지실천에서는 개인의 무한한 능력과 다양한 체계 수준의 환경 간 영향을 고려하여 인간행동을 파악하려는 시도가 다양한 이론적 수준에서 이루어지고 있다.

우선 발달(development)이 무엇인지 알아보자. 발달이란 인간의 생명이 시작되는 순간, 즉 정자와 난자가 만나 수정이 되는 순간부터 죽음에 이르기까지 개인의 전 생애 동안 연령의 증가와 함께 겪게 되는 모든 변화를 말한다. 이러한 발달은 성인에서부터 노년기에 이르기까지 나타나는 신체적·심리적 변화를 모두 포함한다(최경숙, 송하나, 2010). 하나의 세포에서 시작한 생명체는 태내에서 처음으로 사람의 모습으로 만들어지고, 갓난아기로 태어나서 차츰 성장하여 걷기 시작하고 말도 할 수 있게 된다. 이후 인간은 생각을 하고, 친구들과 우정을 쌓기도 하고, 사춘기가 되면 신체적인 변화가 나타나면서 자신에 대한 탐구를 하고 이성에 대한 관심을 갖게 된다. 성인이 되면 결혼을 하고 자녀를 키우면서 중년기를 맞이하게 되는데, 각자의 사회적 역할에 변화가 오고 조금씩 쇠퇴 현상을 감지하면서 심리적 혼란을 겪기도 하며, 노년기에 이르면 자신의 삶과 가치를 되새겨 보며 마침내 죽음을 맞이하게 된다.

이렇듯 발달이란 전 생애에 걸쳐서 일어나는 과정으로서, 신체, 심리 그리고 사회적 측면에서 나타나는 연속적이며 상승적 또는 퇴행적 변화 과정 전체를 의미한다. 이는 일생에 걸쳐 일어나는 체계적인 변화이며, 연령이 증가함에 따라 나타나는 신체적 변화, 심리적 변화, 사회적 변화를 포함하고 있다. 이러한 발달과정에는 인간이 경험하는 신체 및 운동 능력, 지적 능력, 언어, 사회적 관계, 정서, 도덕, 성격 등 모든 영역에서의 변화가 포함된다. 이 발달과정에는 한편으로는 양적으로 증가하고 기능의 수준이 높아지고 원숙해지는 변화가 있지만, 다른 한편으로는 기능이 약화되고 구조가 쇠퇴하는 변화도 포함된다. 이러한 발달의 변화 양상과 과정은 대부분 순서와 방향이 있으며, 특정한 양식을 나타냄과 동시에 지속성이 있기 때문에, 약물이나 피로에 의한 일시적인 변화 등과는 구별된다.

성장(growth), 성숙(maturation), 학습이란 용어들은 발달과 유사한 의미로 사용되기도 하지만 발달과는 일단 구별된다. 성장은 생리적인 과정에 따라 일어나는 신체적 변화를 말하는 것으로서 주로 신체 크기의 증대나 근력의 증가, 인지의 확장 등 양적 확대를 의미한다. 반면, 성숙은 경험이나 훈련에 관계없이 인간의 유전적 요인에 의해 체계적이고 규칙적으로 진행되어 가는 생물학적 과정에서 나타나는 신체 및 심리적 변화를 의미한다. 성숙은 부모로부터 받은 유전인자가 지니고 있는 정보에 따라 발달적 변화가 통제되는 과정인데, 예를 들어 사춘기에 나타나는 2차 성징, 태아가 모체 내에서 발달해 가는 것 등이 그것이다. 학습은 직간접적 경험, 훈련과 연습의 결과로 일

〈표 1-1〉 발달, 성장, 성숙, 학습의 정의

구분	정의
발달	• 일반적으로 체계적인 과정을 따라 이루어지는 일련의 변화 • 유전과 환경의 상호작용으로 인한 일생 동안의 모든 변화 • 사람이 태어나서 죽을 때까지의 규칙적인 모든 변화
성장	• 신체 크기의 증대, 근력 증가, 인지의 확장 등과 같은 양적 확대를 의미하며 생리적으로 양적 확대가 이루어지다가 일정한 시기가 지나면 정지되는 인간의 부분적 측면 • 신체적 · 생리적 발달의 양적 증가에 국한됨
성숙	• 경험이나 훈련에 관계없이 인간의 내적 또는 유전적 기제의 작용에 의하여 체계적이고 규칙적으로 진행되는 신체 및 심리적 변화 • 부모로부터 받은 유전인자가 지니고 있는 정보에 따라 일어나는 변화로, 외적 환경으로부터의 경험, 훈련 등과 관계가 없음
학습	• 경험 및 훈련과 연습을 통해 얻을 수 있는 것 • 인간이 환경에 의해서 변화하는 것 • 후천적인 변화과정

어나는 후천적 변화로서, 환경에 의해 개인이 내적으로 변하는 것이다.

인간발달이란 앞의 어느 한 경우로만 국한되지 않는 개념으로서, 일생을 통한 성장, 성숙, 학습에 의해 이루어지는 복합적인 과정이라 할 수 있다. 인간의 발달은 개인의 타고난 기질과 사회환경의 지속적인 상호작용에 의해 영향을 받는다. 인간은 사람들 사이에서 살아간다. 다른 사람의 마음이나 행동을 올바로 이해하는 것은 사람들이 잘 어울려 사는 일에 큰 도움이 된다. 인간을 이해하는 첫걸음은 인간의 발달과정을 아는 것에서 시작된다. 즉, 인간을 일생주기에 대한 전반적인 틀을 갖고 이해하는 것은 인간의 전 생애 발달과정을 파악함으로써 가능하다. 연령에 따른 발달특성을 알게 되면 아동이나 청소년의 성장 과정을 알 수 있다. 예를 들어, 아기가 평균 몇 살이 되었을 때 말을 시작하는지를 알면 한 아동의 언어발달이 평균적인 발달과정을 따르고 있는지를 가늠할 수 있다. 또 다른 예로 청소년에 대한 발달과정을 이해하면, 우리가 청소년 문제를 다룰 때나 청소년 자신이 스스로의 문제를 다룰 때, 청소년기의 변화를 이해하거나 예견하여 이에 대해 적절한 대응을 할 수 있게 된다.

이와 같은 인간의 평균적인 발달변화에 대한 인식만이 중요한 것은 아니다. 또한 왜 그와 같은 변화가 일어나는지에 대한 원인을 파악하면 인간의 행동변화에 대해서 좀 더 적극적인 개입을 할 수 있다. 즉, 발달의 이유나 원인을 알면, 발달을 바람직한 방향으로 이끌 수 있게 된다. 특히, 아동이나 청소년에게 바람직한 변화를 가져올 수 있도록 환경을 제공해 주어 발달을 증진시킬 수 있으며, 평균적인 발달에서 벗어났을 경우, 적절한 교육이나 대처를 통해 그 원인에 대한 개입을 할 수 있다. 또한 적절한 자녀양육에 대한 방법을 제공할 수도 있다. 발달의 원인에 대한 이해를 바탕으로 했을 때, 앞으로 일어날 수도 있는 발달의 문제점을 예방할 수 있다.

최근에는 전 생애 발달에 관한 지식이 개인적으로나 사회적으로 자아실현이 본격화되는 성인기에도 중요한 의미를 갖는다고 주장되기도 한다. 이 시기에 그러한 지식은 발달과업을 성취하려는 동기를 부여하는 한편, 또한 삶을 평가하는 지표를 제시하기도 한다는 것이다. 특히, 은퇴와 노화의 과정을 조명하여 건강하고 행복하게 삶을 마무리하는 준비를 하도록 돕는다(최경숙 외, 2010 참조).

2. 인간발달의 이론

인간발달의 원리와 특성, 그리고 인간발달에 대한 연구의 방법을 살펴보면, 임신부터 출생, 성장, 노쇠의 과정을 거쳐 죽음에 이르기까지 계속적이고 체계적으로 일어나는 일련의 변화를 말하는 인간발달은 양적인 면과 질적인 면에서 고찰할 수 있다. 양적인 발달이 외부 환경의 자극 없이도 연령이 증가함에 따라 나타나는 신체적인 성장을 말하는 것이라면, 질적인 발달은 외부 환경 자극이나 학습 경험 등을 통한 지능이나 정서 및 사회성 등의 성숙을 말한다.

1) 인간발달의 원리

인간의 성장은 지속적이고 순차적인 과정을 통해 이루어진다. 성장과 발달의 양상에는 일정한 규칙성과 보편성이 나타나는데, 인간발달의 원리는 다음과 같다.

(1) 연속성

인간발달은 어느 한 시기에 발달한 부분이 다음 시기에 발달하지 않고 멈추는 식으로 진행되는 것이 아니라 전 생애를 통해 진행되고, 속도는 일정하지 않지만 시간의 경과에 따라 점진적이고 계속적으로 이루어진다. 따라서 태어나서 사망할 때까지 전 생애에 걸쳐 상승적 변화 및 하강적 변화가 연속적으로 일어나는 것이 인간발달이다.

(2) 순서

인간발달에서 발달의 변화는 개인마다 정도 차이는 있지만 일반적이고 보편적인 순서와 방향에 따라 진행되며 일정한 순서로 이루어진다. 예를 들면, 신체의 발달은 상체에서 하체로, 중심부위에서 말초부위로, 전체운동에서 특수운동으로, 덜 분화된 상태에서 더 분화된 상태로 이루어진다. 또한 한 단계의 발달은 보다 높은 차원의 다음 단계 발달로 이어진다. 아기가 처음에는 머리를 들고, 다음에 가슴을 들며, 그다음에는 앉고, 일어서고, 걷게 되는 현상이 그 예이다.

(3) 개인차

발달에서 겪게 되는 성장의 과정은 보편적이지만, 개인적으로는 차이가 있다. 예를 들어, 성장 속도에서 어떤 아이는 빠르고 어떤 아이는 느리다. 차이는 유전·성별 및 환경적 요인에 따라 다르게 나타날 수 있으며, 연령이 증가하면서 더욱 두드러진다. 어떤 아동은 1세부터 배변통제가 가능하고, 어떤 아동은 4세가 되어도 배변통제가 잘 되지 않는 경우가 있다.

⑷ 유전과 환경의 상호관련성

인간발달에서 다양한 측면들은 상호 관련되어 있다. 한 측면은 다른 여러 측면의 발달과 각기 독립적으로 이루어지지 않고 밀접한 관련 속에서 상호 영향을 미친다. 즉, 인간은 선천적인 유전의 영향과 후천적인 환경 요인의 상호작용에 의하여 발달한다.

⑸ 분화와 통합

성장은 일반적으로 좀 더 큰 전체적인 행동에서 좀 더 작은 특수한 행동으로 변화하는 과정이다. 따라서 성장은 분화와 통합의 연속적 과정이라고 할 수 있다. 즉, 발달은 점진적으로 분화해 가고 전체적으로 통합되어 가는 과정이다.

⑹ 점성원리

에릭슨은 인간발달이 단계적으로 진행된다고 보았는데 이를 점성원리라고 한다. 그는 특정 단계의 발달이 이전 단계의 발달과업에 영향을 받는다고 한다. 발달은 점성원리를 따르기 때문에 이전 단계의 발달을 기초로 하여 이후의 발달이 이루어진다. 즉, 이전 단계의 발달과업 성취 정도에 기초하여 특정 단계의 발달이 이루어진다.

2) 인간발달의 특성

인간발달은 인간과 환경의 상호작용을 통하여 일정한 순서에 따라 이루어진다는 원리하에 기초 형성이 필요하며, 결정적인 시기가 존재한다는 특성을 갖는다. 또한 인간발달의 연속적 과정에서 결손이 생기면 누적되어 심각한 결손이 된다. 이러한 인간발달의 특성은 다음과 같다.

(1) 기초성

인간발달에서 인생 초기의 발달이 이후 모든 발달의 기초가 된다. 이것이 기초성의 원리이다. 인생 초기의 신체적 · 정서적 · 지적 · 사회적 · 성격적 발달은 그의 일생을 결정하는 기초가 된다. 예를 들면, 출생에서부터 만 8세까지 지능의 80% 정도가 발달되며, 만 6세까지 성격의 기본적 기틀이 거의 형성된다(이근홍, 2011).

(2) 적기성

인간의 모든 측면의 발달은 제각기 서로 다른 최적기가 존재한다는 것이 적기성의 원리이다. 인간발달에서 적절한 시기를 놓치면 다음 시기에 특정한 발달과업을 보충하기 어렵다. 인간발달에서 적기를 놓쳤을 때, 성격형성이나 인간행동에 있어서 결함이 나타나게 된다.

(3) 누적성

어떤 시기의 결손은 계속 누적되어 다음 단계에 영향을 미친다. 이것이 누적성의 원리이다. 인간발달에서 적절한 시기에 특정한 발달과업을 성취하지 못하면 그것으로 끝나는 것이 아니라, 다음 시기에도 계속적으로 누적되며, 인생 후기에 보충하려 해도 못다 한 발달과업을 뒤늦게 성취하는 것은 매우 어렵다.

(4) 불가역성

특정 시기의 발달이 잘못되면 그 이후에 충분한 보상 자극이나 경험을 제공받아도 원래의 발달상태로 회복되지 않는다. 그것이 불가역성의 원리이다. 이 원리에 따르면, 인간의 신체적 · 정서적 · 지적 · 사회적 · 성격적 발달은 최적기를 놓치면 일생 동안 이를 교정하거나 보충하기가 매우 힘들게 되며 거의 회복할 수 없게 된다. 어릴 때 잘못 형성된 버릇이 나이 들어 고치기 어려운 경우가 그 예이다.

〈표 1-2〉 인간발달의 특성

기초성	인생 초기의 신체적·정서적·지적·사회적·성격적 발달은 그의 일생을 결정하는 기초가 됨
적기성	인간의 발달에는 결정적 시기, 가장 적절한 시기가 있음. 즉, 인간의 모든 측면의 발달은 제각기 서로 다른 최적기가 존재하며, 적절한 시기를 놓치면 다음 시기에 특정한 발달과업을 보충하기 어려움
누적성	인간발달에서 적절한 시기에 특정한 발달과업을 성취하지 못하면 다음 시기에 계속적으로 누적되며, 인생 후기에 보충하기 어려움
불가역성	인간의 신체적·정서적·지적·사회적·성격적 발달은 최적기를 놓치면 그 이후에 이를 교정하거나 보충하기가 매우 힘들게 되며, 거의 회복할 수 없게 됨

3) 인간발달의 연구

인간발달에 대한 특성과 더불어 인간발달에 관한 연구의 방법적 특성에 대해 살펴보면, 인간발달 연구는 연령의 증가에 따른 변화과정을 분석하는 것이므로 연구방법은 연령변인의 조작방식에 따라 몇 가지로 구분할 수 있다. 우선, 종단적 방법과 횡단적 방법이 있으며 이 두 가지 방법의 장점을 활용하고 단점을 최소화하는 단기종단적 방법이 있다(이근홍, 2011).

(1) 종단적 방법

종단적 방법(longitudinal approach)이란 동일한 개인이나 집단을 대상으로 일정 기간 그들에게 나타나는 발달현상을 계속적으로 추적해 가며 연구하는 방법이다. 시간 경과에 따른 개인의 성장과 행동특성의 변화양상을 더욱 확실히 밝힐 수 있고, 표본의 차이에서 나타나는 문제점을 극복할 수 있다는 장점이 있는 반면, 많은 시간과 비용, 노력이 필요하다는 단점이 있다. 예를 들어, 연구자의 재배치, 연속적인 환경통제, 표본의 변화 등에 적절히 대처하기 어렵다.

종단적 접근방법은 동일한 개인들을 그들 삶의 다양한 시점에 반복적으로 관찰하거나 검사하는 방법이다. 오랜 기간 동안 반복적인 관찰을 통해 시간 및 연령에 따른 발달과 변화를 연구한다. 6세 아동의 공격적 행동 문제를 종단적 접근방법으로 연구한다면, 6, 9, 12세가 될 때마다 검사를 실시하여 연령별 발달을 비교하게 되는데, 이 접근방법을 통해 아동의 연령별 발달과정 및 행동특성 변화과정을 보다 정확히 파악할 수 있다.

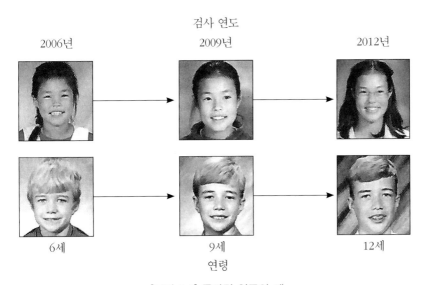

[그림 1-1] 종단적 연구의 예

출처: Kail(권민균 외 역, 2007: 27).

(2) 횡단적 방법

횡단적 방법(cross-sectional approach)이란 각기 다른 연령의 여러 개인이나 집단을 동일한 시기에 연구하는 방법이다. 동시에 여러 연령층을 연구할 수 있어 시간과 비용이 적게 들며, 연령 변화에서 나타나는 발달현상을 단기간에 쉽게 발견할 수 있다는 것이 장점이다. 그러나 자료의 정확성과 신뢰성이 부족하고, 개인차나 연령에 따른 변화를 밝히기 어렵다는 단점이 있다. 예를 들어, 횡단적 접근방법에서는 각기 다른 연령의 아동을 대상으로 하여 동일한 시간에 발달특성을 기술하게 된다. 이는 발달연구에서 가장 보편적으로 사용하는 방법이다. 이 방법은 아동 발달의 한 주제에 대해 다양한 연령의 아동들을 검사하여 규명하는 데 쓰인다[Kail(권민균 외 역, 2009: 28)]. 6, 9, 12세 아동의 지능발달을 횡단적으로 연구할 경우, 각 연령별 20명씩 아동을 표집하여 지능검사를 실시하고 각 연령별로 평균치를 비교할 수 있는데, 이 접근방법을 통해 연령별 집단 아동의 특성과 차이를 추출해 낼 수 있다. 장점은 시간, 비용, 노력이 적게 든다는 점이고, 단점은 아동의 개인별 발달특성을 파악하기 어렵다는 점이다.

검사 연도

2006년   2009년   2012년

6세   9세   12세
연령

[그림 1-2] 횡단적 연구의 예

출처: Kail(권민균 외 역, 2007: 28).

(3) 단기종단적 방법(short-term longitudinal approach)

단기종단적 방법이란 종단적 방법과 횡단적 방법의 절충적인 혼합 형태로서, 연령이 서로 중복되는 아동 집단을 선정하여 주기적으로 조사하는 방법이다. 즉, 서로 다른 여러 연령층을 대상으로 일정 기간 동안 연령이 증가함에 따라 반복적으로 연구하는 것이다. 예를 들어, 3, 4, 5, 6, 7세 아동을 단기적으로 종단적 접근방법으로 연구한다면, 한 집단의 아동은 3세 때 선정하여 4, 5세가 되면 조사 및 검사를 실시하고, 다른 집단의 아동은 5세 때 선정하여 6, 7세가 되면 조사 및 검사를 실시한다. 따라서 3년 만에 3세에서 7세까지의 종단적 자료를 수집할 수 있게 된다. 이 연구방법은 연구 기간이 종단적 방법에서 소요되는 것보다 짧고, 개인의 성장과 발달에 영향을 미치는 시간효과와 사회적 영향을 배제시킬 수 있는 장점이 있다. 종단적 접근방법보다 비교적 짧은 기간에 횡단적 접근방법보다는 비교적 긴 기간의 발달에 관한 정보를 수집할 수 있고, 시기 및 현상을 자세하게 파악할 수 있는 것이다. 그러나 시간과 비용의 투입에 비해 연령에 따른 정확한 변화를 연구하기에 부족할 수 있다는 단점이 있다. 이 연구방법은 종단적 접근방법에서의 시간, 비용, 노력의 단점과 횡단적 접근방법에서의 동질성의 문제를 어느 정도 극복할 수 있는 절충적인 연구방법이다(김경혜 외, 2009: 25-26).

3. 사회복지실천에서의 인간행동과 사회환경의 의미

인간 이해를 바탕으로 개인, 가족, 집단, 지역사회, 더 나아가 전체 사회의 사회적 기능 향상과 삶의 질 개선을 도모할 수 있도록 인간적이면서도 효과적인 사회적 서비스를 제공하는 것이 사회복지 전문직의 사명이다. 사회복지는 인간행동에 대한 미시적인 연구를 필요로 한다. 그렇기 때문에 사회복지는 환경 속의 인간을 초점으로 하여 인간의 욕구와 문제를 사정하고 원조해야 한다.

인간행동과 사회환경은 사회복지학의 기본 과목으로서 인간의 성격과 행동을 연구하는 학문이다. 성격이란 개인에 내재하는 심리·신체적 체계들로서 그 개인의 특유한 행동과 사고를 결정한다. 사회복지실천은 이러한 사람들과의 관계와 역동성에 초점을 둔다. 사회복지실천이 개인, 가족, 집단, 조직, 지역사회 등과 밀접히 관계하기 때문에, 인간행동과 사회환경은 사회복지사가 익혀야 할 중요한 기초지식이라고 할 수 있다. 사회복지사는 전문적 신념과 목표를 성취하기 위해 그리고 클라이언트의 사회 기능을 향상시키기 위해 이러한 지식과 실천 기술이 필요하다.

'인간발달'이라고 하는 관점은 '사회환경'이라는 관점보다 미시적이기 때문에 인간 서비스 현장에서의 적용력이 더 높은 편이다. 따라서 사회복지실천 분야의 종사자들은 사회환경 속의 인간 이해를 위해, 우선 각 인간발달의 단계, 곧 태내기, 신생아기, 영아기, 유아기, 아동기, 청소년기, 청년기, 중년기, 노년기의 발달특성을 심층적으로 이해할 필요가 있다. 이러한 인간행동에 관해서 다양한 이론들이 있다. 사회복지사들은 자신의 실천적 접근방법과 일치하는 이론들을 찾아, 다양한 이론들을 특별한 사례에 대한 개입에 어떻게 적용할 것인지 숙고하여 통합적으로 활용한다.

사회복지실천의 관점에서 인간행동과 사회환경에 대한 이해를 알아보기 위해서 사회복지실천의 수준과 목적을 알아 둘 필요가 있다.

사회복지실천의 수준을 살펴보면, 첫째로 미시 수준의 실천이 있는데 이 수준의 실천은 개인, 부부, 가족을 포함하여 다양한 클라이언트 체계를 대상으로 하며, 이 경우 사회복지사는 클라이언트와 접촉하면서 직접 서비스를 전달한다. 또한 중간 수준의 실천은 가족생활보다는 덜 밀접하게 관련된 대인관계를 대상으로 하는데, 이 관계는 조직과 기관의 대표들 사이보다는 더 의미 있는 관계로서 자조집단이나 치료집단의 구성원 관계를 포함한 학교나 직장, 이웃의 동료 관계 등에 기인한다. 그리고 거시 수준의 실천은 서비스를 직접 전달하는 것과 거리가 먼 것으로 사회계획과 지역사회조직 과정을 대상으로 포함하며, 이 경우 사회복지사는 사회문제를 다루기 위해 개인, 집단, 조직으로 구성된 지역사회 행동체계를 원조하는 전문적인 변화 매개자 역할을 한다. 마지막 지식은 조사 및 연구에 관한 것이다. 이러한 지식은 실천을 위한 지식을 형성하고 실천의 모든 영역에서 서비스 전달의 평가를 위한 과학적·분석적 접근에 이해와 설명을 제공해 준다.

사회복지실천의 목적은 다음과 같다.

첫째, 개인의 문제해결 및 대처 능력을 고양시키는 것이다. 가장 분명한 목적은 내담자(클라이언트) 개인이 스스로 자신의 문제를 해결할 수 없거나 욕구를 충족할 수 없을 때, 사회복지사가 지지적 서비스를 제공해 주는 상담자, 교사로서의 조력자의 역할을 수행하는 것이다.

둘째, 자원, 서비스, 기회를 제공하는 체계와 개인을 연결하는 것이다. 이 경우 사회복지사는 개인과 자원체계 사이의 초기 연결 관계를 확립하는 데 있어서 중개자의 역할을 한다. 또 다른 목적은 체계를 향상시켜 효과적이고 인도적으로 운영하도록 촉진하는 것이다. 사회복지사는 내담자 개인과 개인이 속하는 사회적 자원체계를 새롭게 확립하여 서비스 전달의 효과성과 효율성을 증가시킴으로써 상호작용을 원활히 활용할 수 있도록 프로그램을 개발하고 감독하고 자문하는 역할을 담당해야 한다.

셋째, 사회복지실천의 목적은 사회정책의 개발과 향상에 기여하는 것이다. 사회복지사는 지속적으로 인간의 문제를 다루고 있기 때문에 국가적인 수준에서 기본적 사회정책 변화의 필요성을 느낄 수밖에 없다. 또한 사회복지사는 직무 자체가 사회문제나 현존하는 사회적 자원체계의 결핍과 직접적으로 접촉하기 때문에 실질적이고 중요한 자료를 수집할 수 있는데 이러한 자료의 수집을 정책 수립에 반영할 수 있다.

인간행동발달에 대한 이해가 어떤 의의를 갖는지 살펴보면, 전 생애 동안 신체적·인지적·심리적·사회적 측면에서 연속적으로 인간행동발달이 이루어지고 있는 가운데, 인간은 연령별로 각 단계에 특정한 발달과업을 성취하고 있다. 그렇기 때문에 인간행동발달에 대한 이해는 인간의 욕구와 문제를 해결하고 사회적 기능을 향상시킬 수 있는 사회복지실천에 중요한 요소가 된다. 사회복지실천의 지식과 이해가 정의로운 사회 구현에 꼭 필요한 이유는 그것이 이처럼 복지실천의 초점이 되고 중요한 과제가 부여되기 때문이다.

　전 생애에 걸쳐 인간행동발달에 대한 이해를 통해 사회복지사가 사회복지실천의 초점으로 삼고 있는 것은 모든 연령계층의 욕구와 문제를 사정하고, 각 연령계층의 발달단계별로 문제가 되는 발달장애를 극복하려는 것이다. 예를 들면, 태내기의 유전적 결함, 영아기의 자폐증, 아동기의 행동장애와 아동학대, 청소년기의 청소년비행과 자살, 성인기의 이혼과 실업, 노년기의 노인학대와 치매 등이 사회복지실천에서 주요하게 다루는 문제들이다(이근홍, 2007: 27-28 참조).

연습문제

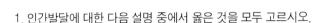

1. 인간발달에 대한 다음 설명 중에서 옳은 것을 <u>모두</u> 고르시오.

> 가. 일정한 순서와 방향성이 존재한다.
> 나. 발달은 연속적으로 일어나지만 속도가 일정하지는 않다.
> 다. 발달은 연속적인 과정이며 발달 속도가 일정하다.

① 가, 나   ② 가, 나, 다   ③ 가   ④ 가, 다

2. 인간발달의 원리에 대한 설명 중 옳지 <u>않은</u> 것은?

① 발달에는 결정적 시기가 있다.

② 발달에는 일정한 방향이 있다.

③ 일정한 방향으로 이루어지므로 개인적 차이는 없다.

④ 발달에는 개인차가 존재한다.

3. 다음 중 인간발달의 원리로 옳은 것은?

> 가. 발달은 성숙과 학습에 의존한다.
> 나. 말초부위에서 중심부위로 일정한 순서를 가지고 발달한다.
> 다. 분화인 동시에 통합적인 과정이다.
> 라. 인간발달과정에서 환경의 영향은 받지 않는다.

① 가, 나, 다   ② 가, 다   ③ 나, 라   ④ 라

4. 다음 중 발달에 대해 바르게 설명한 것은?

① 신체적 · 심리적 · 사회적 측면에서 변하는 것을 의미하는데 여기까지 상승적 또는 하강적 변화가 있다.

② 신체가 크는 것과 같은 양적 증가를 의미하여, 신체적 부문에 국한해서 말하는 것이다.

③ 외연적 환경조성이나 연습과는 비교적 무관하게 내적 · 유전적 메커니즘에 의해 출현하는 신체적 · 심리적 변화를 말한다.

④ 경험, 훈련의 결과로 인한 개인의 내적 변화를 말한다.

5. 다음은 무엇에 대한 설명인가?

> 인간은 출생부터 사망까지 다양한 측면에서 변화를 경험하며 지적 · 정신적 · 사회적 · 신체적 측면 등 전인적인 측면에서 전 생애에 걸쳐 연속적으로 일어나는 변화의 양상과 과정이다.

① 발달   ② 성숙   ③ 발전   ④ 성장

제1부

생애주기에 따른
인간의 성장과 발달

제2장

태내기

1. 개념

태내기란 임신부터 출산에 이르는 시기를 말한다. 임신이란 정자와 난자가 만나 수태(conception)가 이루어진 상태를 말한다. 개인에 따라 약간의 차이가 있으나 정상적인 임신기간은 10개월이며 약 280일이다. 이러한 태내기는 배란기, 배아기, 태아기로 나누어진다. 첫 번째 기간이 배란기(발생기, germinal stage)이다. 이 기간은 수정란이 자리를 잡고 태반이 발달하는 시기로서 수정 후 약 2주간을 말한다. 두 번째 기간이 배아기(embryonic stage)이다. 이 시기는 착상 후부터 임신 8주까지를 말한다. 세 번째 기간이 태아기(fetal stage)이다. 이 시기는 임신 3개월부터[1] 출생까지를 말하는데, 이 기간에 성장하는 유기체를 태아(fetus)라고 부른다.

태아기는 새로운 기관의 형성보다는 성장이 가속화된다. 전 단계에서 기본적으로 형성된 여러 신체조직이 급격히 발달하고 기능하기 시작한다. 임신 3개월이 되면 성별이 구별되고, 소화기관이 발달하기 시작한다. 4개월이

---

1) 일부 학자는 11주 이후부터 태아라고 부른다.

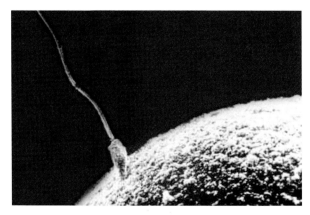

[그림 2-1] 정자와 난자의 수정

출처: https://commons.wikimedia.org/wiki/File:Sperm-egg.jpg

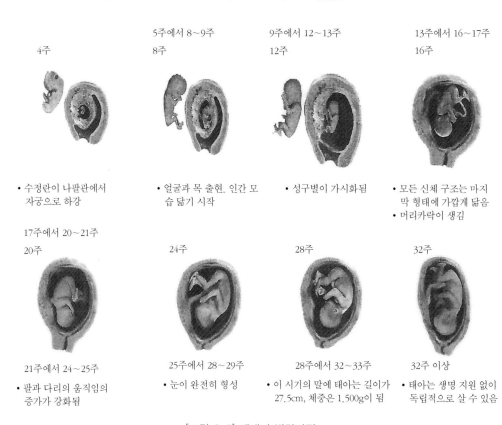

4주
5주에서 8~9주
8주
9주에서 12~13주
12주
13주에서 16~17주
16주

• 수정란이 나팔관에서 자궁으로 하강
• 얼굴과 목 출현. 인간 모습 닮기 시작
• 성구별이 가시화됨
• 모든 신체 구조는 마지막 형태에 가깝게 닮음
• 머리카락이 생김

17주에서 20~21주
20주
24주
28주
32주

21주에서 24~25주
• 팔과 다리의 움직임의 증가가 강화됨

25주에서 28~29주
• 눈이 완전히 형성

28주에서 32~33주
• 이 시기의 말에 태아는 길이가 27.5cm, 체중은 1,500g이 됨

32주 이상
• 태아는 생명 지원 없이 독립적으로 살 수 있음

[그림 2-2] 태내기 발달과정

출처: Cronin & Mandich(양영애 외 역, 2009: 105-108).

되면 태아는 인간의 형체를 닮아 가고 팔과 다리의 움직임이 나타난다. 또 5개월이 되면 태아의 움직임이 활발하게 나타나고, 태내에서의 많은 활동들은 출생 이후에 사용될 반사능력의 기초가 된다(김귀환 외, 2015: 39).

2. 태아의 발달

태아의 발달은 임신기간 동안 3개월씩 세 단계로 구분된다. 태아는 임신 1단계(1~3개월), 2단계(4~6개월), 3단계(7개월~출산)를 거치면서 성장하게 된다(Zastrow & Kirst-Ashman, 2001: 54-55).

1) 임신 1단계

배아(embryo)가 빠른 속도로 분화하고 조직이 발달하는 임신 초기 3개월은 매우 중요한 시기이다. 이때 임산부가 유해 약물을 복용하는 경우, 또는 건강 상태가 좋지 않을 경우 태아에게 나쁜 영향을 미친다. 임신 1개월의 발달은 다음과 같다. 심장과 소화기관이 원초적인 형태로 나타나기 시작하고, 두뇌와 신경계의 기본 구조도 나타나며, 팔과 다리가 될 부위도 생겨난다. 배아가 인간의 모습을 갖추기 시작하는 것은 임신 2개월이 되면서부터이다. 내부기관이 복잡해지고 눈, 코, 입을 비롯한 얼굴의 전체 모습이 드러나기 시작한다. 3개월이 되면 팔, 다리, 손, 발의 형태가 나타나고 아직 덜 발달한 상태지만 모든 기관들이 기본적인 형태를 갖추게 된다. 임신 1~3개월 동안 임산부는 호르몬 분비의 증가로 인해 다양한 증상을 경험한다. 종종 피로, 유방 확대, 잦은 소변, 식욕 증가, 메스꺼움 등을 호소한다.

2) 임신 2단계

태아는 임신 2단계인 4~6개월 동안에도 계속 성장한다. 발가락과 손가락이 나뉘고, 피부, 손금, 머리카락, 눈이 발달한다. 규칙적인 심장박동이 이루어지는 것도 이 시기이며, 정해진 시간에 자고 일어나기 시작하는 것도 이 시기이다. 태아는 이 무렵 엄지손가락을 입에 넣기도 한다.

이 시기에는 임산부가 1~3개월에 느꼈던 대부분의 증상이 없어진다. 임산부는 태아의 활발한 움직임을 더욱 강하게 느끼게 된다. 태아의 성장에 따라 임산부의 복부가 팽창되며, 부종으로 인해서 얼굴, 손, 발, 발목이 부어오를 수 있다.

3) 임신 3단계

임신 3단계인 7~9개월에는 태아의 발달이 완성된다. 피부 아래 지방조직이 만들어진다. 내부 조직의 발달과 더불어 두뇌와 신경계도 완전히 발달

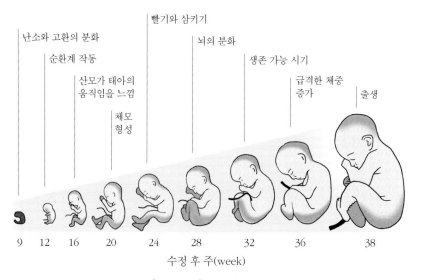

[그림 2-3] 태아의 발달

출처: Kail(2007: 권민균 외 역, 2009).

한다. 생존능력이란 이 임신 3단계에서 가장 중요한 것인데, 태아가 어머니로부터 분리되어 자신의 힘으로 생존할 수 있는 능력을 말한다. 일반적으로 6개월 혹은 26주가 되면 태아는 어머니로부터 분리되어 생존이 가능하다.

이 시기는 임산부에게 매우 불편한 시간이다. 증가하는 몸무게는 근육과 골격에 무리를 주고, 통증과 근육경련을 일으킬 수 있다. 또한 자궁 팽창은 주위 장기들을 압박하여 임산부에게 불편을 느끼게 한다.

3. 태아의 발달에 영향을 미치는 요인

모체 내에서 이루어지는 태내 발달은 눈으로 직접 확인하기가 어렵다. 그렇기 때문에 태내 발달의 중요성을 실감하지 못할 수도 있다. 그러나 태내기의 발달이 다른 어떤 발달단계보다도 민감하게 이루어진다는 것은 분명하다. 그렇기 때문에 이러한 태내 발달에 영향을 미치는 유전적 요인과, 임산부의 특성, 건강상태, 심리상태, 생활습관 등과 같은 환경적 요인을 파악하여, 태아의 정상적 발달을 도와야 한다.

1) 유전적 요인의 영향

유전적 요인에 따라 인간은 발달 한계, 특히 신체적 성숙과 관련된 한계를 갖게 된다. DNA에 의해 전달되는 유전은 사람들 간에 성숙 속도의 차이, 기질적 차이를 만들어 낸다. 사람에 따라서는 유전적 요인에 의해 선천적이거나 비정상적인 발달을 겪기도 한다. 먼저, 유전인자에 따라 성장 급등기, 치아발달, 사춘기, 폐경기 등을 결정하는 등 성숙 속도의 차이가 생긴다. 그리고 키, 몸무게 등도 환경적 영향보다는 유전자의 결합에 의해 더 많은 부분이 결정된다. 그리고 유전적 요인에 의해 선천적 이상이나 비정상적 발달이 초래되기도 한다.

(1) 클라인펠터증후군

정상인의 염색체의 경우 남성이 XY, 여성이 XX를 나타내는 것에 반해, 클라인펠터 증후군(Klinefelter syndrome)은 염색체가 여러 가지 이상한 형태를 나타내는 경우를 말한다. 그것은 남성에게 나타나는 성염색체 이상으로 인해 X염색체를 하나 더 가지고 있을 경우 발생하는 염색체 이상 증후군으로 염색체 수가 46개가 아닌 47개이며 XY 대신 XXY형을 이룬다. 그 증후군의 특징으로는 남성호르몬 부족과 무정자증, 낮은 지능, 여성형 유방 등의 현상이 나타나며, 가슴이 큰 것이 특징이다.

(2) 터너증후군

터너증후군(Turner syndrome)은 X염색체 하나가 없는 것으로 XX 대신 XO형을 이룬다. 즉, 정상적으로 2개가 존재해야 할 X염색체가 하나밖에 없거나 불완전하게 존재하는 것을 말한다. 이 터너증후군은 여자 2,000~2,500명 중 1명에서 발생되는 것으로 비교적 흔한 유전질환으로 알려져 있는데, 작은 키, 짧은 목 등의 현상이 나타나고, 2차 성징이 나타나지 않아 생식능력이 없으며, 지적장애 가능성이 높다.

터너증후군은 조기에 질환을 인식하고 성장치료와 여성호르몬 치료를 적절히 받는다면 정상인과 다름없는 행복한 삶을 영위할 수 있지만, 뒤늦게 질환을 인식할 경우에는 중이염, 심장결함, 신장이상, 골다공증, 2형 당뇨병[2], 갑상선기능저하증 등 2차 질환에 시달리며 치료에 어려움을 겪기도 한다(김귀환 외, 2015: 41).

---

2) 당뇨병은 크게 1형 당뇨병과 2형 당뇨병으로 나눌 수 있다. 1형 당뇨병은 인슐린을 분비하는 췌장 세포 자체에 문제가 있어 발생하는 당뇨병으로 전체 당뇨 환자의 10% 미만이고, 2형 당뇨병은 보통 후천적인 요인들로 생기며 당뇨 환자의 90% 이상을 차지하고 있다.

(3) 다운증후군

다운증후군(Down syndrome)은 가장 흔한 염색체 이상 질환으로서, 21번 염색체가 3개일 경우 나타나는 증후군으로, 납작한 얼굴, 작은 키, 낮은 지능, 지적장애, 제한된 어휘력을 특징으로 하며, 총 염색체 수가 47개이다. 몽고증이라고도 하며 지능지수는 40~60 정도이지만 매우 다정하고 쾌활한 특징이 있다.

(4) 혈우병

혈우병(hemophilia)은 선천적으로 혈액 응고 인자가 결핍되어 나타나는 질환이다. 혈액이 밖으로 나와 응고되지 않는 것이 특징이며 남성에게만 발생한다. 원인은 X염색체의 열성유전자에 기인하며, 질병 저항력이 약하다.

2) 환경적 요인의 영향

태아의 발달에 영향을 미치는 환경적 요인으로 환경호르몬, 방사선 등의 외부 요인이 있지만 더 심대한 영향을 미치는 것은 임산부의 인구사회학적 특성, 건강상태, 정서상태, 생활습관 등 내부 요인이다. 일반적으로 여성은 13세경에 생리를 시작하여 폐경이 되는 50세 무렵까지 출산능력이 있다. 그러나 임산부의 연령은 태아의 발달에 영향을 미친다. 임산부의 연령이 16세 이하 또는 35세 이상일 경우 태아의 선천적 결함 가능성이 상대적으로 높아진다. 특히, 30세 이전에 출산을 할 경우 다운증후군의 발생빈도는 1/1000이지만, 30대 후반부터 빈도가 높아지게 된다.

태아에 영향을 미치는 요인으로 임산부의 분만 횟수도 중요하다. 첫 출산시에는 출산합병증이 상대적으로 많은데 그 이유는 자궁과 태반 간의 혈류속도가 느리기 때문이다. 그리고 임신과 출산 이후 산모의 내분비계가 완전히 회복되는 데 걸리는 시간은 약 4년 정도이다. 그렇기 때문에 너무 짧은 기간에 임신을 하는 것은 태아의 발달에 바람직하지 못한 태내 환경을 제공하게 된다.

그 외 태아의 발달에 영향을 미치는 중요한 요인으로는 임산부의 생리적 기능상태와 임산부의 임신 전 영양상태나 임신기간 중의 영양섭취 등도 들 수 있다. 특히, 임신기간 중 영양섭취가 매우 불충분할 경우에는 미숙아가 태어나거나 태아에 신체적 결함이 발생할 수 있으므로 임산부는 평소보다 영양섭취에 더욱 신경 써야 한다.

태아의 발달지체나 장애를 유발할 수 있는 또 다른 중요한 요인으로는 임산부의 질병이 있다. 임신 3개월 이전에 임산부가 풍진에 감염된 경우, 태아에게 시각장애나 청각장애, 정신지체 등을 유발할 확률이 높고, 당뇨병이 심한 경우에는 사산하거나, 신체적 결함이나 신경계 이상을 지닌 태아를 출산할 가능성이 높다.

임신부의 신체적 건강상태 못지않게 태아에 많은 영향을 미치는 것이 임산부의 정서상태이다. 임산부가 장기간 스트레스 상태에 처하게 되거나 임산부의 불안수준이 높을 경우 신생아가 많이 우는 것으로 나타나고 있다. 임산부의 이뇨제, 항생제, 안정제, 식욕억제제 등의 약물복용은 태아의 발달에 부정적 영향을 미쳐서 선천성 기형이나 발달지체를 유발할 수 있다.

태아의 발달에 가장 부정적 영향을 미치는 것 중에는 임산부의 흡연과 음주가 있다. 흡연을 하지 않는 임산부에 비하여 흡연을 하는 임산부의 경우, 유산하거나 사산할 가능성이 더 높다. 이 경우 태아는 만성적 산소부족 증상을 경험하게 되며, 두개골이 작거나 저체중아를 출산할 가능성이 더 높아지게 된다. 임신 후반기 동안 임산부의 지나친 음주는 태아의 대뇌피질 성장을 방해하여 정신지체를 일으킬 가능성이 높고, 키와 몸무게의 성장을 저해하며, 심장, 사지, 관절의 결함을 초래하기도 한다. 임산부가 흡연이나 음주 중 어느 한 가지를 할 경우에 태아가 발달지체를 보일 확률은 두 배 정도 높아진다.

임산부가 술, 담배뿐만 아니라, 신경안정제, 항생제, 마약 등을 복용하는 것도 태아에게 부정적인 영향을 미친다. 임산부의 과도한 음주는 태아로 하

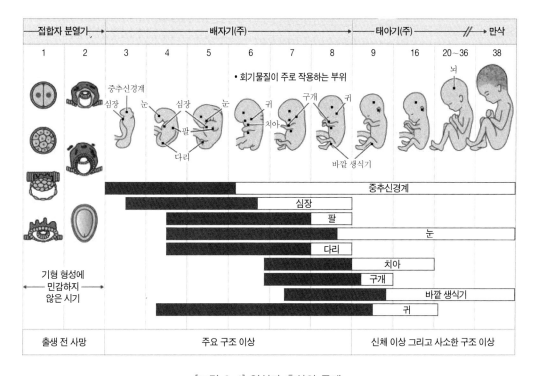

[그림 2-4] 임신과 출산의 문제

출처: 서울대학교병원 의학정보. http://www.snuh.org/

여금 안면기형, 체중미달, 중추신경계의 장애를 초래하여 태아알코올증후군 (fetal alcohol syndrome)에 걸릴 가능성을 높이며, 상습적 흡연은 조산하거나 저체중아를 낳을 확률을 높이고, 중독성이 강한 마약의 과다 복용은 선천성 기형이나 정신지체를 초래할 가능성을 높인다. 그리고 일상에서 쉽게 복용할 수 있는 카페인, 아스피린, 감기약, 항생제 등도 임신기간 동안에는 매우 주의해서 사용해야 여러 장애를 미연에 방지할 수 있다(서봉연 역, 1983b).

그러므로 태내 발달에 영향을 미치는 환경적 요인으로는 임산부의 연령, 영양상태, 질병여부, 정서상태, 약물중독 등을 들 수 있다.

4. 출산 과정

출산 전에는 진통이 나타난다. 진통은 태아와 태반, 그리고 태반막이 밖으로 나오기 위해 자궁이 주기적이고 규칙적으로 수축하기 때문에 발생한다. 이러한 진통은 태아를 자궁 밖으로 밀어내기 위해 꼭 필요한 과정으로서, 처음에는 10분에서 20분 간격으로 찾아오다가 그 후에는 40초에서 60초 정도씩 지속된다. 진통의 빈도와 강도, 그리고 기간의 증가는 임산부가 태아 출산 준비를 하는 과정으로 태아출산이 임박했음을 알려 준다.

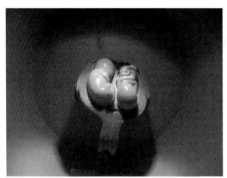 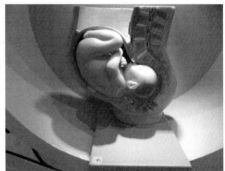

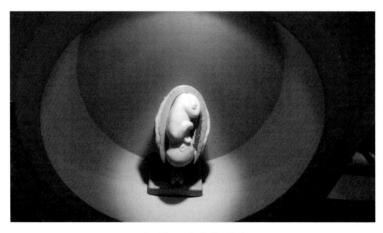

[그림 2-5] 출산 과정

출처: 필자가 송파청소년성문화센터에서 전시물 직접 촬영.

출산의 과정은 크게 세 단계로 이루어진다. 자궁경부가 열리며, 양수가 터지기 시작하는 것이 첫 번째 단계이다. 이 단계에서 진통은 10분에서 20분 간격으로 시작되다가 점차 2분에서 4분 간격으로 빨라진다. 수축의 강도가 커지고 간격이 짧아지면서 산모는 큰 고통을 느끼게 된다.

아이가 실제로 태어나는 시간이 두 번째 단계이다. 이 단계에서 처음에 2~3분 간격으로 찾아오던 진통이 마지막에는 60초에서 70초 간격으로 일어난다. 자궁경부의 완전한 확장과 함께 태아가 질을 통해 밖으로 나온다. 머리가 먼저 나오는 것이 보통이지만, 태아의 자세에 따라 몸이 먼저 보이는 경우도 있다.

산후과정이 세 번째 단계이다. 지속적인 자궁수축의 결과, 태반과 기타 부산물이 밖으로 나오게 된다. 출생할 때 신생아들의 약 95%가 머리가 먼저 나오는 두정태위(vertex presentation)의 자세를 취한다. 이 자세가 가장 이상적이다. 그러나 드물게 엉덩이와 발이 먼저 나오고 머리가 가장 늦게 나오는 둔부태위(breech presentation)로 출생하는 신생아도 있다. 또한 태아가 자궁에서 거꾸로 누워 있다가 출생 시에 손과 팔이 먼저 나오는 횡단태위(transverse presentation)로 출생하는 경우도 일부 있다. 태아가 이러한 자세를 취했을 경우에는 매우 신중하게 다루어야 한다(Zastrow & Kirst-Ashman, 2001: 62). 한편, 산모의 자궁을 절개하여 아이를 꺼내는 제왕절개술은 태아의 자세가 매우 위험하거나 산모의 고통이 너무 클 경우에 선택적으로 사용된다.

5. 태내기와 사회복지실천

태내기에 사회복지사가 해야 할 실천적 개입은 다음과 같다.

첫째, 태아에게 부정적인 영향을 미칠 수 있는 임산부의 상태를 점검하고 이에 대해 전문적인 개입을 해야 한다. 태아에게 부정적인 영향을 미치는 경

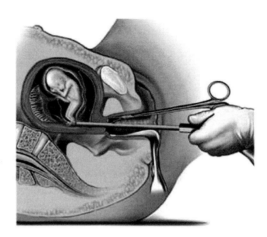

[그림 2-6] 낙태시술 장면

우로는, 임산부가 불안이 심하거나 원치 않는 임신이라고 생각하는 경우, 연령이 매우 높거나 약물을 복용한 경우, 또는 유전적 질병이나 만성적인 질병이 있는 경우 등이 있다. 이러한 경우에는 의료적인 조치와 함께 심리적 · 정서적 상담을 통해서 부정적인 영향을 최소화하는 노력을 해야 한다.

아이가 장애 진단을 받는 것은 부모에게 무엇보다도 큰 재앙일 것이다. 그것은 자녀를 성인이 된 후에도 계속 보살펴 줘야 한다는 사실을 의미하기 때문이다. 그래서 임신기간 동안, 모든 임산부들은 완벽하고 건강한 아기의 출생을 기대한다(Cronin & Mandich, 양영애 외 역, 2009: 192 참조). 하지만 아기가 건강하지 않거나 발달 측면에서 완벽하지 않다는 것을 알게 되는 순간, 부모의 힘겨운 싸움은 시작된다. 완벽한 아이를 기대했으나 이제는 문제를 가진 신생아라는 현실에 적응해야 하기 때문이다(Cronin & Mandich, 양영애 외 역, 2009: 191 참조). 이러한 불행과 만나지 않으려면 부정적 환경 요인을 미리 예방해야 한다.

현재 우리나라에서는 임산부 대상으로 초음파 검사 등 임신 · 출산 관련 진료비를 지원하고 있으며, 임산부 건강관리를 위해 융모검사와 양수검사 등 산전검사, 태아MRI검사, 엽산제 · 철분제를 공급하고 있다(강세현 외, 2012 참조).

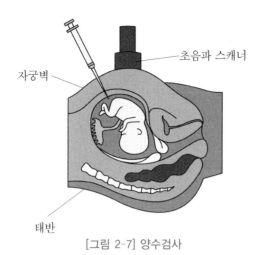

초음파 스캐너

자궁벽

태반

[그림 2-7] 양수검사

출처: 정옥분(2004: 154).

둘째, 낙태 문제에 대한 개입이다. 임산부가 원치 않는 임신을 하였거나, 태아와 산모의 상태가 매우 위험하여 낙태가 불가피한 경우에는 조기에 조치하도록 적절한 도움을 주어야 한다. 낙태를 원하는 여성과 상담할 때, 사회복지사는 임산부가 스스로 결정할 수 있도록 다양한 정보와 대안, 그리고 가능한 서비스를 제시하여 도와야 한다.

셋째, 불임부부를 돕는 개입이 필요하다. 사회복지사는 불임에 대해 상담하고 치료할 수 있는 기관을 안내할 수 있어야 하며, 또한 불임으로 인한 심리적 · 정서적 문제를 다루어 줄 수 있어야 한다. 나아가, 필요시 불임의 현실적인 대안으로서 입양이나 결연관계에 대한 정보를 제공하고, 전문기관에 의뢰할 수 있다.

연습문제

1. 남자의 정자와 여자의 난자가 결합하는 것을 무엇이라 하는가?

　① 수정란　　　　② 염색체　　　　③ 수정　　　　④ 배우체

2. 임신을 했을 때 모체에서 가장 먼저 일어나는 변화는?

　① 태동　　　② 월경 중지　　　③ 유선의 발달　　　④ 입덧

3. 태내기에 대한 설명으로 옳지 않은 것은?

　① 일반적으로 16~20주가 되면 임산부가 태동을 느낄 수 있다.

　② 터너증후군은 정상적으로 2개가 존재해야 할 X염색체가 하나밖에 없거나 불완전하게 존재하여 나타난다.

　③ 다운증후군은 23번 염색체의 이상으로 나타난다.

　④ 정자의 X염색체와 난자가 만나 XX로 결합하면 여아가 태어난다.

4. 태아에게 영향을 주는 요인으로 구성된 것은?

가. 임산부의 나이	나. 임산부의 정서상태
다. 알코올, 흡연 및 약물복용	라. 임산부의 영양상태

　① 가, 나, 다　　② 가, 다　　③ 나, 라　　④ 가, 나, 다, 라

5. 21번 염색체 이상으로 유전적 요인에 의한 장애로서 지능발달에 지체를 보일 수 있는 장애는 무엇인가?

　① 터너증후군　　② 혈우병　　③ 다운증후군　　④ 클라인펠터증후군

답) 1 ③　2 ②　3 ③　4 ④　5 ③

제3장
영유아기

영아기는 출생에서 만 2세까지의 시기를 말한다. 이 시기 영아의 발달은 신체의 매우 급격한 성장, 기본적 운동능력의 발달과 더불어 언어습득, 개념형성 등의 인지적 발달로 특징지을 수 있다. 영아기는 제1차 성장 급등기라고 할 수 있는데, 이는 프로이트의 구강기, 피아제의 감각운동기에 해당된다. 인지적으로는 기본적인 언어습득 및 개념형성 등 발달이 급격히 이루어지고, 정서적으로는 이후의 사회성 발달에 중요한 영향을 미치는 애착관계를 형성하게 되는데, 이는 차후에 타인과의 정서적 유대관계를 가능하게 한다. 유아기는 3~6세까지 시기를 말한다. 이 시기에는 신체와 운동발달로 움직임이 많고, 자신의 의사를 적극 표현하며 자기중심적 사고가 발달한다(박주현, 2010: 298).

1. 영아기

1) 신체적 발달

　의학적으로는 출생 후 약 2주간, 발달심리학에서는 약 1개월간의 어린 아기를 신생아라고 한다. 신생아는 인간으로서 최초의 독립적인 생명체라고 할 수 있는데, 그러나 아직은 생명 유지를 위해 전적으로 어머니의 보호에 의존하며 살 수밖에 없는 존재이다. 신생아는 독립적인 생명체로서 스스로 호흡을 하고, 새로운 유형의 혈액순환을 시작할 수 있고, 체온 조절, 음식물 섭취, 소화, 배설 등의 능력을 갖추고 있다.

　신생아의 피부는 붉은색을 띠면서 쭈글쭈글하고, 눈꺼풀은 퉁퉁 부어 있으며, 몸 전체는 솜털로 덮여 있다. 이러한 것들은 몇 주가 지나면서 점차 없어진다. 평균 신장은 약 50cm이며, 체중은 약 3.3kg인데, 일반적으로 남아가 더 크고 체중이 많이 나간다. 머리의 크기가 전신의 1/4 정도에 달하며, 가슴둘레보다 머리둘레가 좀 더 크고, 동체는 길며, 하지는 비교적 짧고, 팔이 다리보다 길다.

　맥박은 빠르고 불규칙한 편으로 1분에 120~160회 정도로 뛴다. 출생 후 첫 울음을 통하여 공기가 폐로 들어가면서 비로소 산소의 흡입이 가능하고 동시에 폐순환도 시작되는데, 1분당 33~45회 정도의 불규칙적인 복식호흡을 한다. 이 시기의 신생아는 외부자극에 대해 분명하게 반응하기보다 주로 반사반응을 한다. 반사반응으로는 빨기, 깨물기, 삼키기 등 빨기반사, 젖찾기반사, 모로반사, 파악반사, 바빈스키반사, 걷기반사 등이 있다.

　신생아가 입에 닿는 것은 무엇이든 빨려고 하는 것을 빨기반사(sucking reflex)라고 한다. 빨기반사의 일종으로 젖찾기반사(rooting reflex)가 있다. 신생아는 입술이나 입 근처에 어떤 작은 것 하나라도 닿기만 하면 자동적으로 머리를 돌려 입으로 빠는 모습을 취하는 경향이 있다. 외부자극에 대해 자동적인 움직임을 보이는 것이다.

신생아가 갑자기 큰 소리를 들을 때마다 자동적으로 팔과 다리를 쫙 펴면서 손가락을 펴고, 머리를 뒤로 젖히는 반응을 보이는 것을 모로반사(Moro's reflex) 혹은 경악(驚愕)반사라 한다. 이 반사는 수개월이 지나면 자연적으로 사라진다.

[그림 3-1] 모로반사

또 다른 반사로는 파악반사, 바빈스키반사, 걷기반사 등이 있다. 신생아의 손바닥에 무엇이든 올려놓으면 마치 작은 막대기나 손가락을 쥐는 것과 같은 반응을 보이는 것을 파악반사(graping reflex)라고 한다. 신생아의 발바닥을 간지럽게 하면 발가락을 발등 위쪽으로 부채처럼 펴는 경향을 바빈스키반사(Babinsky reflex)라고 하며, 겨드랑이를 잡고 살짝 들어올려 발을 바닥에 닿게 하면 걸어가듯이 무릎을 구부려 발을 바닥에 내려놓는 것을 걷기반사(stepping reflex)라고 한다 (Zastrow & Kirst-Ashman, 2001: 65-66).

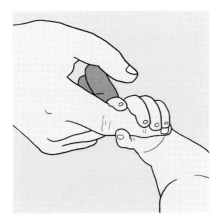

[그림 3-2] 파악반사(쥐기반사)

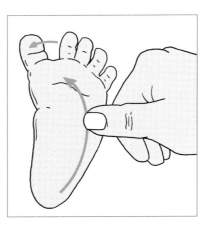

[그림 3-3] 바빈스키반사

〈표 3-1〉 신생아의 반사반응

구분	특성
빨기반사	혀, 입술 등에 닿는 것은 무엇이든지 빨려고 함. 생후 2~3개월 후 사라짐
젖찾기반사 (탐색반사)	탐색반사라고도 함. 자극에 대한 자동적인 움직임으로서, 입술이나 입 근처 볼에 뭔가 닿기만 하면 자동적으로 머리를 돌려 찾음
파악반사	손바닥반사, 쥐기반사라고도 함. 손바닥에 자극을 주면 꼭 쥠. 생후 4개월쯤 사라짐
모로반사	큰 소리가 나면 팔과 다리를 벌리고 마치 무엇인가 껴안으려는 듯 몸 쪽으로 팔과 다리를 움츠리는 반사운동. 생후 3~4개월쯤 사라짐
바빈스키반사	신생아의 발바닥을 간질이면 발가락을 부채모양으로 쫙 펴는 반응. 생후 1년경에 사라짐
걷기반사	걸음마반사라고도 함. 겨드랑이를 잡고 살짝 들어올려 발을 바닥에 닿게 하면 걸어가듯이 무릎을 구부려 발을 바닥에 내려놓음

2) 인지의 발달

출생에서 2세 사이에 일어나는 중요한 인지발달을 피아제는 대상영속성 개념으로 설명하고 있다. 대상영속성(object permanence)이란 영아가 어떤 대상이 시야에서 사라지거나 들리지 않아도 그 존재가 계속해서 존재한다고 믿는 것을 말하는데, 그것은 영아기에 반드시 획득해야 할 발달과제 중 하나이다. 이 개념은 8~12개월이 되었을 때 생기기 시작한다.

대상영속 개념이 없는 영아의 경우에는 눈에서 보이지 않으면, 즉 대상을 더 이상 지각할 수 없다고 느끼면 그 대상을 즉각 잊어버린다. 대상영속 능력이 생긴 영아의 경우에는 대상을 볼 수 없거나 듣지 못할 때에도 그 대상의 이미지를 떠올리거나 사용하여 초보적인 문제들을 해결할 능력을 갖춘다.

다른 한편, 눈에 보이지 않는 양육자를 기억하고 그 이미지를 계속 간직할 수 있다는 것은 분리불안과 연결된다. 이러한 분리불안은 대상영속 능력이 완전히 확립된 시기에 비로소 사라진다(Papalia et al., 1998).

〈표 3-2〉 피아제의 영아기 인지발달 6단계

1단계(출생~1개월): 반사작용단계	• 이 시기에 가장 우세한 도식은 '빨기도식' • 영아는 입에 닿는 모든 것을 빨려고 함 • 영아는 자신의 행위와 대상 그 자체를 구분하지 못하여 모든 대상을 빨기도식에 동화
2단계(1~4개월): 1차 순환반응	• 순환반응이란 우연히 새로운 경험을 하고 그러한 경험을 하기 위해 행동을 반복하는 시기로, 영아는 반복행동을 통하여 대상의 특성을 발견
3단계(4~8개월): 2차 순환반응	• 영아는 자신의 힘으로 외부에 영향을 미쳐 사건을 만들어 내는 것에 흥미를 나타내어 이를 반복
4단계(8~12개월): 2차 도식 협응	• 이 시기의 영아는 어떤 결과를 얻기 위해 의도적 행동을 함 • 대상영속성 개념이 싹트기 시작함(감각운동기)
5단계(12~18개월): 3차 순환반응	• 이 시기의 영아는 전 단계처럼 단순한 반복을 위해서 활동을 반복하지 않음 • 영아는 외부세계에 대해 명백히 실험적이며 탐색적인 접근을 함 • 새로운 대상이 제시되었을 때 이를 숨기면 숨겨진 대상을 찾기 위해 여러 곳을 살펴봄
6단계(18~24개월): 사고의 시작	• 주어진 대상에 감각운동적 양상을 적용하는 것이 아니라, 대상의 실체가 존재하지 않더라도 스스로 상징을 만들어 그것에 대해 생각할 수 있는 '대상영속성'이 완전히 확립되는 시기(만 2세경)

출처: 권향임 외(2013); Newman & Nexman(1991) 참조.

3) 언어의 발달

언어발달이 이루어지는 것은 전 언어 시기와 초기언어 단계의 두 과정을 거친다. 언어를 습득하고 사용하기 이전의 시기를 전 언어 시기라고 한다. 이때에는 울음, 옹알이가 발달하는데 이를 통해 아기들은 의사소통이 어느 정도 가능하게 된다.

　　보통 언어발달의 첫 단계는 울음이라고 한다(손병덕, 2012: 116 참조). 출생 후 약 1개월이 안 된 신생아는 분화되지 않은 울음을 운다. 이때에는 유아의 울음소리에서 배고픔의 울음인지 고통이나 공포의 울음인지 식별해 내기가 힘들므로, 이 시기의 울음은 그저 반사적인 울음일 뿐이다. 분화된 울음은 1개월 이후에나 나타나, 유아의 울음소리의 음조와 강도로 유아가 배가 고픈 것인지, 고통스러운 것인지를 식별할 수 있다. 출생 후 2개월부터는 옹알이가 시작된다. 옹알이는 영아에게는 일종의 음성적 놀이이자 언어연습이다. 이러한 옹알이는 의사소통의 분명한 형태는 아니지만 언어발달의 기반을 형성한다.

　　6개월부터 점차 자기 소리 모방이 나타난다. 그것은 영아가 스스로 소리를 만들고 그것을 반복적으로 내는 행위로서, 영아는 "맘마" 혹은 "음마"와 같은 반복적인 소리로 의사전달을 위한 음을 내기 시작한다. 이를 넘어 자기 소리와 타인 소리를 구분하게 되고, 타인의 소리를 그대로 따라 하기도 하는 것은 출생 후 8개월이 되어서야 가능하다.

　　영아가 비로소 분명하게 이해할 수 있는 단어를 사용하는 것은 생후 1년경이 되었을 때에야 가능하며, 두 단어를 결합해서 의사표현을 하는 것은 생후 1년 반 정도가 지나야 가능하다. 본격적인 언어습득의 기간은 생후 9개월에서 2세 사이로 이때가 언어습득의 과도기라 할 수 있다. 과도기에는 "엄마" "아빠" 혹은 "엄마 좋아"와 같이 한 단어 혹은 두 단어로 구성된 짧은 문장으로 의사소통을 한다(최옥채 외, 2006: 201-202 참조).

4) 사회정서적 발달

　　영아는 언어로 표현할 수 없기에 오히려 그들에게는 정서가 더욱 중요한 역할을 하게 된다. 이 점에서 애착관계 형성이 영아기의 가장 중요한 발달과업으로 등장한다. 영아가 일차적으로 애착관계를 형성하는 것은 양육자인 부모에 대해서이다. 이때 부모와의 긍정적인 애착형성이 이후 사회적 관계

형성 능력의 토대를 이루게 된다(박을종, 2016: 278). 6~8개월이 되면 대부분의 영아는 애착관계를 형성하는데, 이때 영아가 애착을 형성한 결과로 낯가림과 분리불안이 나타난다. 낯가림이란 영아가 낯선 사람에 대한 불안반응을 보이는 현상이고, 분리불안은 영아가 부모나 애착을 느끼는 대상과 분리될 때 나타나는 불안반응이다.

정서적 반응은 내면 감정으로 표현되고, 단순한 감정표현과 욕구, 충동, 신체적·생리적 반응 등이 있다. 정서를 통해 유기체는 활동적으로 되며 욕구를 채우기 위한 여러 가지 수단을 강구하게 되는 것이다. 이것은 정서와 욕구, 나아가서는 동기와의 사이에 상호작용이 있다는 것을 함축한다.

신생아의 사회성 발달은 출생하면서부터 시작한다. 특히, 엄마와 관계를 맺으면서 타인과의 사회적 관계를 형성해 간다. 영아가 친근한 사람과의 애착관계를 형성하는 것은 사회적 표현행동을 통해서이다. 이러한 애착관계가 다른 사람과의 대인관계 형성의 기초가 된다. 이와 같이 사회적 표현행동과 애착관계 형성, 그리고 자아개념 발달로 영아기의 사회성 발달이 설명된다(정영숙 외, 2001: 110-143).

영아가 최초로 애착을 형성하는 상대는 영아의 성격발달과 그 이후의 인간관계 형성에 결정적인 영향을 미친다. 애착형성은 부모가 영아에게 필요한 자극을 주고, 영아가 울거나 신호를 보낼 때 신속하게 반응함으로써 이루어지는 것인데, 이때 부모가 부적절하게 자극을 주거나 따뜻하게 대해 주지 않으면 애착이 형성되는 기간이 오래 걸리고, 강도가 약할 뿐 아니라, 때로는 애착형성에 장애가 생기기도 한다. 애착은 영아에게 적절한 자극을 주고 반응을 잘해 주는 사람에게 형성된다.

그러므로 영아가 애착을 형성하게 되면, 그 반대급부로 낯선 사람에 대해서 불안을 보이게 되고, 이를 낯선 사람에 대한 불안(stranger anxiety)이라고 한다. 또한 영아가 낯선 사람에 대한 불안과 경계심을 갖게 되면 동시에 그들이 애착하는 사람으로부터 격리되는 것에 대한 불안을 갖게 된다. 이것을 분리불안(separation anxiety)이라고 한다. 이때 영아는 애착을 형성한 어머니에게서 떨어지지 않으려고 애를 쓴다. 영아는 20~24개월경(대상영속성이 확립되는 시기)에 분리불안에서 점차 벗어나 안정되어 간다.

2세가 끝날 무렵에 성인에게서 볼 수 있는 거의 모든 정서가 영아의 정서에 나타난다. 이 중 가장 대표적인 것은 울음과 웃음이다. 영아는 울음을 통해서 정서를 나타낸다. 울음의 형태는 매우 다양한데, 배고픔을 알리는 울음과 화가 나서 우는 울음, 좌절의 울음 등으로 그 형태가 구별된다(최옥채 외, 2006: 202-206 참조).

영아의 정서표현으로는 미소와 웃음도 있다. 부모를 향한 영아의 미소와 이에 화답하는 부모의 미소는 아이와 부모 간의 애착관계를 형성하는 주요한 수단으로서 그들 사이에 친밀한 관계를 촉진한다. 영아의 미소에도 발전단계가 있다.

첫 번째 단계가 반사적 미소(reflex smiling)이다. 출생 직후에도 유아는 미소를 짓는다. 한때 이 미소는 소화기 계통과 관련된 것으로 생각하였으나, 최근 조사에 따르면 영아의 중추신경계가 발달하는 과정에서 이 미소가 자동적으로 나타나며, 특히 영아가 잠들기 전에 자주 나타난다고 한다(Papalia, Olds, & Feldman, 1998).

두 번째 단계는 사회적 미소(social smiling)이다. 영아의 관심은 직접적으로 다른 사람을 향해 있기 때문에 영아는 자신이 직접 보거나 이야기하는 사람에게 반응하여 미소 짓는다. 영아는 자라면서 더욱 자주 웃고, 웃을 대상을 적극적으로 찾는다. 이러한 웃음은 영아가 놀라거나 예측할 수 없는 상황에서 긴장을 해소하는 수단이 되는 측면도 있다.

연습문제

1. 영아기(0~2세)의 발달에 관한 설명으로 옳지 <u>않은</u> 것은? (2015년 기출)

　① 애착관계를 형성한다.

　② 성 정체성을 확립한다.

　③ 울음, 옹알이 등의 언어적 표현을 한다.

　④ 모로반사, 바빈스키반사 등의 반사행동이 나타난다.

2. 영아기(0~2세)의 특징으로 옳은 것은? (2014년 기출)

　① 서열화를 획득한다.

　② 물활론적 사고를 한다.

　③ 성적 호기심을 갖는다.

　④ 애착관계를 형성한다.

3. 영아기(0~2세)의 설명으로 옳지 <u>않은</u> 것은? (2013년 기출)

　① 피아제에 의하면 통찰기 단계에서 상징적 표상 사고가 시작된다.

　② 영아는 움직이는 것보다 정지된 것을 선호하여 지각한다.

　③ 모로반사는 큰 소리가 나면 팔과 다리를 벌리고 마치 무엇인가 껴안으려는 듯이
　　　몸 쪽으로 팔과 다리를 움츠리는 반사운동이다.

　④ 바빈스키반사는 발가락을 펴고 오므리는 반사운동이다.

4. 영아기(0~2세)의 설명으로 옳지 <u>않은</u> 것은?

　① 애착관계에 관심을 가져야 한다.

　② 자아개념 및 성격발달의 기초를 형성하는 시기이다.

　③ 피아제의 전조작기에 해당한다.

　④ 장난감을 빼앗아 숨겨도 그것을 찾으려고 하지 않는다면 대상영속성의 개념을
　　　획득하지 못한 것이다.

5. 영아기의 주요 반사운동에 대한 설명 중 <u>틀린</u> 것은?

① 탐색반사: 입술과 입 근처 볼에 물건이 닿으면 자동으로 머리를 돌려 자극이 있는 방향으로 머리를 돌려 찾는다.

② 바빈스키반사: 음식물을 삼키는 반사운동이다.

③ 걸음마반사: 아이를 들어올려 발이 바닥에 닿게 되면 발을 번갈아 짚으며 걷는 것과 유사한 움직임을 나타낸다.

④ 빨기반사: 무의식적으로 젖이나 입 주위의 것을 빤다.

6. 신생아의 반사운동 중 껴안는 원시적 행동으로 생후 3~4개월에 사라지는 행동은?

① 바빈스키반사　② 젖찾기반사　③ 모로반사　④ 잡기반사

답) 1② 　2④ 　3② 　4③ 　5② 　6③

2. 유아기

1) 개념

유아기는 걸음마기(3세에서 4세까지), 그리고 학령 전기(5세에서 6세까지)로 세분된다. 유아기 발달의 특징은 빠른 성장과 많은 움직임을 보이는 신체와 운동발달, 자아발달 그리고 자기중심적 사고의 발달로 들 수 있다. 이 시기는 프로이트의 남근기, 피아제의 전조작기, 도덕적 선악의 개념이 있는 콜버그의 전인습적 도덕발달단계, 에릭슨의 주도성 대 죄의식 단계에 해당된다.

2) 신체적 발달

유아의 신체 발달은 그 속도 면에서 신생아기보다 다소 느리지만 아동기보다는 빠르다. 유아기에 주목할 만한 것은 뇌의 성장이다. 5세가 되면 성인 크기의 90%에 달한다. 유아의 신체 발달은 머리에 집중되어 있다가 신체 하부로 확산되어 가지만, 아직까지는 머리가 크고, 가슴이 작고, 배가 나오고 다리는 짧다는 특징을 유지한다. 신장은 3세 이후에는 매년 6cm 이상 성장하여 4세경에는 출생 시 신장의 2배 이상이 된다. 점점 신체의 말단 부분이 확대되어 하체의 길이가 길어지고 가늘어지는 등 신체 비율의 변화가 나타난다. 유아기는 신체 발달이 꾸준히 증가하여 5세가 되면 평균 신장이 115cm, 체중은 20kg 정도 된다.

유아기에는 신체 발달뿐만 아니라 신체의 비율과 체지방 구성 비율의 변화도 주목할 만하다. 출생 시 머리의 크기는 전체 키의 1/4 정도, 영아기 말에는 1/5 정도로 점차 머리의 비율이 작아져 6세 정도가 되면 1/6 정도가 된다. 체지방도 꾸준히 감소하며, 통통하던 영아의 모습에서 벗어나 유아기 말

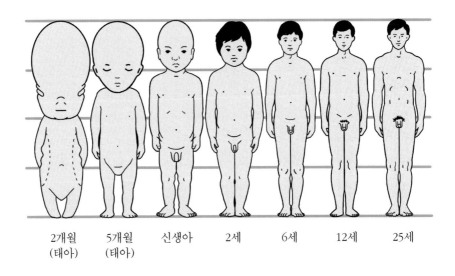

| 2개월
(태아) | 5개월
(태아) | 신생아 | 2세 | 6세 | 12세 | 25세 |

[그림 3-4] 태아부터 청년까지의 인체 비율

출처: Muzi(2000); Shaffer(1999).

경에는 길고 홀쭉한 모습으로 변하게 된다.

유아기는 둔화되는 신체 발달 속도에 반해 운동기술은 급속도로 증대된
다. 걷기, 뛰기, 달리기, 올라가기, 매달리기 등의 대근육 운동과 사물 잡기,
조작하기, 블록 쌓기, 젓가락 잡기, 그림 그리기, 옷 단추 사용 등의 소근육
운동이 발달한다.

3) 인지의 발달

피아제는 인간이 유아기에서 성인기로 성장하는 과정에서 다양한 단계를
거치면서 생각하고 배우는 능력을 갖춘다고 한다. 그에 따르면 유아의 인지
수준은 전조작기에 해당된다. 그리고 유아기에는 인지능력의 단초가 보이기
시작하는데 그것은 다음과 같다.

첫 번째는 분류(classification)이다. 분류란 대상을 다양한 범주로 나누는

능력, 즉 형태, 색상, 무늬, 크기 등 일정한 특징에 따라 나누는 능력을 말한다. 예를 들어, 3세 된 아이에게 크기와 모양이 같지만 빨강, 파랑, 초록으로 색깔이 구분되는 원숭이 장난감들 중에서 붉은 원숭이 장난감만을 한곳에 모으라고 해 보면, 그 아이는 아직 그렇게 하지 못한다. 색상에 따른 분류능력이 없기 때문이다. 아이가 이러한 과제를 잘 수행할 수 있는 것은 7세가 되었을 때이다.

두 번째는 보존(conservation)이다. 보존이란 물질의 한 측면(질량)이 동일하게 남아 있는 동안에도 물질의 다른 측면(형태 혹은 위치)이 변할 수 있다고 생각하는 능력을 말한다. 예를 들어, 유아에게 높이와 너비가 동일한 A컵과 B컵 두 개에 똑같이 물을 반쯤 붓고 물의 양이 같음을 확인시킨 후, 길이가 길고 너비가 좁은 C컵에 A컵의 물을 보태거나 빼지 않고 부은 뒤 B컵과 C컵의 물이 여전히 같은지를 물으면, 이 시기의 유아는 C컵의 물이 B컵의 물보다 많다고 대답한다. 이렇게 대답하는 까닭은 전조작기의 유아들 대부분이 아직 보존성의 개념을 획득하지 못했기 때문이다([그림 3-5]).

또한 전조작기의 유아들은 상징적 사고, 자기중심적 사고, 물활론적 사고, 사물이나 자연현상이 자신을 위해 존재한다고 생각하는 인공론적 사고, 전환적 추론 사고 등의 특징을 보인다(김귀환 외, 2015).

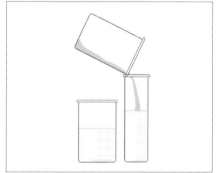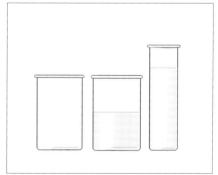

[그림 3-5] 보존상

출처: 홍기원 외(2009).

(1) 상징적 사고

유아기에는 상징적인 방식으로 대상을 다룰 수 있게 하는 다양한 기술을 습득한다. 상징적 방식이란 대상이 눈앞에 없는 상태에서도 모방할 수 있는 능력, 정신적인 영상을 간직할 수 있는 능력, 상상 속에서 그리고 묘사할 수 있는 능력, 상상놀이를 할 수 있는 능력, 언어능력 등을 말한다. 이러한 능력을 통해 과거에 일어났을 법한 관계나 사건을 모방하여 상상 속에서 묘사하거나, 수행하거나, 일어나기를 바라거나, 지금의 상황에서 변했으면 하는 관계나 사건을 상상 속에서 묘사할 수 있다.

(2) 자기중심적 사고

유아기에는 자신과 타인을 구별할 능력이 생기지만 타인의 입장은 생각할 수 없다. 유아들은 자기중심적 사고로 인해 다른 사람의 입장에서 사물을 볼 수 없다. 그러나 유아의 자기중심적 사고가 이기적인 것은 아니다. 유아들의 자기중심성은 다른 사람의 욕구와 관점을 인식하지 못하는 유아들의 미발달에서 나온 것이기 때문이다. 이는 또래들과의 상호작용을 통해 관계와 인식을 넓혀 가면서 극복될 수 있다.

예를 들어, 자신이 좋아하는 것을 다른 사람도 좋아한다고 생각하기도 하고, 숨바꼭질 놀이를 할 때 자신이 술래를 볼 수 없으면 술래도 자신을 볼 수 없다고 생각하여 몸은 다 드러내놓고 얼굴만 가린 채 숨었다고 생각하기도 한다(사회복지교육연구센터, 2017).

(3) 물활론적 사고

물활론적 사고란 생명이 없는 대상에게 감정과 생명을 부여하는 것이다. 예를 들면, 유아들은 인형이 훼손되면 아플 것이라고 생각하고, 사물은 모두 살아 있으며 각자의 의지에 따라 움직인다고 생각한다.

(4) 인공론적 사고

인공론적 사고란 세상의 모든 사물이나 자연현상은 사람이 자신의 목적에 맞게 사용하려고 만들어진 것이라는 믿음을 말한다. 예컨대, 유아들은 사람들이 집이 필요해 집을 짓는 것과 같이 해와 달도 누군가가 하늘에 만들어 두었다고 생각하거나, 누군가가 파란 물감으로 칠해서 하늘이 파랗다고 생각한다.

(5) 전환적 추론 사고(비약적 추론, 전도추리)

유아는 귀납적·연역적 추론을 하지 못하고 비약적 전도추리 또는 전환적 추론을 한다. 전환적 추론이란 특정 사건으로부터 다른 특정 사건을 추론하는 것으로, 두 가지 사건이 시간적으로 근접해서 발생하면 두 현상 간에 아무런 관계가 없는데도 인과관계가 있다고 믿는다. 예를 들어, 자신이 동생을 미워하기 때문에 동생이 아프게 되었다고 생각한다.

(6) 비가역적 사고

가역성(reversibility)이란 어떤 변화가 일어났을 때 이것을 먼저 상태로 돌려놓는 것이며, 사고의 가역성이란 사고가 진행되어 온 과정을 거꾸로 되밟아서 사고하는 것이다(사회복지교육연구센터, 2017). 예를 들어, '물을 얼리면 어떻게 되지?'라는 물음에 얼음이라고 대답하지만 '얼음을 녹이면 어떻게 될까?'에는 대답하지 못하는 경우, 즉 단계를 거쳐 처음으로 되돌아가서 사고하지 못하는 것이다.

4) 언어의 발달

2세 이후부터 유아들이 사용하는 어휘 수가 급격히 증가하고, 문장의 길이도 괄목할 만하게 길어지는 등 언어활동이 급속히 활발해진다. 3세가 되면 3~4개의 단어로 문장을 구성할 수 있는 새로운 단계로 발달하여 점차 성인이 사용하는 복잡한 문장을 그대로 반복하거나 새로운 문장을 만들어 낸다.

다른 사람과의 상호작용, 성별차와 개인차가 이 시기에 유아의 언어발달에 영향을 미치는 주요 요인이다(표갑수 외, 2012: 65). 유아의 언어활동은 일반적으로 여아가 남아보다 발달속도가 더 빠르며, 소수가족보다는 다수가족, 그리고 형제가 많은 가정에서 자란 유아들의 언어습득이 빠르다.

5) 정서의 발달

정서란 상황에서 유발되는 분노, 공포, 기쁨, 질투, 울음, 웃음, 애정 등과 같은 분화된 감정표현을 의미한다(손병덕 외, 2014: 124). 유아가 자신의 감정을 다루는 방법을 배우는 것은 3~4세가 되었을 때이다. 이 시기에 유아들은 즐거움, 사랑, 분노, 공포, 질투, 좌절감 따위를 다루게 되고 또한 충동과 사

감정코치전략

지나친 비판이나 아이에게 상처 주는 말 비웃음을 삼가라.

지지와 칭찬을 활용해서 아이를 지도하라.

자식에 대한 과도한 기대치를 버리라.

한 번쯤 아이의 정신세계를 들여다보라.

제3자의 편을 들어 자녀를 비판하지 마라.

비슷한 상황을 연계해서 아이의 경험에 다가가라.

아이에게 선택권을 주고 희망사항을 들어줌으로써 기를 살리라.

아이의 꿈과 이상을 함께 나누라.

아이 앞에선 정직하라.

아이와 함께 동화책을 읽으라.

인내심을 가지고 아이를 지켜보라.

부모로서의 권위를 인지시키라.

출처: 존 가트맨, 남은영(2007).

회적 요구 간의 균형을 취할 줄도 알게 되며 자신의 감정을 적절하게 표현하는 방법도 배우게 된다. 일상생활에서 감정을 표현하는 방식은 각 문화마다 다를 수 있기 때문에, 유아의 정서표현도 사회적 규범에 대한 학습을 통해 형성된다.

5~6세가 되면 유아는 자신의 감정을 감추거나 가장하는 여러 가지 방식을 배우게 되는데, 불안을 감소시키려는 노력이 이러한 행위를 낳는다. 유아기는 정서표현을 통제하는 능력인 정서규제 능력이 발달하여, 마음에 들지 않는 선물을 받더라도 웃거나 마음에 든 것처럼 연기할 수 있다. 실제적인 사건이나 자신의 사고에 대한 반응이 아동에게 불안을 야기할 경우에, 그 뜻을 자신의 상황에 맞게 바꾸거나 다양한 방법을 통해 불안을 제거하려고 한다. 이것은 이른바 방어기제를 사용하는 방법을 학습하는 것이라 할 수 있다 (이인정, 최해경, 2003 참조).

6) 사회적 발달

부모와의 관계가 유아가 최초로 맺게 되는 사회적 관계인데, 이러한 부모와의 관계가 성격과 사회성 발달에 있어서 유아에게 결정적인 영향을 준다. 부모와 유아와의 애착관계를 통한 상호 접촉으로부터 대인관계가 형성되기 시작한다. 유아의 자아존중감은 부모의 양육태도[1]가 수용적이면서도 권위 있는 태도에서 영향을 받으며, 자아존중감을 가진 유아는 자신의 감정을 보다 자유롭게 표현할 수 있고, 다른 사람과의 관계에서 개방적이 된다(표갑수 외, 2012: 69-70).

대소변 훈련과 자율성의 관계가 사회성 발달에 영향을 미치는 중요한 요인 중 하나이다. 유아는 2세가 되면 대소변 의사를 정확히 표현할 수 있다. 대소변을 가리는 시기의 성별 차이는 정확하게는 유아의 성숙도와 부모의

---

1) 최근에는 가장 바람직한 양육태도로서 감정코치전략을 들고 있다.

태도 등에 따라 많은 개인차가 있지만, 보통은 남아보다 여아가 빠르다. 배변 훈련은 자율신경과 근육의 괄약근 성숙 정도에 좌우되기 때문에, 3세 이후에 괄약근이 발달되었을 때 대소변 가리기 훈련을 시키는 것이 알맞다(표갑수 외, 2012). 5세가 될 때까지 대소변을 가리지 못하는 유아에게는 세심한 관심을 기울이고, 전문가의 도움을 받아야 한다.

프로이트에 따르면 어머니가 유아에게 대소변을 일찍 가리도록 강요하면서 실수를 엄격하게 다루면, 유아는 대소변에 지나치게 관심을 나타내며 항문에 고착된 성격을 형성한다고 한다. 유아의 실수에 대한 어머니의 엄한 처벌은 유아로 하여금 깔끔하지 않으면 견디지 못하며, 반듯하고 완전한 것을 강박적으로 고집하는 융통성이 없는 성격으로 자라게 한다. 유아의 대소변에 대한 어머니의 지나친 관심은 유아가 자신의 소유물을 모으는 데 열중하는 수전노 같은 성격으로 자라게 한다고 프로이트는 말한다. 그러므로 대소변 훈련에 임하는 부모의 자세나 양육태도가 유아의 성격발달에 더욱 영향을 미친다는 것이다.

에릭슨은 유아기는 자율성이 발달되는 시기라고 한다. 자율성과 자존감을 바탕으로 자아개념을 발달시키며 자아의 발달은 부모의 양육태도에 좌우된다. 자기의 몸을 자유로이 통제할 수 있게 된 유아는 자신의 일을 스스로 잘할 수 있다는 생각을 갖게 된다. 이러한 생각이 유아가 자율성을 획득하게 되는 계기이다. 그러나 운동발달이 미숙하거나 대소변 통제가 제대로 되지 않아 실수를 하여 주위 사람, 특히 부모로부터 꾸중을 듣거나 비난을 받게 돼서 수치심과 의심이 생기면 자율성 발달에 장애를 받게 된다.

유아의 사회성 형성에 있어 놀이의 역할도 중요하다. 유아의 사회성은 많은 부분 놀이를 통해서 이루어진다. 유아가 운동기술을 숙달시키고 성취감을 키우며, 사회적 관계를 알게 되고, 타인의 역할을 수용하게 되며, 무엇인가를 창조적으로 상상하고 생각하면서 자아존중감과 성취감을 높일 수 있는 것은 대부분 놀이를 통해서이다. 유아는 놀이를 통해서 실제 상황에서 겪는 어려움을 극복하고, 어려움을 스스로 극복하고자 노력하며, 내적인 힘을 키우는 것이다. 놀이는 학습된 행동이고 강화와 관련이 있다. 주위 사람들로부터 강화를 받는 놀이는 점점 더 자주 하게 되며, 강화를 받지 못하는 놀이는 차츰 덜 하게 된다.

놀이는 유아의 사회성 발달에 중요한 역할을 한다. 유아는 놀이를 통해 사회적 관계를 형성하고 사회적 기술과 역할을 습득한다. 놀이는 유아의 생활인 동시에 다양한 지식 획득의 수단이다. 유아는 놀이를 통해서 운동기술을 숙달하고, 성취감을 키우며, 사회적 관계를 알게 되고, 타인의 역할을 수용하게 되며, 현실에서 경험한 좌절을 해소한다(김용준 외, 2014).

또한 유아는 근원적 도덕성 개념을 가지고 있다. 프로이트에 따르면 이것은 초보적 양심(conscience) 혹은 초자아(superego)이다. 이 시기에 유아는 가치, 태도 그리고 선악의 행동 기준을 가지게 되는데, 그것은 부모나 주위 사람들에 대한 동일시 과정을 통해서 받아들인 것이다. 유아는 어떤 상황에서 자기의 행동이 이 기준과 일치하지 않을 경우, 죄책감(guilty feeling)과 불안을 동시에 느끼게 되는 심리기제를 갖게 된다. 부모에 대한 동일시(identification)를 통해 유아는 부모의 가치와 태도를 내면화하게 되는 것이다. 이것은 그가 속한 사회나 문화집단의 규칙과 기준을 학습하는 사회화 과정(socialization process), 부모를 통한 사회화 과정이다. 이러한 초보적 양심은 나이가 들면서 점차 보다 포괄적이고 이상적인 형태로서 양심과 이념으로까지 발전한다.

콜버그가 제시한 인간의 도덕발달에 대한 6단계 모델에서, 유아기는 전인습적 수준의 도덕판단을 하는 단계로서 6단계 중 1, 2단계에 해당된다. 유아들의 판단 기준은 단순한 자기만족과 성인이 바람직하다고 생각하는 행위 규범에 있다. 피아제는 유아기의 판단 방식을 타율적 도덕성에 해당하는 것으로 본다. 이러한 도덕성은 성인의 신체적인 힘에 대한 두려움과 부모의 권위에 대한 복종에서 비롯되는 것으로 볼 수 있다.

4~5세 정도가 되면 유아들은 남성과 여성 간의 신체적 차이를 알게 되고 자신의 성과 그에 적합한 행동 그리고 사회적 관계에 관심을 갖게 된다. 성역

할(sex role)에 대한 인식이 형성되는 것이다. 이 시기의 유아들은 동성의 친구들과 어울리며, 남아와 여아에 맞는 옷차림, 놀이, 직업에 대한 사회적 기대를 의식하고 이에 따라 행동하고자 하는 모습을 보인다. 예를 들면, 남자아이는 인형놀이보다 로봇을 가지고 노는 것을 더 선호하고, 여자아이는 칼을 가지고 노는 것보다 인형 옷 입히기 놀이를 더 선호한다. 이러한 성역할의 내면화를 통해 유아들은 어떤 문화 속에서 남성과 여성에게 적절하다고 인정되는 행동, 태도, 가치를 획득하게 된다. 성역할을 학습하고 이에 맞추어 행동하는 과정에서 유아는 점차적으로 성역할 기준을 자신뿐 아니라 친구들의 행동에까지 일반화시키려고 한다. 우리 문화에서는 전통적으로 남성성(masculinity)은 활동적이며, 다소 공격적이고, 독립심이 강하고, 과제 중심적인 특성으로 규정하는 반면, 여성성(feminity)은 온순하고, 의존적이며, 인간관계 중심적인 특성으로 규정한다. 그러나 이러한 구분은 시대의 변화에 따라 점차 바뀌고 있다.

이렇듯 자아개념과 자아존중감은 유아기 아이들의 자아개념(self-concept) 형성에 틀을 제공한다. 자아개념이란 자기 자신에 대한 신념체계를 말하는데, 개인의 행동을 이해하는 데 중요한 요인의 하나이다. 이러한 자아개념은 자신의 경험에 비추어 주변 상황이나 사건을 평가하는 판단 기준이 된다. 한 개인으로서 자신에 대한 긍정적 혹은 부정적 인식도 이러한 자아개념을 통해서이다.

자아존중감(self-esteem)이란 자신을 얼마만큼 가치 있다고 생각하는가에 대한 것이다. 자아존중감은 자아개념의 하위 개념이다. 즉, 자아개념이 자아존중감보다 폭넓은 의미를 갖고 있다. 인간에게는 일하고, 생활하고, 무언가를 추구하고, 인간관계의 긍정적인 면을 유지하기 위해서 자아개념과 자아존중감 모두 필요하다.

유아가 적절한 자아개념을 발달시키기 위해서는 무엇을 해야 할까? 첫째, 다른 사람과의 공감을 형성하기 시작해야 한다. 다른 사람이 자신에게 어떤 기대를 갖고 있는지를 아는 것이 중요하다. 둘째, 자신을 둘러싸고 있는 환경의 복잡함을 배워야 한다. 예를 들면, 유아는 아버지가 가족과 약속한 시간보다 늦게 귀가했을 때, 어머니가 평소와는 달리 아버지에게 화를 내고 자기주장을 한다는 것을 알아야 한다. 셋째, 자신의 행동에 대한 일정한 기대를 발달시켜야 한다. 유아는 무엇이 옳고 그른지를 스스로 결정해야 한다. 넷째, 자신의 행동에 대해 책임감을 가져야 한다. 즉, 자신의 행동을 통제할 줄 알아야 한다(Zastrow & Kirst-Ashman, 2001: 124-125). 유아가 긍정적인 자아개념과 자아존중감을 형성하기 위해서는 무엇보다 부모와 주위 사람들의 긍정적인 관심과 배려가 중요하다.

3. 영유아기의 부적응 행동

영유아 자폐, 영유아 정서장애, 학대문제 등이 영유아기에 나타날 수 있는 부적응 행동이다. 출생 후 2년 안에 다음과 같은 현상이 나타날 때 영유아 자폐(autism)라고 한다. 어머니나 다른 사람에 대해 반응이 없거나 의사소통에 큰 장애를 보일 때, 환경변화에 대해 비정상적인 반응을 보일 때 자폐를 의심해야 한다. 자폐 장애는 여아보다는 남아에게 많으며, 발생 비율은 유아 1만 명당 2~5명 정도이다.

자폐의 증상을 살펴보면, 자폐를 갖는 아이들은 대개의 경우 태어날 때부터 다른 아이들과 다소 다른 현상을 보인다. 울지도 않고, 안기는 것을 싫어하며, 어머니에 대한 애착행동을 보이지 않는다. 또한 성장하면서 말할 때가 지났는데도 전혀 말이 없거나, 괴상한 소리를 지르거나, 남의 말을 그대로 흉내 내기도 한다. 다른 사람들과의 눈 맞춤이나 신체 접촉을 싫어하며 혼자 지내려 한다.

자폐의 치료로는 어떤 것이 있는가? 경우에 따라서는 약물치료가 보조치료방법으로 도움이 되며, 약물치료와 함께 행동장애를 감소시키고 부족한 의사소통을 개선하기 위해서는 특수교육과 행동요법을 병행하는 것이 좋다. 특히, 영유아로 하여금 치료자와의 애착관계를 경험하도록 하는 놀이치료가 효과적이다. 영유아기 정서장애를 예방하기 위해서는 영유아들이 부모나 양육자로부터 적절한 보살핌과 사랑을 받고, 일관성 있는 양육환경에서 자라날 수 있도록 물리적이고 환경적인 여건을 갖추는 노력이 무엇보다 중요하다.

또한 최근 영유아 학대문제가 사회적으로 관심의 대상이 되고 있다. 더욱이 영유아 학대가 단지 학령기 아동의 문제만이 아니라 나이 어린 영유아들을 대상으로 이루어지고 있어 그 문제의 심각성이 커지고 있다. 최근 학대가 넓은 범위의 대상에서 자행되고 있는 추세를 보인다.

영유아 학대의 이유도 다양하다. 대부분의 학대 부모가 내세우는 이유는 어릴 때부터 아이의 버릇을 가르친다든지, 말을 잘 듣지 않기 때문에 훈육한다든지 따위의 이유를 댄다. 학대 방식은 유아에 대한 정서적·신체적 공격이다. 유아기에 필요한 영양이나 교육, 그리고 의료적 처치를 소홀히 하거나 방치하기도 한다. 그 밖에 부모들 자신의 성격적 결함이나 정신적 문제로 인해 성적으로 학대하는 경우도 있다.

이러한 영유아 학대를 예방하기 위해서는 무엇보다 사회적인 차원에서 영유아 학대에 대한 인식을 높여야 한다. 그리고 사회교육을 통해 잘못된 양육 및 훈육을 바로잡아야 한다. 이를 위해 사회교육의 기회를 확대할 필요가 있다. 특히, 영유아 학대를 목격하면 반드시 신고하는 의식을 널리 확산시켜야 한다. 또한 학대 부모에게는 학대에 대한 책임을 인정하게 하고 부모 교육을 의무적으로 받도록 하며, 피해를 당한 영유아의 경우에는 필요시 적절한 격리와 보호, 의료적 치료뿐 아니라 정서적 안정을 위한 상담과 치료를 제공해야 한다.

4. 사회복지실천과의 연관성

유아기 문제는 무엇보다도 조기 진단과 치료가 중요하다. 유아에게서 발견되는 다양한 유전적·선천성 질환인 다운증후군과 지적장애뿐 아니라, 유아 자폐와 정서장애를 포함한 소아 정신질환, 그리고 야뇨증 등은 조기 진단과 치료가 효과적이므로 가능한 이른 시기에 진단과 치료를 할 수 있도록 도와야 한다. 지적장애 이외에도 시각장애, 청각장애, 언어장애 등에 대해서도 조기에 전문적인 상담과 치료를 받을 수 있도록 장애인 종합복지관을 비롯한 관련 단체나 시설을 연결하여 적절한 개입을 해야 한다. 우리 사회에서 유아를 학대하는 문제는 그 심각성에 비해 관심이 높지 않다. 따라서 유아 학대에 대한 우리 사회의 적극적인 관심과 개입을 이끌어 내야 한다.

또한 시급한 것은 아동문제를 해결할 수 있는 인프라 구축이다. 우리나라의 경우, 현재 응급전화 1577-1391을 비롯한 아동보호서비스가 전국적으로 시행되고 있으나 아직까지 서비스의 내용이나 전문 인력, 프로그램 면에서는 좀 더 보완이 필요하다. 아동학대에 대한 적극적인 홍보를 하는 것이 필요하며, 아동보호서비스 체계 구축을 위한 실질적인 노력을 지속적으로 해야 한다. 또한 요보호 유아에 대해서는 격리나 시설보호보다는 원가정에서 보호받을 수 있도록 재가 복지 차원의 지지적이고 보충적인 서비스를 개발하고 확대해야 한다.

또한 유아의 심리적 · 정서적 발달에 큰 영향을 미치는 부모의 바람직한 양육태도를 형성해 나가는 것이 중요하다. 유아의 부모와의 긍정적인 정서 관계 형성은 이후의 인간관계의 질을 결정하는 중요한 바탕이 된다. 따라서 유아를 둔 부모들이 긍정적인 양육태도를 가질 수 있도록 교육하고 상담하는 예방 프로그램들이 확대되어야 한다. 이러한 프로그램은 건강가정지원센터를 비롯하여 지역사회복지관 및 다양한 아동 관련 시설에서 다양한 형태로 실시할 수 있다.

네 가지 양육 방식

① 축소전환형 부모
- 아이의 감정을 중요하지 않거나 대수롭지 않게 취급한다.
- 아이의 감정에 무관심하거나 무시한다.
- 아이의 부정적 감정이 **빨리** 사라지기를 바란다.
- 아이의 감정을 무마하려고 전형적으로 기분 전환할 거리를 제공한다.

- 아이의 감정을 비웃거나 경시할 수 있다.
- 아이의 감정은 비합리적이기 때문에 그다지 중요하지 않다고 생각한다.

② 억압형 부모
- 많은 행동이 축소전환형 부모의 행동과 같다. 차이점이라면 좀 더 부정적이라는 점이다.
- 아이의 감정표현이 옳고 그른지 판단하고 비판한다.
- 아이에게 한계를 정할 필요성을 지나치게 의식한다.
- 바른 기준이나 행동에 순응할 것을 아이에게 강조한다.
- 아이의 행동이 옳든 그르든 상관없이 감정을 표현한 것을 꾸짖거나 매로 다스리거나 벌을 준다.
- 부정적 감정의 표현은 시간의 제약을 받아야 한다고 믿는다.
- 부정적 감정은 억제해야 한다고 믿는다.
- 부정적 감정은 성격이 나쁘다는 것을 반영한다고 믿는다.

③ 방임형 부모
- 아이의 모든 감정 표현을 거리낌 없이 받아 준다.
- 부정적 감정을 경험하는 아이를 위로한다.
- 행동에 대한 지침을 제공하지 않는다.
- 감정에 대해 아이를 가르치지 않는다.
- 지나치게 관대하며 한계를 정해 주지 않는다.
- 아이가 문제를 해결하도록 돕지 않는다.
- 문제해결 방법을 아이에게 가르치지 않는다.
- 부정적 감정에 있어서 감정을 이겨 내는 것 외에 할 수 있는 일은 없다고 믿는다.
- 감정은 분출하면 모든 것이 해결된다고 믿는다.

④ 감정코치형 부모
- 아이의 부정적 감정은 부모자식 간의 친밀도를 높일 기회를 제공한다고 생각한다.
- 슬퍼하거나 화를 내거나 두려워하는 아이와 시간을 보내는 것을 참을 수 있다.
- 아이의 감정에 인내심을 보인다.
- 아이의 감정을 파악하고 그것에 초점을 맞춰 대응하는 일이 의미 있다고 생각한다.
- 아이의 부정적 감정의 세계가 양육 방식의 중요한 영역이라고 생각한다.

출처: 존 가트맨, 남은영(2012).

연습문제

1. 다음 중 영유아기의 발달과제를 <u>모두</u> 고르시오.

가. 모성보호   나. 친밀감 형성   다. 애착관계 형성   라. 근면성

① 가, 나, 다   ② 가, 다   ③ 나, 라   ④ 가, 나, 다, 라

2. 유아기(3~6세)의 발달에 관한 설명으로 옳은 것을 <u>모두</u> 고른 것은? (2015년 기출)[2]

가. 피아제의 자기중심적 사고가 활발한 시기이다. 나. 에릭슨의 주도성과 죄책감이 중요한 시기이다. 다. 프로이트의 오이디푸스 콤플렉스와 엘렉트라 콤플렉스가 나타나는 시기이다.

① 가, 나, 다   ② 가, 다   ③ 나, 다   ④ 가, 나

3. 유아기(3~6세)의 일반적 특징으로 옳은 것을 <u>모두</u> 고른 것은? (2014년 기출)

가. 타율적 도덕성이 발달한다. 나. 자아개념과 자아존중감을 형성한다. 다. 프로이트의 성격발달 단계의 남근기에 해당한다. 라. 타인의 감정을 수용할 수 있는 사회적 관점이 발달하기 시작한다.

① 가, 나, 다   ② 가, 다   ③ 나, 라   ④ 가, 나, 다, 라

---

2) 노민래 편저(2016: 137).

4. 유아기(3~6세)에 관한 설명으로 옳지 <u>않은</u> 것은?

① 프로이트의 구강기에 해당하는 시기이다.

② 3세가 지나면 다른 사람과의 차이점을 알 수 있는 사회적 성역할이 발달한다.

③ 피아제의 전조작기에 해당하며 상징적 사고가 활발한 시기이다.

④ 에릭슨의 주도성 대 죄의식 단계에 해당하며 책임의식이 고취되는 시기이다.

답) 1 ①   2 ①   3 ④ 유아기의 사회적 발달은 애착관계를 통한 상호접촉으로부터 대인관계가 형성되기 시작한다. 4 ①

제4장

아동기

아동기는 유아기를 통해서 형성된 기본적인 성격과 행동이 더욱 확대되고 발전되는 시기이다. 아동기는 초등학교에 입학하여 중학교에 들어가기 전까지의 시기로서 이 기간에 아동은 대부분의 시간을 학교에서 보내게 되는데, 이때 아동은 학교를 중심으로 선생님과 친구들을 만나게 되고, 다양한 학습과 활동을 통해서 기본적인 사회기술을 습득하게 된다. 프로이트는 이 시기를 잠복기라 하여 성격형성에 영향을 미치는 특별한 발달적 사건은 발생하지 않는다고 보고 있다(임은희, 2009: 27).

1. 개념

초등학교에 입학하는 7세부터 12세에 이르는 시기를 아동기라고 한다. 이 시기 아동 생활의 중심은 가정에서 학교로 옮겨간다. 이것이 이 시기를 학령기라고 부르는 까닭이기도 하다. 학교생활을 통해 아동은 부모의 강력한 영향력에서 벗어나 친구, 또래, 선생님과의 접촉에 신경을 쓰게 되고, 그들과의 관계에 더 민감해진다.

　신체적 측면에서는 신체발달보다는 이미 획득한 지각과 운동기능을 보다 효과적이고 기술적으로 사용하는 능력을 키우며, 인지적 측면에서도 지각에만 의존하거나 자기중심성에서 벗어나 객관적으로 사물을 바라보고 판단하게 되는 것이 이 시기의 발달 특징이다. 아동의 활동범위도 가정에서 학교, 이웃으로까지 매우 넓어지고 확대되며, 이에 따라 사회적 환경의 범위도 확장된다.

　아동기는 이성 및 동성과의 관계, 또래와의 관계를 통해 사회화를 이루는데, 이 시기는 프로이트의 잠복기, 에릭슨의 학령기, 피아제의 구체적 조작기에 해당된다.

2. 아동기의 특성

1) 신체적 발달

　아동기의 신체발달은 의외로 매우 완만하다. 이 시기의 아동은 이전 단계인 유아기에서 보였던 급속한 성장보다는 매우 왕성한 신체적 활동을 하는 쪽으로 발달한다. 이 시기에는 팔다리의 성장이 몸통의 성장보다 빨라서 학령기 아동의 전형적인 신체적 특징인 팔다리가 긴 모습으로 바뀌게 된다. 신체 각 부위의 비율도 달라진다. 머리는 체격에 비해 큰 편이지만 얼굴의 면적이 전체 면적의 10%로 줄고 머리는 성인의 95% 정도로 발달한다.

　유치가 영구치로 바뀌기 시작하는 것도 이 시기이다. 젖니가 빠지기 시작하는 것은 6세 무렵부터이고, 모든 젖니가 영구치로 대치되는 것은 12세 무렵이다. 6세에는 성인의 90%인 뇌의 용량도 12세가 되면 성인 수준에 도달하여 아동의 지적 발달을 뒷받침해 준다.

　이 시기에는 새로운 운동기능의 발달이 있는 것이 아니라 이미 획득한 운동기술이나 근육을 강화, 정교화하는 식으로 발달한다. 아동은 운동의 속도, 정확성, 안정성, 호응성, 역량 등의 면에서 더욱 발달하고 정교해진다. 운동 방식에 있어서 아동은 장난감을 사용하는 운동보다는 자신의 몸을 이용하는 운동에 흥미를 갖고 달리기, 줄넘기, 공 던지기와 차기, 자전거 타기, 뛰기 따위의 동작을 선호하게 된다. 12세경이면 팔과 어깨, 손목의 근육을 통제할 수 있는 능력이 거의 성인 수준에 육박하기 때문에, 이 무렵 아동들은 수영, 야구, 축구 등 성인이 할 수 있는 운동을 대부분 할 수 있게 된다. 아동은 자신의 운동역량을 늘상 다른 아동들의 기술과 비교하여 평가하기 때문에 아동기의 운동발달은 아동의 자아개념 및 자존감 형성에 많은 영향을 미치게 된다. 다양한 운동의 기회를 통해 얻는 자신감은 아동들의 자아개념 및 자존감 형성에 큰 역할을 한다. 이 시기에는 전반적으로 여자 아동의 신체적 성장이 남자 아동에 비해 다소 앞서는 경향을 보여 준다.

2) 인지의 발달

피아제에 따르면, 아동기는 구체적 조작기에 해당되며 기술, 분류기술, 조합기술 등이 발달한다. 구체적 조작기는 대략 7세에서 11~12세에 이르는데, 아동의 사고능력이 구체적인 수준에서 논리적인 수준으로 발달하는 것은 바로 이 시기이다. 이전 단계에서는 논리적 사고를 방해하는 요인이 있었는데 아동은 이를 효과적으로 극복할 수 있게 된다. 7세경에는 추리능력이 점차 발달하다가 8, 9세가 되면 비약적인 발달을 보이고 10세가 되면 추리능력이 보다 확실해지는 등 체계적이고 논리적인 사고가 가능해진다.

이 시기의 특징으로는 바로 지능의 발달이 두드러진다는 점이다. 지능 (intelligence)이란 개인이 합목적적으로 행동하고 합리적으로 사고하고 능률적으로 환경에 대처하는 총체적 능력을 말한다. 클라인버그(Klineberg)는 인간의 지능발달이 11~12세까지는 거의 직선적으로 발달하고 그 후부터는 점점 완만하게 발달하여 17~18세경에는 절정에 이른다고 한다. 지능은 아동기부터 청소년기에 주로 발달하는 것이다(Klineberg, 1938).

인지발달에 있어 유아기의 전조작기 사고는 자기중심성을 특징으로 한다. 이에 반해 구체적 조작기의 아동은 다른 사람의 시각에서 사물을 보는 능력을 발달시키며, 타인의 입장, 감정, 인지 등을 이해하고 공감하는 능력도 더욱 향상된다. 이러한 인지능력 발달의 결과, 아동은 자기 자신도 외부세계의 한 부분이라는 인식과 외부세계는 자신의 활동과는 무관하게 존재한다는 인식을 갖게 되어 주체와 객체의 분화에 대한 의식에 도달하게 된다.

아동은 한 가지 요인에 의존하여 문제를 해결하지 않고, 여러 가지 많은 요인들을 고려하여 판단하고 결정하고, 아동의 지적인 관심도 확대되고 탈중심화된다. 아동은 자신의 문제만이 아니라 지역과 사회의 문제, 그리고 세계의 문제 및 우주의 문제로 관심을 확대한다. 아동의 사고능력은 구체적인 수준에서 논리적인 수준으로 발달하며, 자기중심성, 비가역적 사고, 중심화를 극복하게 된다.

전조작기에 처음 획득했던 분류와 연속성, 보존의 개념들은 그 시기에는 불완전했지만, 구체적 조작기의 아동들은 이를 완전하게 획득한다. 아동기에는 대상을 일정한 특성에 따라 다양한 범주로 나누는 능력을 완전히 획득한다. 아동들은 상위유목과 하위유목 간의 존재, 즉 전체와 부분의 관계를 이해하는 분류화(유목화) 기능과 어떤 특정 속성이나 특징을 기준으로 하여 순서대로 배열하는 능력의 서열화 기능, 그리고 보존개념을 확립하게 된다. 또한 더하기, 빼기, 곱하기, 나누기와 같은 셈을 할 수 있는 조합기술(combination skill)을 획득한다.

이 시기의 아동은 또한 상황과 사건에 대해서 융통성 있는 사고를 할 수 있고 자신과 다른 시각에서 사건을 평가할 수 있다. 아동은 수학적 계산을 이해하고 실제적으로 사건을 대표하는 상징들을 많이 사용하며 그것을 언어를 통해 표현하는 능력이 크게 향상된다. 이와 더불어 기억력도 정교해진다.

그러나 구체적 조작기에 아동의 인지가 상당히 발달하였다고 해도 여전히 제한적이다. 사건을 다양한 관점에서 바라볼 수는 있지만, 여전히 구체적인 수준에서만 그러하다. 즉, 아동은 보고, 듣고, 냄새 맡고, 만지는 차원에서만 사건을 바라본다. 그들의 초점은 생각이 아니라 사물에 있다. 인지발달의 최종 단계인 형식적 조작기로 옮겨졌을 때 비로소 아동은 보다 수준 높은 사고를 할 수 있다(Zastrow & Kirst-Asgman, 2001: 119).

〈표 4-1〉 아동기의 인지발달

보존개념 획득	형태가 바뀌어도 양이나 부피와 같은 물체의 특성은 변화하지 않고 유지된다는 것을 이해
분류화(유목화)	대상이 가지고 있는 특성에 따라 다양한 범주로 나누고 분류할 수 있음
서열화	어떤 특정 속성이나 특징을 기준으로 하여 순서대로 배열
자기중심성 극복	전조작기 사고의 특징인 자기중심성을 극복하여 다른 사람의 시각에서 사물을 보는 능력이 발달
탈중심화	다양한 변수를 고려하여 좀 더 복잡한 사고를 할 수 있음
가역적 사고	가역성은 어떤 변화가 일어났을 때 그것을 이전 상태로 되돌려 놓는 것인데 구체적 조작기에는 사고의 비가역성을 극복하여 가역적 사고가 가능해짐

3) 정서의 발달

관심의 대상이 가족에서 또래친구들로 변화해 가는 것도 아동기에서이다. 아동은 또래친구 중에서도 이성보다는 동성에 대한 관심이 더욱 강하다. 이러한 동성애 경향이 이성애로 바뀌려면 사춘기에 접어들어야 한다. 아동기에 들어서 정서적 감정들이 좀 더 분화되고 섬세한 표현을 하는 식으로 계속적으로 발달한다. 나아가, 자신의 감정을 억제하거나 간접적인 방법으로 표현하는 방식도 터득하게 된다. 상상력이 풍부해지는 아동기 특징 때문에 아동들은 존재하지 않는 대상에 대한 두려움을 포함하여 따돌림, 교우관계, 학업성취, 부모로부터의 꾸중, 나쁜 행위에 대한 후회 따위와 같은 일상생활이나 과업수행과 관련된 문제들로 인해 다양한 정서를 경험하게 된다.

아동기에 느끼는 두려움과 공포, 노여움, 질투, 애정 따위의 감정은 어떤 면에서는 매우 자연스럽지만, 그 정도가 심할 경우에는 자신에 대한 개념과 발달과업의 수행, 그리고 정서적 안정에 좋지 않은 영향을 미치게 된다. 예를 들면, 학교적응에 실패했거나 가정생활과 학교생활에 적절한 조화를 이루지 못한 경우에 발생하는 학교에 대한 공포증이 있다. 이러한 두려움과 공포는 특히 아동이 초등학교에 입학할 때 많이 나타난다. 낯선 학교 환경에 대한 불안과 부모와 떨어지는 데 대한 분리불안이 심한 경우에 그러한 공포를 야기한다. 학교공포증은 아동으로 하여금 학교생활에 대한 자신감을 잃어버리게 하고 학업성취나 친밀한 교우관계 형성에 상당한 어려움을 갖게 한다. 아동은 이성친구보다 동성친구와 더 친밀한 관계를 가지려 하며, 또래집단 및 친구와의 우정을 중요시하는 경향이 있는데, 학교공포증은 이 경향의 장애가 되기 때문이다.

4) 사회적 발달

학교, 또래와 지역사회 등이 이 시기 아동의 사회적 발달에 영향을 미치는 환경요인들이다.

(1) 학교와 사회적 발달

학교에서 아동들이 배우는 것은 읽기, 쓰기, 셈하기뿐만 아니라, 환경과 문화에 대한 지식도 있다. 학교는 아동의 사회적 발달에 많은 영향을 주는 사회적 활동의 장인 것이다. 이러한 학교에서 아동은 교사나 친구들과 사귈 수 있는 기회를 가진다. 그러므로 학교는 아동들에게 학습의 장이자 성취의 장이다. 그래서 대부분의 아동들은 학교에 가기를 좋아하고 학교에서 하는 일에 매우 열성적이며 학교에 대해 긍정적인 태도를 갖게 마련이다.

그러나 모든 아동이 학교에 대해서 긍정적인 태도를 갖는 것은 아니다. 여러 가지 이유로 학교 가기를 싫어할 수 있다. 예를 들면, 어떤 아동은 어머니와 떨어져 있는 것이 싫어서 학교에 가기를 싫어하고 두려워하고, 또 어떤 아동은 빈곤한 가정환경을 비관하여 부유한 친구들에 대해 적대감을 갖거나 위축될 수도 있다. 또 어떤 아동은 엄한 교사를 두려워하여 학교에 가는 것을 무서워할 수도 있다. 여러 예에서 볼 수 있듯이 아동들이 학교에 대해 발달시키는 태도는 상이하며, 이러한 차이에 가장 큰 영향을 주는 것은 부모와 교사이다.

아동이 학교에서 겪는 여러 가지 경험은 아동에게 자신의 능력에 대한 자아개념을 획득하는 계기가 된다. 또한 이 경험을 통해 아동은 자신에 대한 평가내용에 따라서 긍정적 혹은 부정적 성격을 형성하게 된다. 에릭슨에 의하면 학령기의 발달과업은 근면성이라고 한다. 정상적으로 근면성을 발달시키지 못한 아동에게는 열등감이 형성된다.

자아개념이 자아에 대한 인지적 측면이라고 한다면 자아존중감은 정서적 측면이다. 이러한 자아존중감은 다른 사람과의 상호작용에서 시작되며, 자아존중감 발달은 아동기의 근면성과 열등감의 발달과 밀접한 관계를 갖는다 (신종우 외, 2008). 근면성은 아동의 성취동기와 경쟁심, 효능감 따위를 통해서 강화된다. 근면성과 긍정적인 자아개념은 정적 상관관계를 갖는다. 근면성이 높은 아동일수록 긍정적인 자아개념을 획득하고, 외부세계에 대해서도 자신감을 가지며, 능동적이고 활발한 성격을 형성하게 된다. 아동이 성공적인 경험보다 실패의 경험을 더 많이 한다면, 자신이 무능력하다고 생각하여 열등감에 빠지고, 외부세계에 대해 스스로 위축되고 부정적인 성격을 형성하게 된다. 아동의 열등감 형성에 영향을 미치는 요인에는 교사, 부모의 아동에 대한 태도, 친구의 부정적 평가 등이 있다.

(2) 또래친구와의 관계

또래친구와 진정한 우정을 나누기를 원하며 집단을 형성하여 함께 행동하기를 좋아하는 것이 학령기 아동의 일반적인 특징이다. 또래와의 상호작용은 이 시기의 아동으로 하여금 자기 자신을 새롭게 지각하게 하고, 집단에 대한 소속감이나 그와 반대로 소외감을 발달시키게 한다. 이 시기에 또래친구와의 관계는 아동의 사회성과 자신감 형성에 중요한 역할을 하며, 그 이후의 발달단계인 청년기와 성인기에도 지속적인 영향을 미친다(천덕희 외, 2011: 94 참조).

아동은 그들의 의견이나 반응에 매우 민감한 특징을 보인다. 그것은 아동이 자신을 인식하는 데 있어 또래들이 자신을 비춰 주는 거울의 역할을 하기 때문이다. 또래친구 사이에서 인기를 끄는 성격특성은 나이, 성별, 계층에 따라 다르다. 우호적이고 사교적이며 참여적인 아동은 인기가 높은 반면, 수줍어하고 소심한 아동은 인기가 적다(Papalia et al., 1998). 아동의 성격특성뿐 아니라 그 가정의 사회경제적 특성도 인기를 좌우하는 요인에 포함되며, 아동기에는 사회적 관계의 장이 가족에서부터 이웃과 학교로까지 확대된다. 아동은 집단생활의 규범을 준수하고, 서로 협력한다. 또래집단의 영향력은, 첫째, 함께 보내는 시간이 많을수록 크며, 둘째, 부모와의 의사소통이 적을수록 크고, 셋째, 집단 내의 응집력이 클수록 높은 경향이 있다.

(3) 단체놀이

이 시기의 아동들은 사회적 놀이 가운데 단체놀이(팀놀이, team play)를 좋아한다. 이 단체놀이의 특징은 혼자서 하는 놀이나 집단놀이(group play)에 비교하여 규칙을 지키고 서로 간에 팀워크가 중요한 활동이라는 점이다. 이러한 특징 때문에 아동은 단체놀이를 통해서 다음의 세 가지를 배우게 된다(김동배, 권중돈, 1999: 102; Newman & Newman, 1991).

첫째, 단체놀이에서 아동이 배우는 것은 개인의 목표가 단체의 목표에 종속된다는 점이다. 단체놀이에 참여함으로써 아동은 놀이에서의 승리라는 단체 목표를 위해서 개인 목표의 성취를 유보시키는 것, 의기투합하여 협동하고 약한 구성원들을 돕는 것이 중요하다는 것을 배운다.

둘째, 단체놀이를 통해서 아동이 학습하게 되는 또 다른 것은 분업의 원리이다. 아동은 각자에게 부여된 지위와 역할을 충실히 수행해야만 놀이의 승리를 보장받을 수 있다는 사실을 단체놀이에서 인식하게 된다. 아동들이 각자가 잘하는 것이 서로 다를 수 있다는 것도 이러한 과정에서 배우게 된다.

셋째, 단체놀이를 통해서 아동은 경쟁의 본질과 승리의 중요성을 학습하게 된다. 아동기의 단체놀이에서 패배를 결정하는 실수를 한 아동이 다른 아동들로부터 비웃음거리가 되는 경험은 승리의 중요성을 학습시킨다. 아동은 이와 같은 경험을 통해 단체놀이의 실패에 뒤따르는 사회적 비난을 회피하기 위해 노력하고, 서로 협력하려고 한다.

(4) 대중매체의 영향

아동의 사회성 발달에 대중매체도 크게 영향을 미친다. 대표적인 대중매체로는 TV와 컴퓨터를 들 수 있다. 가정환경에 따라 아동들의 텔레비전 시청 양상이 다르게 나타난다. 일례로 사회경제적으로 낮은 계층의 아동들이 그렇지 않은 아동들보다 텔레비전을 더 많이 시청하는 것으로 나타났다. 폭력적이고 공격적인 장면들에 노출된다는 것이 바로 아동 텔레비전 시청의 문제이다. 아동들의 모방행동이 아동의 공격성과 폭력성, 남성과 여성의 고정된 성역할에 대한 편향된 사고방식으로 나타나는 경우가 있다.

컴퓨터 또한 아동으로 하여금 많은 시간을 허비하게 하여 게임중독과 학업부진의 원인이 될 수 있다. TV와 컴퓨터 등은 아동의 사회성 발달에도 크게 영향을 미친다. 따라서 대중매체를 올바로 활용하는 것이 아동기 발달에 매우 중요하다. 그러므로 대중매체의 부정적인 영향을 통제하고 아동들을 적절히 보호할 수 있는 대책이 강화되어야 한다.

3. 아동기의 부적응 행동

1) 학습장애

아동이 정상적인 지능과 신체 상태를 가지고 있으면서도 공부, 언어, 운동에 장애가 있을 때, 그러한 장애를 학습장애(learning disorder)라고 한다. 읽기장애, 산술장애, 표현성 쓰기장애 등이 대표적인 유형이다. 이 장애는 뚜렷한 신체적인 이상이나 정서장애가 있는 것이 아니라 뇌가 정보를 받아서 처리하거나 사용하는 방식에 문제가 있는 경우에 나타나는 증상이다. 미국의 경우, 전체 학령기 아동 중 4~5%가 다양한 학습장애를 갖는다고 한다. 이러한 학습장애는 부주의, 통제하기 힘든 과도한 신체적 움직임, 충동성으로 대표되는 주의력결핍 과잉행동장애의 형태로 나타나기도 한다. 학습장애가 있는 아동들은 실패감, 낮은 자아존중감, 무기력을 경험할 수 있다. 따라서 이러한 아동들이 조기에 적절한 치료를 받을 수 있도록 해 주어야 한다. 특히, 읽기장애를 갖고 있는 아동의 경우 초등학교 때 언어치료를 받지 못하면 평생 장애가 지속되므로 정확한 평가와 함께 체계화된 언어치료를 받는 것이 중요하다.

이러한 학습장애를 갖는 아동들이 보이는 현상적인 모습으로는 학교생활의 위축이나 등교거부, 무단결석, 행동장애 따위가 나타날 수 있으므로 이를 잘 살펴 아동의 전반적인 적응상태에 대해 점검하고 문제의 경중에 따라 부모상담을 고려하는 것이 좋다.

2) 주의력결핍 과잉행동장애

주의력결핍 과잉행동장애(Attention Deficit Hyperactivity Disorder: ADHD)는 아동기에 과도한 부주의, 산만함, 충동성, 과잉행동 등을 특징으로 하는 장애이다. 이 장애의 발병 시기는 보통 3세 전후이지만 증상으로 표출되는 것은 주로 대부분 초등학교에 입학하면서이고, 이 장애를 경험하는 아동은 전체 아동의 3~5% 정도이며 남아에게서 더 흔하게 나타난다(박을종, 2016). 이 장애의 원인은 대체로 뇌기능 장애와 관련이 있는 것으로 추정되며, 이러한 장애의 증상은 아동들이 집이나 학교에서 가만히 있지 못하고, 자리에 앉아도 안절부절못하며, 항상 산만한 것이다. 이 장애는 충동적이며, 사소한 자극에도 폭발적으로 반응하기에 학습장애나 정서장애로 이어질 수 있다.

대응책으로는 우선 ADHD 아동들의 행동개선을 위한 적절한 교육과 치료가 조기에 제공되어야 한다. ADHD 치료는 약물치료와 행동치료를 병행해야 한다. 특히, 전문적인 상담과 치료에서는 아동의 발달상태와 행동상의 특징을 고려하여 체계화된 인지행동치료나 사회기술훈련을 통해 행동을 개선할 수 있으며, 학습장애나 정서장애가 동반된 경우에는 특수교육이나 심리치료를 병행하여 종합적으로 접근해야 한다.

3) 자폐증과 아스퍼거증후군

자폐아동은 언어적 · 비언어적 모두에서 장애를 보이고 정상적인 언어 사용과 제스처, 몸동작, 얼굴표정 등의 활용에도 미숙하다. 아스퍼거증후군(Asperger syndrome)은 발달장애의 일종으로 지적 수준과 언어발달은 정상이나 사회성이 심각하게 손상된 상태를 말한다.

일반적으로 자폐증(自閉症)이란, 의사소통과 사회적 상호작용 이해 능력에 저하를 일으키는 신경 발달 장애를 뜻한다. 이 증상의 원인은 아직 명확하게 밝혀지지 않았지만 몇몇 연구자들은 정서적 원인이 아닌 유전적 발달장애로 추측하고 있다. 아스퍼거증후군은 오스트리아 의사인 한스 아스퍼거의 이름을 따서 붙여졌다. 1944년 자폐성 정신질환이라고 지칭하며 증상을 최초로 기술했다. 1만 명당 2명 정도 발생하고, 여아보다는 남아에게 약 3~4배 많이 발생한다. 아스퍼거증후군은 한 종류의 자동차나 컴퓨터 같은 단일한 사물에 관심을 가지면서 집착한다. 아스퍼거증후군의 원인은 명확하지 않지만 여러 영상 검사에서 아스퍼거 환자의 뇌의 일부 영역에서 구조적인 신경 이상이 나타나는 것이 증명되었다.

아스퍼거증후군 환자들은 특정 부문이나 단일한 기기에 대한 매우 높은 수준의 전문성을 발전시킬 수 있기 때문에, 그들 중 많은 수가 성공을 거둘 수 있는 직업을 가질 수 있다. 자폐증이나 아스퍼거증후군 모두 명확한 치료법이 나와 있지는 않으나 반복행동이나 신체제어 문제, 의사소통 등을 개선시키는 것을 목적으로 하는 다양한 행동요법들이 시도되며 약물치료가 진행되었다. 하지만 최근 기술의 발달로 인해 약물을 사용하지 않는 '비약물 치료법'들이 시도되고 있다(http://blog.daum.net/encyclopedia).

4) 등교거부와 학교공포증

등교거부는 아동들이 여러 이유로 학교 가기를 꺼리거나 아예 가지 않는 경우를 말한다. 등교를 거부하는 행동은 등교를 극도로 꺼리거나 두려워하기 때문에 생겨난 것이므로 고의적으로 학교를 가지 않는 무단결석(truancy)과는 다르다. 무단결석은 학교에 가는 것처럼 속이고 집을 나와서 다른 즐거움을 위해 놀러 다니며, 부모나 친구에게 이런 사실을 교묘하게 속이는 행동이다. 그러나 이와는 다르게 학교거절증(school refusal)이나 학교공포증(school phobia)은 심리적 원인으로 인해 학교에 가는 것을 극도로 꺼리거나 공포를 느끼는 것이다.

학교거절증을 갖는 아동들은 등교거부의 의사를 말로 표현하지 않고 그보다는 다양한 신체증상으로 표현한다. 복통, 두통, 설사를 호소하고, 어지럽고 토할 것 같다며 밥을 잘 먹지 않거나, 심하면 기절도 한다. 이런 행동은 대개 아침 일찍 시작되며, 학교에 가지 않고 집에 있거나 등교시간이 지나면 사라진다. 아울러 항상 부모와 함께 집에 있고자 하는 것도 또 다른 특징이다(민성길, 2015).

5) 아동 비만

최근에 비만아동들이 눈에 띄게 늘어나고 있다. 서구식 식습관과 칼로리 높은 음식 섭취에 그 원인이 있을 것이다. 비만이란 정상적인 신체기능에 필요한 양 이상으로 지방질이 축적된 상태를 말한다. 아동 비만의 경우 여자아이가 남자아이보다 비만이 될 가능성이 높다. 아동기의 비만이 문제되는 것은 성인 비만으로 이어질 위험성이 정상체중을 가진 또래 아이들보다 더 높기 때문이다. 그렇기 때문에 치료는 가능한 한 조기에 개입하는 것이 중요하다. 비만은 신체적 문제이기도 하지만 또 다른 측면에서는 심리적 문제를 일으킨다. 그것은 부정적인 신체 이미지와 열등감을 형성할 수 있기 때문이다. 비만 아동은 자아존중감, 신체 이미지, 외모 만족도, 우울감 등의 심리사회적인 면에서 정상체중 아동보다 영향을 더 받는데, 실제 비만도보다 자신의 체형에 대한 아동의 인지가 더 많은 영향을 주는 것으로 나타났다(김용준 외, 2014 참조).

4. 사회복지실천과의 연관성

가정이라는 울타리를 벗어나 학교를 중심으로 많은 친구들과 선생님을 만나고, 다양한 과제수행과 또래활동을 통해서 아동기에 속한 아이들은 새로운 경험과 성장을 한다. 하지만 이 과정에서 학교생활에 잘 적응하지 못하고 학업성취에 실패한 아동들은 긍정적인 자아상과 자신감을 얻는 데 어려움을 겪는다. 아울러 학교뿐 아니라 가정에서도 여러 이유로 부모의 관심과 사랑을 받지 못하고 방치되거나 부적절한 처우를 받을 경우에는 아동의 심리적 안정과 신체적 건강을 더욱더 해치게 되는 문제를 낳을 수 있다. 그렇기 때문에 아동기에는 지적·사회적 자극을 충분히 제공해 주어야 한다. 아동이 처한 여건에 따라 도움을 받을 수 있는 사회복지서비스를 살펴보면 다음과 같다.

첫째, 아동을 위한 지지적인 성격의 사회복지서비스가 있다. 이는 가정 안에서 부모와 아동이 좋은 관계를 형성하고 성장에 필요한 도움을 다양하게 받을 수 있도록 하는 것이다. 예를 들면, 부모들로 하여금 아동을 보다 잘 이해할 수 있게 하는 다양한 프로그램을 제공하는 것이다. 이러한 서비스는 예방 차원의 것인데, 현재 각 지역의 아동상담소 및 종합사회복지관, 그리고 읍·면·동의 사회복지전담공무원을 통해 제공되며 도움이 필요한 아동을 상담할 수 있다.

둘째, 아동을 위한 보충적인 성격의 사회복지서비스가 있다. 이는 부모들의 역할을 일부 대행해 주는 것으로서 방과 후 아동지도와 피학대아동 보호사업 등이 이러한 서비스의 예이다. 최근 맞벌이 부부의 증가, 신체적·경제적 어려움 등으로 가정에서 아동을 충분히 돌볼 수 없는 경우가 늘고 있다. 이러한 어려움을 해결하기 위해 초등학교 저학년의 학습과 생활지도를 위한 방과 후 아동지도가 시행되고 있는데, 부모의 역할을 보충해 주는 유익한 서비스로 자리 잡아 가고 있다. 맞벌이 부모를 둔 아동들이 방과 후 적절한 보호를 받지 못하는 경우, 사회복지기관에서 방과 후 아동보호 프로그램으로 연결해 주어야 한다(전남련 외, 2012: 105 참조). 특히, 지역사회복지관에서 실시하는 저소득층 취업여성의 자녀를 위한 방과 후 아동지도는 자녀들의 보호 및 교육에 많은 도움을 주고 있다.

셋째, 아동학대에 대한 개입이 있다. 아동학대에는 아동에게 해로운 행위를 가하는 '학대(abuse)'와 아동에게 주어야 할 것을 주지 않는 '방임(neglect)'이 있다. 학대에는 학대받은 부위에 따라 크게 신체적 학대, 정서적 학대, 성적 학대가 있으며, 방임에는 신체적 방임, 정서적 방임, 교육적 방임, 의료적 방임, 성적 방임 등의 유형이 있다. 학대받은 아동 및 그 부모에 대한 사회복지 개입에는 학대받는 아동을 위한 일시보호 프로그램, 부모 및 학대아동 상담, 가족치료 프로그램 등 실시, 방과 후 아동보호 프로그램 등이 있다.

그러므로 신체적·성적·정서적으로 학대받는 아동들을 위한 아동보호서비스로는 긴급전화 1577-1391을 비롯하여 전국 17개 시도의 54개 아동보호전문기관에서 아동학대 현장의 조사 및 상담 진행, 학대아동의 발견 및 보호, 치료가 이루어지고 있다.

넷째, 아동을 위한 대리 성격의 사회복지서비스로서, 가정을 벗어나 다른 곳에서 보호를 제공하는 것이다. 입양과 가정위탁보호, 시설보호 등이 대표적인 형태이다. 먼저, 입양이란 자신의 아동이 아닌 다른 아동을 법적인 절차를 밟아서 자녀로 삼는 것이다. 입양을 원하는 경우, 각 지역의 입양 관련 기관을 통해 도움을 받을 수 있다. 입양을 통해서 아동은 가정 안에서 부모의 사랑과 관심을 받으면서 성장할 수 있다. 다음으로 가정위탁보호는 아동을 자신의 가정에서 돌볼 수 없는 경우, 일정한 기간 동안 사회복지기관에서 제공하는 대리적 가정보호라고 할 수 있다(최옥채 외, 2008: 217). 다른 가정에서의 위탁보호기간이 끝나면 다시 원래의 가정으로 돌아가 친부모에 의해 양육을 받는다. 이는 불가피한 사유로 인해 친부모가 양육하지 못할 때, 아동에게 보다 안정적인 양육환경을 제공하여 지속적으로 가정이라는 환경에서 성장하도록 도우며, 친부모와의 영구적인 분리를 예방하려는 것이다.

　시설보호는 앞서 제시한 두 가지 서비스가 현실적으로 불가능할 때 시도하는 방법이다. 시설보호는 불가피한 사유로 인해 가정에서 더 이상 보호를 받을 수 없을 때 마지막으로 선택하는 방법이다. 그러나 시설보호의 형태는 단기간이나 중·장기간 보호(아동일시보호시설, 아동양육시설, 자립지원시설 따위)로 다양하기 때문에 장기적인 보호를 지양하면서, 아동의 발달과 상태에 따라 적절한 도움을 받을 수 있게 해야 하며, 아동을 보호하고 교육하는 복지서비스가 체계적으로 운영되어야 한다.

 **연습문제**

1. 아동기의 심리사회적 특징으로 옳은 것을 <u>모두</u> 고르시오.

> 가. 유아기에 비해 안정된 정서적 발달이 일어난다.
> 나. 분노의 감정을 표현하는 경우가 빈번하다.
> 다. 정서를 표현하는 규칙에 대한 이해가 크게 증가한다.
> 라. 동성의 친구보다 이성의 친구에 대한 애정이 더 강하다.

　① 가, 나, 다　② 가, 다　③ 나, 다　④ 가, 나, 다, 라

2. 다음은 어떤 장애의 특성인가?

> 아동기, 청소년기에 흔히 진단되는 장애 가운데 하나로, 정신집중을 못하거나 부주의
> 한 상태가 지속되어 학습이나 현실적응에 장애를 초래함

　① 자폐증　② 학습장애　③ 주의력결핍 과잉행동장애　④ 공격성향

3. 후기 아동기의 성격발달에 대해 <u>잘못</u> 설명한 것은?

　① 프로이트 이론의 잠재기와 생식기에 해당한다.
　② 에릭슨의 근면성 대 열등감의 시기로서 자아의 성장이 가장 확실해지며 근면성
　　을 성취하는 시기이다.
　③ 친구와의 관계에서 자기주체성을 확립하고 주도적으로 무언가를 할 수 있는 능
　　력을 발전시킨다.
　④ 잠재기에는 이성과의 관계를 통해 사회기술을 배운다.

4. 아동기의 놀이와 사회적 발달에 대한 설명으로 옳은 것은?

　① 아동은 집단의 목표를 자신의 목표보다 상위에 놓는 것을 배우게 된다.

　② 분업이 목적을 성취하기 위해 효과적이라는 것을 이해한다.

　③ 경쟁의 본질과 승리의 중요성을 학습한다.

　④ 단체놀이를 선호한다.

5. 아동기에 나타나는 발달특성 중 옳은 것은?

　① 자신의 위치에서만 사물을 이해할 뿐 타인의 시각에서 이해하지 못한다.

　② 부모의 애착행동을 유발하기 위해 다양한 활동을 시도한다.

　③ 자아정체감 탐색에 집중한다.

　④ 또래집단과의 상호작용을 통해 친구들과 어울리는 능력이 향상된다.

6. 아동기 후기의 친구관계 경험에 대한 설명으로 옳은 것을 모두 고르면?

　가. 또래집단의 사회적 규범과 압력에 점점 더 민감해진다.
　나. 동성보다 이성 친구와의 관계에 몰입한다.
　다. 친구집단은 아동에게 행동의 지침을 제공한다.
　라. 친구관계에도 지위의 차이는 존재한다.

　① 가, 나, 다　　② 가, 다　　③ 나, 라　　④ 가, 나, 다, 라

7. 학령기(아동기, 7~12세)의 특징으로 옳은 것은?

　가. 에릭슨의 근면성 대 열등감
　나. 타인의 시각에서 사물을 보는 능력
　다. 논리적 사고 방해요인의 극복
　라. 다양한 변수를 고려하여 가설을 설정하고 검증

　① 가, 나, 다　　② 가, 다　　③ 나, 라　　④ 가, 나, 다, 라

8. 다음 보기에서 설명하고 있는 것은?

> 대상들을 그들이 공유하는 어떤 차원에 따라 집단화할 수 있는 능력을 말한다. 구체적 조작기에 발달하여 아동은 환경에 존재하는 대상들을 분류하고 순서를 짓는 데 큰 즐거움을 느낀다.

① 유목화   ② 보존개념   ③ 역조작   ④ 조합기술

9. 아동기 사고의 특징에 해당되지 <u>않는</u> 것은?

① 사고의 자기중심성에서 벗어나 타인의 입장을 이해할 수 있다.

② 문제해결과정에서 논리적 조작과 규칙을 적용한다.

③ 보존개념이 확립된다.

④ 가설적 사고를 한다.

10. 아동기(7~12세)에 대한 설명으로 옳은 것은? (2015년 기출)

① 자아정체감이 완성되는 시기이다.

② 프로이트의 남근기에 해당하는 시기이다.

③ 논리적 사고를 하게 되고 물활론적 사고가 감소하는 시기이다.

④ 에릭슨의 자율성 대 수치심의 단계에 해당하는 시기이다.

11. 아동기(7~12세)의 특징으로 옳은 것은? (2014년 기출)

① 성에너지가 무의식 속으로 잠복하는 시기이다.

② 자기중심적 사고에서 벗어나 추상적 개념을 획득하게 된다.

③ 또래집단과의 상호작용이 줄어들어 혼자 있는 시간이 늘어난다.

④ 학교에서의 성공이나 실패 경험이 아동기 자아발달에 중요한 영향을 주지 않는다.

답) 1 ① 2 ③ 3 ④ 4 ④ 5 ④ 6 ② 7 ① 8 ① 9 ④ 10 ③ 자율성 대 수치감이 형성되는 시기는 에릭슨의 유아기 11 ①

제5장
청소년기

　인간의 발달단계에서 가장 격정적이고 불안정한 시기가 바로 청소년기 (adolescence)이다. 이 시기는 발달의 어느 단계보다 많은 가능성을 가지고 미래를 위한 수많은 결정을 해야 하기 때문에 매우 중요하다. 청소년기는 신체적 측면으로 제2차 성장 급등기, 성적 성숙이 이루어지는 사춘기, 심리적 측면에서는 부모로부터 심리적으로 독립하고 자아정체감을 형성하는 심리적 이유기, 심리사회적 유예기, 정서적 변화가 급격한 '질풍노도의 시기'라 부르기도 한다. 사회적 측면에서는 부모로부터 독립을 추구하는 과정에서 부모의 권위에 도전하고 잦은 갈등을 일으키는 제2의 반항기(권중돈, 김동배, 2005)라 볼 수 있는데, 이 시기의 청소년은 어린이도 성인도 아닌 주변인에 머물러 있는 특징이 있다.

　또한 청소년기는 프로이트의 생식기, 에릭슨의 자아정체감 대 자아정체감 위기, 피아제의 형식적 조작기에 해당한다. 청소년기는 전기와 후기로 나누어진다. 청소년 전기는 아동기가 끝나는 13세에서 18세까지를 말하는데, 이 시기의 주요 특징은 사춘기의 신체적 변화이다. 청소년 후기는 18세에서부터 성인으로서 역할을 준비하는 23~24세까지를 말하는데, 주요 특징은 심리적·사회적 정체감 형성이다. 청소년기는 인간의 생활주기 면에서 볼 때 시기적 구분에 대해 아직 논란이 많다. 청소년기를 법적 개념으로 살펴보면 「아동복지법」에서는 아동을 18세 미만의 자로 규정하고 있고, 「청소년기본 법」에서는 청소년을 9~24세로 규정하고 있으며, 「청소년보호법」에서는 만 19세 미만으로 명시하고 있다. 이렇듯 청소년 관련법상에서의 청소년의 호 칭과 연령은 다음과 같다.

〈표 5-1〉 청소년 관련법상에서의 청소년의 호칭과 연령

법률	호칭	연령 구분
「청소년기본법」	청소년	9세 이상 24세 이하의 자
「청소년활동진흥법」	청소년	9세 이상 24세 이하의 자
「청소년복지지원법」	청소년	9세 이상 24세 이하의 자
「청소년보호법」	청소년	만 19세 미만의 자
「청소년의 성보호에 관한 법」	청소년	19세 미만의 자
「보호소년 등의 처우에 관한 법률」	소년	20세 미만의 자
「소년법」	소년	10세 미만의 자
「보호관찰 등에 관한 법률」	소년	19세 미만의 자
「민법」	미성년자	20세 미만의 자
「형법」	형사미성년자	14세가 되지 아니한 자
「근로기준법」	연소자	15세 미만의 자(「초·중등 교육법」에 따른 중학교에 재 학 중인 18세 미만의 자)
「아동복지법」	아동	18세 미만의 자

출처: 조홍식 외(2012: 343).

1. 청소년 전기

1) 개념

사춘기(puberty)라 불리는 청소년 전기는 아동기가 끝나는 13세부터 18세까지의 시기를 말한다. 하지만 개념상으로는 청소년기와 사춘기는 매우 다르다. 인간발달을 언급하는 일반적인 용어로서 '청소년기'는 문화적 개념인 반면, 성적 성숙으로 생산(production)기능을 수행할 수 있다는 의미로 쓰이는 '사춘기'는 신체적 개념이다. 따라서 '청소년'이라는 용어는 사춘기의 신체적 성숙과 함께 심리적·사회적으로 의존에서 벗어나 독립과 책임을 수용하는 정신적 성숙까지 포함한다. 대부분의 문화에서 청소년 전기는 중·고등학생 시기로 주로 신체적 성숙과 인지적 발달을 경험하게 된다.

2) 청소년 전기의 특성

(1) 신체적 측면

청소년 전기에는 신체적 성숙이 뚜렷이 나타나는 것이 일반적이다. 키의 경우 청소년기에 아동기보다 더 두드러진 성장을 보인다. 여자는 체지방 증가로 둥근 외모를 갖게 되는 반면, 남자는 체지방 감소로 모가 난 외모를 갖게 된다. 또한 남자는 안드로겐이라는 남성 호르몬으로 인해 어깨가 넓어지는 반면, 여자는 에스트로겐이라는 여성 호르몬으로 인해 골반 부위가 넓어진다(김태련, 장휘숙, 1998: 119).

청소년기 성장의 가장 두드러진 특징은 성적 성숙이다. 성적 성숙에는 일차성징(primary sex characteristics)과 이차성징(secondary sex characteristics)이 있다. 일차성징은 여자의 경우 자궁, 난소, 질, 남자의 경우 음경 및 전립선과 같은 성이나 생식기능과 직접 관련된 것을 말한다. 이차성징은 생리, 가슴 발달, 체모, 목소리의 변화, 몽정(nocturnal emission)[1] 등으로 신체발달과 마찬가지로 개인차가 있으며, 일반적으로 남성이 여성에 비해 2년 정도 느리게 나타난다.

뇌하수체는 신장과 체중의 변화를 조절하는 성장호르몬의 분비와 아울러 생식선으로부터 성호르몬의 생성과 유출을 자극하는 기능을 한다. 생식선에서는 몇 가지 성호르몬을 분비하게 되는데, 사춘기가 되면 소년은 남성호르몬, 소녀는 여성호르몬의 분비량이 더 많아지게 된다. 여성은 난소에서 에스트로겐을 분비하며, 이로 인해 유방의 발달과 음모의 성장이 이루어지고, 자궁이 임신을 준비하게 하고 임신상태를 유지할 수 있게 만든다. 남성은 고환에서 안드로겐을 분비하게 되며, 이는 신장의 증가, 이차성징의 발달 그리고 정자 생산 및 성적 욕구의 증가를 유발하게 된다.

청소년 전기에는 어느 발달단계보다 신체 이미지가 자아존중감에 중요한 영향을 미친다. 청소년기의 신체적 측면이 성별에 따라 어떤 영향을 주는지 살펴보면 다음과 같다.

① 여자 청소년

생리(menstruation)는 여자에게 나타나는 사춘기의 분명한 징후이다. 생리는 평균 초경 연령인 13.2세부터 평균 50세경에 폐경(menopause)이 될 때까지 여자의 생활에 중요한 부분이 된다. 보통 처음에는 배란이 되지 않으므로 초경 후 12~18개월이 지나야 임신이 가능하다. 일반적으로 생리주기는 여자의 기분과 감정 변화에 상당한 영향을 미친다. 많은 정신보건 전문가들은 여자의 정신병리를 이해하기 위해 생리주기를 고려한다.

청소년 전기에서 생리의 역할은 전체적인 신체상과 성역할, 그리고 정체감의 재조정이다. 정보가 부족한 과거에는 초경 시 여성들이 많이 당황하고 두려워하였다. 그러나 성에 대한 표현이 자유로워진 최근에는 초경을 시작

---

1) 몽정(夢精, wet dream)은 남성이 잠을 잘 때와 같은 무의식 중에 성기에서 정액을 분출하는 현상

하는 딸에게 부모가 성숙한 여성이 되었음을 축하해 주고 자부심을 가질 수 있도록 도와주기도 하여 더 이상 청소년들은 생리를 두려운 경험으로 받아들이지 않는다.

남자들과 달리 여자들은 초반에는 신체적 성숙을 축복보다는 추하고 다소 불쾌한 것으로 느끼는 것이 일반적이다. 여성들이 자신의 신체에 매력을 느끼는 것은 가슴이 발달하면서부터이다. 이때부터 여성들은 자신의 신체를 가치 있고 긍정적인 것으로 받아들이게 된다. 그러나 청소년기 내내 여자는 대체로 남자에 비해 자신의 신체에 대해 비판적이고 불만족스러워하는 경향이 많다. 특히, 체중 면에서 더욱 그러한 모습을 보인다. 종종 청소년 전기 여자에게서 섭식장애가 중요한 정신적 문제가 되는 것을 볼 수 있다.

이러한 현상은 서구화된 아름다움의 기준 때문이다. 과거에는 '통통한 것'이 선호되었지만, 요즘은 '마르고 날씬한 것'을 선호하는 경향이 있다. 요즘은 대부분의 여자들이 자신을 뚱뚱하다고 생각하고, 이를 극복하기 위해 다이어트를 많이 시도하고 있다. 여자 청소년의 경우 부정적인 신체상은 자신에 대한 남자들의 무관심을 자신의 외모 때문이라고 간주하여 열등감에 빠진다. 반대로 남자들의 경우 자신의 외모에 대해 타인이 관심을 가질 때, 자신의 내면이 아닌 외모에만 관심을 갖는 것에 분노하는 등 불안정한 정서상태를 보이기도 한다(최옥채 외, 2008: 220-221 참조).

신체적 발달에는 개인차가 크다. 여자의 경우 남자와 달리 신체적 조숙(early maturation)이 인성발달에 별로 큰 도움을 주지 못한다. 또래에 비해 발달이 빠른 여성은 또래들과의 상호작용이 줄어들게 되고 부정적인 신체상을 가지게 됨으로써 오히려 왜곡된 자아개념을 형성할 수 있다. 반대로 발달이 늦은 여자는 남자에 비해 자기비하가 적은 편이다.

② 남자 청소년

남자들이 매우 급격하고 일정하지 않은 신체적 성숙을 겪으면서 한동안 혼란에 빠지는 것은 청소년 전기에 일어나는 일이다. 신장이 커지고 근육의 힘이 절정에 달하게 되는데, 이러한 변화에 직면하여 한편으로는 자기 신체에 대해 어색함을 느끼기도 하지만 다른 한편으로는 운동활동과 경쟁력의 증가로 긍정적 신체상을 갖게 되기도 한다. 이 시기의 청소년들은 목소리가 굵어지고 수염이 자라며 체모가 생기고 음경이 자라면서 사정(ejaculation)을 경험한다. 일반적으로 이 시기 청소년의 80%가량이 한 달에 한 번 정도 몽정을 하고, 몽정은 13세 정도에 나타난다. 이러한 경험은 성적 쾌감과 동시에 불안과 죄의식을 동반하기도 한다.

남자 청소년의 경우 신체적 성숙에 따른 영향은 여자에 비해 훨씬 크고 그 양상도 다르다. 성숙이 늦는 남자 청소년은 적응에 있어서 오히려 더 어려움을 겪는다는 점에서 여자와는 다르다. 그러나 조숙한 남자 청소년의 경우에는 또래들과 비해 더 뛰어난 운동능력을 갖게 되어 부러움의 대상이 되기도 하고 능동적이 되고 자신감을 갖게 된다. 조숙한 청소년은 이성 관계에 있어서도 긍정적 자아개념을 형성하고, 발달이 늦은 청소년들은 반대로 미성숙하고 불안전하며, 대처능력과 인지능력에서도 떨어지는 경향을 보인다. 이러한 경향은 교우관계에도 영향을 미쳐 발달이 늦는 청소년들이 심한 열등감을 갖는다.

③ 청소년 전기의 성

청소년들은 생식기관이 발달하고, 성적 충동에 있어서 성인과 유사한 경향을 나타낼 정도로 성적으로 충분히 성숙하다. 간혹 인터넷, 잡지, 광고 따위를 통한 성적 자극은 충동적이고 즉흥적인 청소년의 심리와 맞물려 많은 사회적 문제를 낳기도 한다. 또한 이러한 청소년들에 대해 마치 성에 대해 순진하고 공부만 하는 어린아이인 것처럼 인식하는 것은 잘못이며, 올바른 인식을 통해 청소년들의 성적 충동에 대해 적절히 대처해야 한다.

여자 청소년의 경우에 성적 표현은 성적 긴장의 방출보다는 주로 애정과 친밀함의 표현이다. 여자 청소년이 내부로부터 성적 자극을 받아 성관계를 하는 경우는 드물다. 여자 청소년들은 성적 관심에 있어서 이성에 대한 관심이 발달하기 전에 일시적으로 같은 성에 대한 동성애적 관심을 보이기도 한다. 여자 청소년의 경우 친하게 지내는 여자 친구에게 이성의 감정을 느끼고 서로 질투부터 하는 행동을 보이는 경우가 종종 있다. 이것은 이성애로 발전해 가는 전환기적 시도이다. 따라서 이러한 행동을 정상적인 것으로 보아야 한다. 남자 청소년들의 성적 표현의 한 방법으로 자위행위(masturbation)를 경험하는 것도 당연히 정상적이다. 그렇기 때문에 청소년기에 자위행위를 하지 못하도록 지나치게 억압하는 것이 오히려 문제라고 전문가들은 지적한다. 주위의 성인들과 친구들로부터 얻은 잘못된 정보로 인해 자위행위에 대해 심한 죄의식을 느끼는 일부 청소년들의 경우, 정신건강에 문제가 있다는 보고가 있다(Lidz, 1968). 남자의 자위행위뿐만 아니라 여자의 자위행위도 자연스러운 것이다. 그러나 빈도는 여자보다 남자들이 더 많다(최옥채 외, 2008: 222-223 참조).

이 시기에는 무분별하게 저질러지는 성행위 때문에 많은 문제가 발생할 수도 있는데, 이는 청소년기의 성적 성숙에 비해 실제적으로 성과 관련된 정확한 지식이 부족하고 개방적인 사회 분위기에 휩쓸려 성에 대한 가치관을 확립하지 못하였다는 것에 기인한다. 무분별한 성행위의 문제로 우선 청소년의 임신과 출산을 들 수 있다. 청소년들은 아직 부모로부터 심리적·경제적으로 독립하지 못하였기 때문에 그들의 임신과 출산은 정상적인 발달과업을 방해하고 사회화 과정에 심각한 문제를 초래한다. 청소년 임신의 대부분은 무계획이나 무지에서 비롯되거나 친구들과 휩쓸리면서 이루어진다.

(2) 심리적 측면

① 인지의 발달

청소년기에는 신체적 성장 못지않게 인지능력, 즉 사고와 판단 능력도 발달한다. 인지능력의 발달은 청소년에게 빠른 시간 내에 폭넓은 지식의 축적을 가능하게 한다. 피아제의 발달이론에서 이 시기는 형식적 조작기(formal operations)에 해당된다. 형식적 조작기의 특징은 가설을 통한 연역적 사고와 여러 가지 가능성을 상정하는 논리적 추론이다. 이러한 사고능력으로 실제로 보지 않고도 상상을 통하여 논리적으로 상황을 유추하여 판단할 수 있게 된다. 또한 자기 생각에 대한 비판적인 고찰, 타인의 영향력에 대한 인정 그리고 자기평가와 타인평가의 통합도 이 수준의 사고능력으로 인한 결과이다. 그러나 모든 사람이 다 형식적 조작기에 도달하는 것은 아니라 어느 정도의 지능과 교육 수준이 뒷받침되어야 한다는 것이 대부분의 심리학자들의 지적이다. 또한 모든 분야에서 일관성 있는 단계를 보이는 것이 아니라 자신이 관심을 갖는 영역에 한해서 이 단계에 도달하게 된다(Specht & Craig, 1982: 190-191).

이러한 인지발달은 자아중심성(egocentrism)에 의해 방해받기도 한다. 자아중심성이란 자신의 감정을 과대평가하여 자신의 것만이 독특하며 어느 누구도 자신을 알아주지 못한다고 여기는 것을 말한다. 청소년들은 종종 자신들이 마치 상상 속의 청중에 둘러싸여 있는 것처럼 생각하여 자신들에 대한 타인의 견해에 지나치게 관심을 갖고 자신의 감정과 욕구는 타인의 것과 비교될 수 없는 독특한 것이라고 생각하는 상상적 관중을 경험한다. 청소년들은 기성세대가 자신들과 다르고 자신을 이해해 주지 못한다고 생각하고 자신을 가장 비극적인 삶의 주인공으로 여겨 쉽게 자살을 생각하기도 한다. 청소년들은 추상적 사고의 발달로 불완전한 현실을 비판하거나 비관하기도 하고, 미래 예측 사고능력 발달로 진학, 취업 등에 대해 지나친 염려와 불안으로 자살률이 높게 나타난다(Neimark, 1982). 이러한 청소년기의 자아중심성을 줄이는 것은 사회적 경험에 의한 다른 사람과의 감정 공유, 사회적 역할 학습 등을 통해서 가능하다.

이러한 형식적 조작기의 청소년들은 구체적 조작기의 아동과는 달리 원대한 문제, 즉 미래와 사회의 본질에 대해 사고하기도 하고 현실과는 다른 이상주의와 유토피아를 꿈꾸기도 하여 자신이 무대 위의 주인공이라고 생각한다. 이것은 또 다른 자아중심성으로 볼 수 있는데, 현실을 검증하지 않고 대단한 미래를 계획하거나 세계의 변혁을 꿈꾸기 때문이다.

② 도덕과 이상의 발달

피아제의 이론에 의하면 형식적 조작기로 넘어가면서 청소년들은 대안을 고려하고 논리적으로 추론하며 구체적인 것에서 일반적인 것을 이끌어 낸다. 이러한 인지발달을 통해 청소년들의 도덕, 가치, 이상이 발달한다. 특히, 콜버그의 후 인습적 단계인 5, 6단계로 들어가면서 사회적 제약과 도덕과의 갈등을 경험하게 되고, 이를 해결하기 위한 좀 더 복잡한 단계의 사고과정이 필요하게 된다.

이러한 도덕과 인지의 발달은 부모세대의 모순과 사회제도에 대한 의문을 증폭시키고 권위에 반항하는 청소년기의 특성을 표현한다. 이러한 특성이 부모로부터 독립하고자 하는 욕구와 결합하면서 부모의 이상을 지나치게 반박하고 여러 가지 갈등을 낳는다. 그러므로 청소년 후기에 부모로부터 분리, 독립하여 자율성을 확립하는 과정에서 청소년들은 이율배반적인 양가적 감정을 갖게 되어 독립의 갈망과 분리불안을 동시에 느끼게 된다. 오늘날과 같은 기술사회에서 변화에 미처 적응하지 못한 부모세대의 가치와 이상이 청소년에게는 갈등을 일으킬 수 있다.

비주장적, 주장적, 그리고 공격적인 의사소통

주장성의 연결선상에서 의사소통을 비주장적, 주장적, 공격적으로 나눌 수 있다.

• 주장적인 의사소통

주장적인 의사소통은 화자가 명료하고 직설적으로 요지를 피력하는 언어적 및 비언어적 행동을 말한다. 주장적인 화자는 자신과 자신의 메시지 수신자의 가치체계 모두를 고려한다. 자신의 논점을 중요하게 여기지만 의사소통 대상의 논란과 반응도 중요하게 고려한다.

사회복지학생회 회장은 마리아에게 세 차례 회의에 연달아서 회의록 작성을 부탁한다. 회의록을 작성해야 하는 서기는 세 번 모두 회의를 빠졌다. 마리아는 기꺼이 봉사했지만, 매번 자신에게 이 일을 시키는 것은 공정하지 않다고 느꼈다. 마리아는 회장에게 주장적으로 말한다. "당신이 내게 회의록 작성을 부탁한 것이 이번으로 연거푸 세 번째예요. 기꺼이 돕고 싶지만 이 일을 다른 회원들과 나누는 것이 공정하다고 생각해요. 이번에는 다른 사람에게 회의록 작성을 부탁하시지요?"

• 공격적인 의사소통

'공격적인 의사소통'은 화자가 자신의 관점을 다른 이들보다 우선하는 것으로, 대담하고 지배적인 언어적 및 비언어적 행동이다. 공격적인 화자는 오직 자신의 견해만을 중요하게 여기고 상대방의 가치를 인정하지 않는다. 공격적인 행동은 부담스럽고 많은 경우에 성가시다. 예를 들어, 17명이 줄 서 있는 반품창구에 돌진해서 서비스를 요구하는 사람을 생각해 보자.

• 비주장적인 의사소통

비주장적 의사소통은 공격적인 것의 반대이다. 화자는 자신의 가치를 인정하지 않는다. 다른 사람의 생각이 자신의 생각보다 훨씬 중요하다고 여긴다.

캐시는 식당에서 완전히 익힌 스테이크를 주문한다. 웨이트리스는 그녀에게 핏물이 뚝뚝 떨어지는 스테이크를 가져온다. 그러나 캐시는 자신이 불평한다면 그 여종업원이 어떻게 생각할지가 두려웠고, 또 '까다로운 여자'로 보이고 싶지 않았다. 그래서 웨이트리스에게 스테이크가 너무 설익었다고 말하는 대신, 캐시는 덜 익은 스테이크를 케첩 범벅으로 만들어 억지로 절반을 먹었다.

어떤 특수한 상황에서 주장적으로 무엇을 말할 것인가에 대한 완벽한 묘안은 없다. 중요한 것은 당신 자신의 권리와 대화하고 있는 상대의 권리를 모두 고려하는 것이다.

출처: Zastrow & Kirst-Ashman(김규수 외 역, 2006).

(3) 사회적 측면

① 가족관계

청소년 전기의 가족과의 관계는 이중적이다. 한편으로 가족으로부터 지지와 보호, 그리고 지도를 필요로 하면서도, 다른 한편으로 자기충족과 독립을 준비하는 단계이기도 하다. 이처럼 의존과 함께 독립을 준비하는 이중적 관계가 불가피하게 가족과의 갈등을 야기한다. 갈등 상황은 청소년 스스로는 성인이라 생각하고 부모의 입장에서는 경제적 자립을 하지 못한 아동으로 간주하기 때문에 발생한다. 청소년들은 부모와 가족에 의존해서 생활해 오다가 자신과 친구에 의존하려는 경향이 높아지고 심리적 이유로 부모에게 반항적으로 대한다(노민래, 2016: 144).

　청소년들은 한편으로 애정과 의존의 대상인 부모에게 애착을 나타내면서도 다른 한편으로 청소년기에 다시 일어나는 오이디푸스 콤플렉스로 인한 두려움과 불안으로 인해 점점 더 부모로부터 멀어지려고 한다. 그러나 오이디푸스 콤플렉스[2]는 이전만큼 잘 억압되지 않기 때문에 부모로부터 멀어짐으로써 편안함을 느끼게 된다.

　청소년들의 신체적 성장도 부모와의 갈등요인이다. 부모는 자신보다 더 건장해진 자식을 물리적으로 처벌하거나 통제하는 것이 어렵게 된 것이다. 청소년들의 인지발달도 갈등요인이다. 청소년들은 부모가 제시한 규칙이나 가치관을 그대로 따르기보다는 논리적 모순을 들어 그에 대한 해명을 요구하는 일이 종종 발생한다. 이러한 갈등은 청소년기의 본질적인 문제이며, 이러한 문제에 청소년도 청소년 자녀를 둔 부모도 재적응하는 것이 필요하다. 부모의 경우도 대부분 중년기의 또 다른 위기에 직면해 있다. 이러한 이중적인 문제를 해결하기 위해서는 부모의 안정된 결혼생활을 유지해야 함은 물론 부모-자녀 간 개방적인 의사소통을 원활히 해 나가야 한다. 우리나라의 경우에는 입시제도와 중년기 부모의 바쁜 사회생활로 인해 부모-자녀 간에 자연스러운 대화가 별로 없다는 데 문제의 심각성이 있다. 가끔씩 이루어지는 대화조차도 '학업'이나 '진학'에 관한 것이어서 청소년의 욕구가 반영되지 못하고 있다. 오늘날 우리 사회에서는 효 사상과 산업사회에서 성실과 근면을 미덕으로 알고 살아온 부모세대와 개성을 중요시하고 소비 지향적이며 개인주의적 사고를 가진 자녀세대가 서로 충분히 이해하려는 노력과 가족 간 갈등의 지혜로운 해결이 요구된다.

---

[2] 오이디푸스 콤플렉스란 남근기(만 3~5세)의 아동이 이성인 부모를 차지하기 위해 동성의 부모와 경쟁하고 싶은 욕구를 느끼는 것이다.

② 교우관계

청소년기는 아동기와는 달리 부모와 성인으로부터의 지지보다 또래들로부터의 지지와 이해가 더 필요하다. 이러한 또래들로부터의 지지와 이해가 청소년들의 사회성을 발달시킨다. 청소년기에는 집단적으로 교우관계를 맺는다. 이러한 관계를 통해 청소년들은 집단구성원을 동일시함으로써 정체감을 형성할 뿐 아니라 부모나 다른 성인과의 관계에서 발생한 갈등에 대한 보상도 얻게 된다. 또래집단이 청소년에게 제공하는 것은 소속감과 연대감, 지지와 수용 등 긍정적 요인들과 더불어 규범과 행동 기준이며, 이러한 규범과 기준을 준수했을 때 청소년들은 집단으로부터 인정과 지지를 받는다. 이와 같이 집단으로부터 인정받는 것이 중요해진다는 것은 집단의 의견과 또래의 압력이 청소년의 행동에 강한 영향을 미치게 된다는 것을 의미한다.

그러나 때로는 또래집단의 압력이 청소년들에게 부정적인 영향을 미치기도 한다. 또래집단은 청소년들에게 친구 따라 가출을 하거나 학교를 그만두는 행동을 하는 등 현실적인 판단과 사고를 방해하기도 한다. 최근 사회문제가 되고 있는 '집단 괴롭힘'이나 '왕따' 문제 역시 또래집단의 부정적인 영향들 중 하나이다. 그러나 대부분의 청소년들은 이 시기의 우정을 통하여 타인을 이해하고 배려하는 사회적 기술을 획득하게 된다.

신체적으로 성숙해짐으로써 청소년 전기의 청소년들은 이성에 대한 관심을 갖게 된다. 이 시기의 이성교제 역시 주로 집단적인 성격을 띠고 있으며 데이트는 개별적인 형태보다는 집단적인 형태를 띤다. 개별적인 이성교제는 청소년 후기로 들어서면서부터 본격적으로 시작된다. 입시제도의 압박으로 이성교제가 자유롭지 못한 우리나라 청소년들은 많은 경우 또래보다 연예인이나 교사를 대상으로 이성에 대한 관심을 표현한다. 또한 청소년 전기의 이성에 대한 관심은 다소 소극적이고 제한적인 면이 있다. 청소년들은 주로 자기에게 관심을 보이는 사람에 대해 관심을 보인다거나, 이성으로부터 주의와 관심을 끌기 위해 노력하지만 막상 이성을 만나면 자신의 감정을 숨기기 위해 웃거나 떠들고 혹은 무관심한 척 행동한다(김태련, 장휘숙, 1998: 244).

2. 청소년 후기

1) 개념

청소년 후기는 대략 18세에서 22~23세까지를 말하는데, 청소년 전기 이후부터 성인기 이전까지를 의미한다. 이 시기에는 부모로부터 심리적으로 독립하기 시작하며 대학에 진학하거나, 군에 입대하거나, 직업을 갖는다. 경제적 독립이야 직업을 갖지 않으면 어렵겠지만 대부분 자연적 성장에 의해

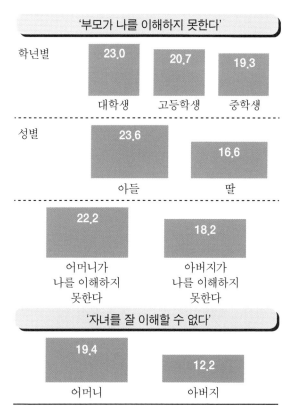

[그림 5-1] 청소년의 가족 간 대화 및 이해 실태(단위: %)

출처: 여성가족부 홈페이지.

도달한 심리적 독립으로 인해 일상의 문제를 스스로 처리하고 결정하게 된다. 부모로부터의 독립은 청소년 전기에 겪었던 부모와의 갈등 해소와 부모와의 관계에서 점진적이고 긍정적인 회복을 가져온다. 연구 결과에 따르면, 부모와 함께 생활하는 대학생보다 부모와 떨어져 생활하는 대학생이 부모에 대해 더 긍정적인 감정을 갖는다고 한다. 설리반과 설리반(Sullivan & Sullivan)은 부모와 청소년 후기 자녀 간의 물리적 거리가 멀수록 심리적 거리는 더 가까워지며 갈등이 감소되고 자녀 스스로 의사결정을 할 수 있는 기회가 많아지기 때문에 더 유익하다고 하였다. 그러므로 집을 떠나 있는 경험은 자율성 획득과정에서 중요한 촉매기능을 하기 때문에 후기 청소년들에게는 한 번 시도해 볼 만한 가치 있는 경험이다.

2) 청소년 후기의 특성

(1) 정체감

개인의 정체성은 청소년기에 정형화된다. 경험과 사고를 실험하고 평가하면서 청소년은 자신이 누구인가에 대한 어떤 감각을 형성한다. 따라서 이 시기의 중요한 발달과업 중 하나가 바로 정체감의 확립이다. 에릭슨(Erikson, 1992: 303-304)은 심리발달이론 8단계 중 청소년기를 자아정체감 대 혼란 시기로 구분하였다. 에릭슨은 자아정체감을 "내적으로 축적된 확신"이라고 한다. 이것이 의미하는 바는 자신에 대한 과거로부터의 내적 동일성이자 연속성인 동시에 타인과의 관계에서 자신의 존재에 대한 동일성과 연속성이라고 한다. 말하자면 자아정체감이란 자신의 과거와 현재를 연결하여 느끼는 안정감, 그리고 스스로 갖는 자기 자신에 대한 개념과 타인과의 관계 속에서의 자신에 대한 일관성 있는 느낌을 의미한다. 에릭슨은 이러한 자아정체감의 형성을 청소년기의 주요 발달과업이라고 한다. 그는 이것이 제대로 형성되지 않으면 정체감 혼란이 일어날 수 있다고 하였다.

정체감 혼란은 여러 가지 형태로 나타난다. 첫째, 책임감 있는 성인으로서의 행동이 지연되고, 둘째, 충분히 생각하지 않고 충동적인 행동을 하며, 셋째, 성인으로서의 책임을 피하기 위해 아동기로의 퇴행이 일어날 수 있다. 그러나 너무 이르게 정체감을 형성하는 것도 또 다른 위험을 초래한다. 너무 빨리 부모가 원하는 방식대로 미래의 역할을 결정하면, 좀 더 성숙한 정체감 형성의 기회를 차단하게 된다(Specht & Craig, 1982: 195). 역할정체감 형성은 내가 누구인가에 대한 답을 할 수 있는 것과 연관이 있다. 역할정체감을 통해 청소년은 독립적인 '나'로서 어떻게 행동하고 반응할 것인지 타인들이 예측할 수 있도록 일관성 있는 자신을 보여 줄 수 있다. 정체감이 형성되어야 이성과 상호 의존할 수 있는 능력이 생기고 자신이 상실된다는 두려움 없이 타인과 의미 있는 친밀한 관계를 맺을 수 있게 된다(Lidz, 1968).

자신이 누구이며 자신의 삶의 목적과 의미에 대한 분명한 정체감을 형성하는 것은 청소년기의 궁극적 과제이다(전용호, 2008: 54 참조). 이러한 정체감은 어떤 직업을 선택할 것인지, 그리고 누구와 언제 결혼을 할 것인지 아니면 혼자 살 것인지, 어디서 살 것이며 어떻게 여가를 보낼 것인지 등 모든 것을 용이하게 결정하기 위해 꼭 필요한 것이기 때문이다. 이를 평생 결정하지 못하여 항상 우울하고 불안하며 충족되지 못한 삶을 사는 경우도 있다.

에릭슨은 정체감 형성에 있어서 소속 사회나 가족의 중요성을 지적한다. 일관성이 있고 동질적인 사회나 가족에서 자란 사람들은 정상적인 정체감(normative identity), 즉 문화의 기대와 가치에 적합한 정체감을 형성하기 쉽다. 하지만 반대로 사회가 다양한 직업, 성역할, 생활방식을 허용하는 이질적인 사회나 가족에서는 다수의 기대에 맞지 않는 일탈된 정체감(deviant identity)을 형성하기 쉽다고 한다. 안정적이고 일관성 있는 환경이 정체감 형성에 매우 중요한 요소라는 것이다. 또한 정체감을 형성하는 데 부모와의 관계가 중요하다. 부모에 대한 적대감은 부모의 기대와는 반대로 행동하려는 부정적 정체감(negative identity)을 형성시킬 수도 있다. 사제의 딸이 성적으로 문란한 행동을 보이는 것(Specht & Craig, 1982: 195)이 그 예이다.

마르샤(Marcia)는 사람들의 정체감 위기에 대응하는 네 가지 방식을 다음과 같이 제시하였다.

① 정체감 성취

정체감 성취는 위기를 성공적으로 극복하고 정치적 또는 개인적 이념 체계를 확립하며, 신념, 직업, 정치적 견해 등에 대해 자신의 의사에 따라 자율적으로 의사결정을 하며 직업 역할을 성공적으로 수행할 수 있는 상태를 의미한다. 그러므로 정체감 성취는 가장 유용한 형태이다. 이러한 정체감은 내면화된 가치체계를 개발하고 상당한 노력을 기울여 직업을 결정해야 도달할 수 있다.

② 정체감 유실

정체감 유실은 자신의 신념, 직업 선택 등의 중요한 의사결정에 앞서 수많은 대안에 대해 생각해 보지 않고 부모나 다른 역할모델의 가치, 기대 등을 그대로 수용하여 선택을 하는 경우이다(엄태완 외, 2012: 292).

부모나 사회의 가치관을 자신의 것으로 그대로 선택하므로 위기도 경험하지 않고 쉽게 의사결정을 내리지만 독립적 의사결정은 하지 못한다. 정체감 위기를 경험하지 못하는 사람들이 여기에 해당한다. 이들은 어떤 어려움과 불안 없이 성인기로 들어서고 직업과 가치에 대해 스스로 결정하지 못하고 이미 오래전에 정해진 부모의 결정을 따른다. 유실이란 변화와 성장의 가능성을 차단하였다는 것을 의미하는데, 이 유형의 사람들은 부모가 원하는 방식대로 사는 것에 대해 갈등하지 않는다.

③ 정체감 혼란

정체감을 확립하기 위한 노력도 없고 기존의 가치관에 대한 의문도 제기하지 않는 상태이다. 개인적 신념체계를 확립하지 못하여 자기 자신의 능력에 대해 회의를 품고 있으며, 직업 역할을 수행하지 못한다.

정체감 혼란을 경험하는 사람들은 인생의 방향을 결정하는 데 심각한 어려움을 보이며 또한 이러한 위기를 잘 해결하지 못한다. 이 사람들은 스스로 결정을 내리지 못하기 때문에 자신감이 낮고 한 장소에 오랫동안 머무르지 못하며 타인과 의미 있는 관계를 맺지 못한 채 방황하게 된다. 그리하여 뚜렷한 직업관이나 종교 및 정치관을 갖지 못하고 인생을 되는 대로 산다.

④ 정체감 유예

정체감 성취 또는 정체감 혼란 중 어느 방향으로도 나갈 가능성이 있는 상태를 말한다. 아직 개인적 가치와 직업에 대한 결정을 하지 못해 심한 불안을 경험하는 사람들이 이 범주에 해당된다. 하지만 이 사람들은 위기를 해결하기 위해 끊임없이 노력한다. 그러나 때로는 '과연 종말은 오는가'와 같은 해결되지 않는 질문에 매달리기도 한다.

에릭슨은 정체감을 최종 성취하기 이전의 일정기간 동안의 자유시험기를 기술하기 위하여 '심리사회적 유예'라는 용어를 사용한다(김귀환 외, 2015: 225).

(2) 직업 선택

우리의 삶이 건강한지는 일과 사랑에서 알 수 있다. 직업 선택이야말로 청소년 후기에 달성해야 할 중대한 과업 중 하나이다. 청소년 후기는 19~23세이기 때문에 대학생의 위치에 있는 일부 청소년들은 아직 직업을 갖지 못할 수도 있다. 그러나 자신이 원하는 직업과 관련한 전공을 선택하여 미래의 직업을 준비해야 할 과업을 안고 있다.

직업 선택에서 무엇보다도 중요한 것은 자신에 대한 올바른 이해이다. 자신의 성격, 적성, 능력에 대한 이해를 바탕으로 직업을 선택해야, 그 직업을 얻기 위해 희생과 고통을 무릅쓰고 노력을 기울이게 된다. 자신에 대한 분명한 이해는 자아정체감의 형성을 통해 가능하다. 특히, 직업 선택은 개인이 그 직업에 종사할 때뿐만 아니라 은퇴 이후에도 그 개인의 사회적 정체감 혹은 사회적 역할을 결정하므로 인생에서 매우 중요한 과업이 아닐 수 없다.

직업 선택은 단순히 생계수단을 결정하는 것이 아니라 개인이 자신의 정체성을 규정하는 과정이며 직업에 의해 타인이 그 사람을 확인하고 판단하기 때문에 이를 직업정체성이라고도 한다. 결국 직업은 개인의 사회적 역할을 대표할 뿐만 아니라 개인의 정체감도 표현한다.

① 환상기

자신의 능력이나 직업 기회와 같은 현실적 문제를 전혀 고려하지 않고 개인적 소망을 근거로 직업 선택을 생각하는 시기를 말한다. 주로 아동기의 직업관이 여기에 해당된다.

② 시험기

자신 스스로 현실적인 문제를 고려하기 시작하는 청소년 초기의 직업 선택을 말한다. 이때 다양한 직업에 대해 심사숙고하고 직업 선택을 위해 진학 문제를 심각하게 고려한다. 그러나 진학과 전공 선택이 적성보다는 학교 성적으로 결정되는 경우가 많은 우리나라의 현실에서는 직업 선택의 과업이 오히려 지연된다.

③ 현실기

실제적인 경험이나 교육과 훈련을 통하여 특정한 직업을 선택하는 청소년 후기에 해당되는 시기이다. 이러한 단계는 남자, 여자 청소년 모두에게 동일하다. 단, 여자의 경우는 육아와 가사의 중요성 때문에 더 복잡한 현실기를 거쳐 직업을 선택하기도 한다. 그러나 여성의 사회참여와 권리가 신장되는 오늘날에는 여성의 직업 선택이 남성의 직업 선택 못지않게 중요한 의미를 갖는다.

(3) 성역할 존재감

성역할 존재감이란 사회가 그 성에 적절하다고 인정하는 특성이나 태도를 동일시하는 것을 말하며, 개인 정체감의 한 부분을 형성한다. 남성은 그 사회가 여성적 특성으로 규정하는 감정표현(예: 울거나 입을 가리고 웃는 것 따위)에 대해 수치스러워하고, 성적 매력을 느끼는 여성에게 이를 표현하는 것에 거침이 없고 공격적이며, 경쟁적인 작업 수행에 익숙하도록 사회화된다. 반대로 여자는 정서적이고 관계 지향적이며 타인을 배려하는 것을 우선시하고 일보다 가사에 더 많은 관심을 갖도록 사회화된다. 이와 같이 사회적으로 규정되어 있는 성역할을 '정형화된 성역할'이라 한다.

이러한 정형화된 성역할이 여성과 남성 모두에게 몇 가지 점에서 불리하다고 한 맥카몬(McCammon et al., 1998)의 주장이 흥미를 끈다. 여성에게는 다음과 같은 점이 불리하다.

- 전통적인 여성의 역할로 인해 여성은 교육체계에서 남성과 다른 불리한 대우를 받고, 나아가 직장에서 남성보다 낮은 처우를 받는다.
- 여성의 전통적인 성역할은 여성으로 하여금 부정적인 자아개념을 갖게 한다. 특히, 청소년기 여성들은 남성에 비해서 자신에게 더 부정적이고 더 비판적이다. 낮은 자아개념은 직업 성취에서 방해물이 되기도 한다.
- 어느 사회적 계층을 막론하고 직장을 다니는 여성들은 남성들에 비해 더 많은 시간과 에너지를 가사와 자녀양육에 보낸다.
- 전통적인 성역할로 인해 여성들은 스스로를 남성들의 관점에서 평가하는 경향을 갖는다. 남성의 시선에서 외모와 신체에 중점을 두어 자신의 가치를 평가하는 것이다. 아무리 아름다운 여성이라 하여도 늙어 갈 수밖에 없는 존재로서 미에 대한 강조는 심한 스트레스로 작용한다.

정형화된 성역할은 남성에게 다음과 같은 점에서 불리하다.

- 사회로부터 일을 통해 정체감을 확립하여야 한다는 압박을 받음으로써 남성들은 직업에서의 낮은 위치를 인간으로서의 낮은 위치를 의미하는

것으로 강요받는다.

- 남성의 정형화된 성역할에서는 감정을 표현하지 않는 것을 남성다움으로 본다. 남성은 울어서도 안 되고, 강하고 결단력이 있어야 한다. 남성들은 우울, 두려움, 슬픔의 감정을 표현하지 못하므로 여성에 비해 상대적으로 사람에 대한 친밀감을 갖기 어렵다.
- 전통적인 남성의 역할은 성취, 경쟁, 감정의 억압을 강조하고 이러한 스트레스로 인해 남성은 신체적 건강을 해치는 경향이 있다. 게다가 건강에 해로운 흡연이나 음주를 하게 되는데, 이것이 일반적으로 남성이 여성에 비해 평균수명이 7년 정도 짧은 이유 중 하나이다.

정형화된 성역할은 무엇보다도 인간이 근본적으로 양성성임을 부정하여 다른 성역할을 통한 창조성과 개성을 방해한다는 데 문제가 있다. 정형화된 성역할에 따르기보다는 자신의 개성과 능력에 가까운 역할을 찾아 융통성 있게 사용하여 보다 창조적인 역할을 수행하도록 하는 것이 필요하다.

성역할에 관련된 문제로는 성정체감 장애(gender identity disorder)라는 것이 있다. 성정체감 장애란 자신의 생물학적 성에 대한 수용을 어려워하면서 반대의 성에 대한 강하고 지속적인 동일시, 즉 반대의 성이 되기를 소망하며 생물학적 성에 대하여 지속적인 불편을 느끼거나 자신의 성에 맞는 성역할에 부적절함을 느끼는 것을 말한다. 이러한 장애는 주로 청소년기에 자신의 신체적 변화를 받아들이지 못하고 성을 전환하거나 호르몬 치료를 받고 싶어 하는 욕구로 표출된다. 이러한 장애를 가진 청소년들은 사회적인 고립과 배척으로 인하여 자존감이 매우 저하되고, 또한 이를 받아들이지 못하는 부모와의 관계도 심각한 손상을 받는다. 그러므로 건전하고 융통성 있는 사회적 성역할의 수용이 청소년 발달에 필수적인 요소이다.

3. 청소년기의 부적응 행동

1) 청소년 자살

자살은 자신의 죽음을 목적으로 스스로 취하는 행동이며, 자살사고 및 충동에서 자살시도 그리고 자살로 이어지는 일련의 사고와 행동과정이 포함된다. 통계청이 발표한 '2015 청소년 통계'에 따르면 2013년 기준 9~24세 청소년의 사망원인 1위는 자살, 2위는 교통사고, 3위는 암이었다. 13~19세 청소년들이 자살을 생각하게 되는 주된 이유는 성적·진학문제(39.3%), 경제적 어려움(19.5%), 가정불화(10.5%) 등이었다(통계청 홈페이지, 2015).[3]

낮은 경제수준이나 부모의 이혼 및 재혼, 약물남용 등이 동반할 때 청소년의 자살 비율이 높아진다. 청소년 자살충동자나 시도자들의 글이나 유서 등을 분석한 연구 결과에 의하면, 자살의 주요 원인은 부모의 기대에 미치지 못했다는 죄책감과 스스로 아무 가치가 없다고 여기는 무가치감으로 나타났고, 이로 인한 우울증이 자살사고와 행동을 더 자극하는 것으로 나타났다고 한다. 여기에 학업성취에 대한 압박감과 실패도 자살의 원인 중 하나인데, 이러한 압박감과 실패에 의해 결코 미래도 밝을 수 없다는 부정적 신념을 갖게 되고 결국 견딜 수 없는 현실에서 벗어나 고통이 없는 세계로의 도피를 꿈꾸게 되는 것이다. 미래와 사회본질에 대한 추상적 사고가 가능해지면서 유토피아와 이상적 사회를 상상하기도 하고 이에 대한 근거 없는 신념을 갖기도 하는 것이 형식적 조작기에 해당하는 청소년기 사고의 특징이며, 자신의 관점과 타인의 관점을 구분하지 못하는 '청소년기 자아중심성'을 나타내기도 한다(천덕희 외, 2011: 222 참조). 이러한 사고가 사후세계에 대한 비현실적인 도피로 자살을 선택하게 할 수 있다.

---

3) cf. 청소년의 사망원인: 성적·진학문제(39.2%), 가정불화(16.9%), 경제적 어려움(16.7%)……
　(통계청, 2014)

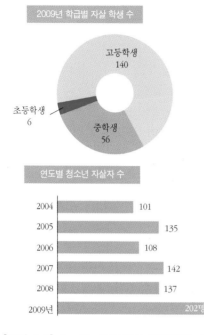

2009년 학급별 자살 학생 수

고등학생
140

초등학생
6

중학생
56

연도별 청소년 자살자 수

연도	자살자 수
2004	101
2005	135
2006	108
2007	142
2008	137
2009년	202명

[그림 5-2] 초·중·고생 자살 현황(단위: 명)
출처: 교육과학기술부 홈페이지.

청소년 자살 충동 막는 '생명사랑활동'

2009년 '우수 인증수련활동' 우수상 주목

청소년의 사망 원인 1위가 '자살'이라고 통계청이 발표한 가운데, 자살에 대해 공부하고 예방 캠페인을 벌인 청소년들의 '생명사랑활동'이 눈길을 끌고 있다. 이 프로그램은 2009년 한국청소년진흥센터(소장 천상기)의 '우수 인증수련활동' 우수상을 수상하면서 일선 청소년지도자들에게 청소년 활동의 모범 사례로 알려졌다.

보라매청소년수련관이 운영한 '생명사랑활동'은 생명팔찌 만들기, 역할극 등 흥미로운 활동 내용과 자살 욕구를 자제할 수 있는 명언을 외우는 등 실질적으로 도움이 되는 방법을 제시했다는 점에서 높은 평가를 받고 있다. ……(중

2009년 한국청소년진흥센터 '우수 인증수련활동'에서 대상을 수상한 '인디언 캠프' 활동 모습.

략)…… 2008년 1개이던 우수 인증수련활동은 2009년 '생명사랑활동'을 포함해 총 17개로 늘어나며 증가 추세를 보이고 있다.

우수 인증수련활동으로 선정된 프로그램의 활동명 및 운영기관, 활동 날짜와 신청방법 등은 청소년수련활동 인증정보시스템(www.yap.go.kr)을 통해 알아볼 수 있다.

자살률은 사회의 구조적 특성과 사회통합의 정도를 보여 준다. 사회학자 뒤르켐(Emile Durkheim)은 자살이 사회적으로 통합이 약해지는 경우에 혹은 그런 집단에서 더욱 빈번하다고 분석하였다(Durkheim, 1951 참조). 특히, 급격한 사회변동이나 무질서 현상이 나타나는 경우 자살률은 높아진다. 따라서 자살률은 한 사회의 통합 정도를 보여 주는 중요한 지표라고 할 수 있다.

자살률은 2000년대 들어 가파르게 증가해 왔다. 인구 10만 명당 자살자 수는 2015년 기준 26.5명에 이르며, 이는 2000년에 비해 약 두 배 증가한 수치이다. 자살률은 남성이 여성보다 두 배가량 높고, 나이가 많을수록 높다. 한국은 OECD 국가들 중에서 자살률이 가장 높은 국가이다.[4]

---

4) 2016년 경제협력개발기구(OECD) 통계에 따르면 한국의 인구 10만명당 자살률은 28.7명(OECD 평균 자살률은 12명)으로 1위이다.

우리나라 전체 자살률이 OECD 국가 중 1위이며, 특히 노인의 자살률이 여타 OECD 국가와 비교가 안 될 정도로 높지만, 우리나라의 청소년 자살률은 OECD 국가 중 중간 정도에 해당된다. 예를 들어, 뉴질랜드, 아일랜드, 핀란드, 폴란드 등의 국가에서 청소년 자살률이 가장 높게 나타나고 있는 것과 비교해 보면 우리나라 청소년들이 온갖 어려운 상황 속에서도 나름 꿋꿋이 버텨 주고 있다고 해석할 수도 있다. 물론 청소년 자살률이 세계 1위가 아니라고 해서 괜찮다는 것은 아니다. 그러나 모든 자살을 다 막을 수는 없겠지만 막으려는 노력을 해야 함은 시급한 과제이다(네이버 지식백과).

자살자의 비율은 80세 이상 인구에서 가장 높아 2015년 기준 인구 10만 명당 83.7명에 달하고 있다. 20대와 30대의 경우에는 자살이 사망원인 1위를 차지하고 있다. 이들 연령층의 경우, 자살률은 다른 연령대보다 낮지만 사망률 자체가 낮기 때문에 자살이 가장 큰 사망원인이 되고 있다. 자살은 삶에

〈표 5-2〉 한국인의 자살률 (단위: 인구 10만 명당)

		2012	2013	2014	2015
전체		28.1	28.5	27.3	26.5
성	남자	38.2	39.8	38.4	37.5
	여자	18	17.3	16.1	15.5
연령집단	0~9세	0	0	0	-
	10~19세	5.1	4.9	4.5	4.2
	20~29세	19.5	18	17.8	16.4
	30~39세	27.3	28.4	27.9	25.1
	40~49세	30.9	32.7	32.4	29.9
	50~59세	35.3	38.1	36.4	34.3
	60~69세	42.4	40.7	37.5	36.9
	70~79세	73.1	66.9	57.6	62.5
	80세 이상	104.5	94.7	78.6	83.7

출처: 통계청(2015).

대한 만족이 극도로 떨어졌을 때 취하는 극단적인 행동이다. 모든 연령층에서 자살률이 높다는 것은 그만큼 삶에 대한 전반적인 만족이 떨어지거나 문제를 해결할 수 있는 방법을 찾는 데 어려움을 겪고 있는 것으로 볼 수 있다(통계청, 2016).

사회가 변하면서 오늘날의 청소년은 과거의 청소년들에 비해 훨씬 더 많은 기대와 요구를 받고 있다. 그러므로 청소년들의 자살이 증가하고 청소년들은 과중한 스트레스를 감당하고 있다(네이버). 이러한 자살예방을 위해서는 다양한 서비스가 통합적으로 제공되는 프로그램이 마련되어야 한다.

2) 품행장애

품행장애는 청소년기에 나타나는 반사회적 성격장애로서, 타인의 기본 권리를 침해하거나 반복적이고 지속적으로 사회적 규범을 위반하는 행동이다. 품행장애는 심리적으로 양심 및 도덕성 발달의 실패로 나타나거나 사회문화적으로는 실직, 교육시설의 부족, 낮은 학력, 비정상적인 가족생활 등과 같이 사회경제 수준이 낮은 가정의 자녀에게서 많이 나타난다. 그러므로 품행장애의 예방과 치료를 위해서는 빈곤계층을 위한 직업교육 및 자원활동이 필요하며 정신건강 증진을 위한 교육 및 상담이 제공되어야 한다(박을종, 2016: 328-329 참조).

3) 집단따돌림

집단따돌림은 흔히 '왕따'라고도 하는 것으로 집단이나 개인이 특정인을 지속적·반복적으로 따돌리는 것을 말한다. 여기에는 정신적·정서적 공격과 위협, 갈취 등의 신체적인 공격이 포함된다. 집단따돌림을 당한 대부분의 피해자의 경우 피해 사실을 숨기려는 경향이 있는데, 그것은 집단따돌림이 학교와 같은 지속적으로 상호작용할 수밖에 없는 집단 내에서 발생하므로,

가해자와 피해자의 접촉을 차단하기 어렵고 보복에 대한 두려움 때문이다. 상당수의 학생들은 이러한 따돌림이 부당하다는 것을 알면서도 자신이 표적이 될까 봐 방관하거나 오히려 소극적으로 참여하기도 한다. 이러한 이유는 그들의 집단을 통한 자아정체감 형성 욕구에 기인한다. 같은 이유로 따돌림을 받았던 학생조차 표적으로부터 벗어나기 위해 가해행위에 참여한다. 이와 같은 방식으로 이들 간 가해와 피해의 경험이 반복되는 악순환이 되풀이된다.

일반적으로 볼 때, 공격성과 규칙위반이 많고 친구들로부터 많은 지지를 받으며 자신을 긍정적으로 지각하여 자신의 행동이 잘못되었다는 인식이 부족한 것이 가해자 집단의 특징이다. 이러한 가해자의 긍정적 자기인식은 가해행위를 통해 또래관계에서 주도적 역할을 수행하면서 강화된다. 반면, 대체로 친구가 없고 외모가 빈약하거나 비만하여 신체적 만족감이 떨어지며 사회적 기술이 낮은 것이 피해자 집단의 특징이다(이춘재 외, 2000). 피해자들은 따돌림 행위를 당했을 때 지지해 줄 친구가 없고 문제해결능력이 부족하여 부당한 따돌림에 적절히 대처하지 못하는 경향이 있다.

4) 인터넷 중독

청소년은 인터넷으로 게임, 음란물 접촉, 채팅 등에 많은 시간을 보내고 있으며, 인터넷과 관련하여 일탈, 폭력뿐 아니라 사이버범죄까지 나타나고 있다(엄태완 외, 2012: 296).

인터넷 중독이란 인터넷 사용이 지나쳐 이용자의 신체적 · 정신적 · 경제적 · 직업적 · 사회적 기능을 심각하게 손상시키는 상태를 말한다. 이러한 인터넷 중독에는 게임 사용과 관련하여 금단과 내성을 보이는 게임중독, 인터넷 사용 자체에 탐닉되어 의존성과 내성을 보이는 인터넷 중독, 인터넷에서 음란물을 보거나 음란채팅 따위를 하는 인터넷 음란물 중독 등이 있다(남영옥, 2005; 최옥채 외, 2008).

중독집단의 청소년이 온라인상의 가상세계에 더 심취하게 되는 이유는 자존감이 낮으며 친구 수가 적고 가족의 지지조차 적어 전반적인 삶의 만족이 떨어져 있다는 데서 찾을 수 있다. 가상세계에 빠져 있는 상태가 지속되면 현실과 가상세계를 구분하는 판단력을 잃게 되고 현실감이 현저히 저하되고, 그 결과 가상세계에서의 폭력과 범죄행위를 현실에서 재현할 가능성이 높아진다. 그리하여 청소년 인터넷 중독자들은 음란물 사이트 접속, 채팅을 통한 즉석미팅이나 원조교제, 도박, 타인에 대한 욕설 등의 인터넷 범죄뿐만 아니라 폭력이나 성비행과 같은 현실 속에서의 비행행동도 더 많이 하게 된다.

5) 섭식장애

섭식장애에는 폭식증과 거식증(신경성 식욕부진증)이 있는데 둘 다 다이어트와 많은 연관성이 있기 때문에 남성보다는 여성에게 섭식장애가 많이 발생한다. 청소년들이 최소한의 정상 체중조차 유지하려 하지 않고 체중 증가에 병적 두려움을 갖는 것을 섭식장애(eating disorder)라고 하는데, 이것은 일종의 정신장애로서 섭식장애를 가진 사람들은 강박적으로 체중을 측정하면서 절제된 식사를 하고, 식사조절 외에 스스로 구토를 유발하거나 설사제나 이뇨제를 사용하기도 한다. 이와 같이 식사를 강박적으로 제한하는 유형도 있지만, 폭식 후 부적절한 보상방법으로 체중 증가를 막으려고 시도하는 유형도 있다. 폭식을 보상하는 방법으로 즉각적인 만족을 얻을 수 있는 구토를 하거나 설사제나 관장제를 사용하기도 하며, 때로는 폭식 후 며칠을 굶거나 과도한 운동을 하기도 한다. 신체변화에 예민한 청소년기에는 외모가 대인관계와 자아존중감에 매우 중요한 역할을 한다. 여자에게는 특히 '날씬한 것'이 모든 매력의 절대기준이 된다. 그렇기 때문에 정상 체중임에도 자신의 체중을 과체중이나 비만으로 인식하여 식사조절이나 과도한 운동, 심지어는 다이어트 약물의 오·남용으로 체중을 조절하려는 노력을 하게 된다.

4. 사회복지실천과의 연관성

　　인간의 발달단계 중 가장 격동적이고 불안정하며 이후 삶의 방향을 결정하는 중대한 시기가 바로 청소년기라고 할 수 있다. 청소년들은 성인도 아니고 아동도 아닌 중간 지점에서 부모로부터 심리적 독립, 자신에 대한 정체감 형성, 진로 결정 등 사회적 역할을 수용하는 과업을 달성해야 한다. 이러한 혼란의 시기에 처해 있는 청소년을 위한 사회복지 개입은 실천적으로 중요성을 갖는다.

　　급격한 신체구조 변화로 청소년들은 자신의 신체에 대해 부정적인 이미지를 형성할 가능성이 크다. 사회복지실천 영역에서는 왜곡된 신체 이미지 형성으로 야기될 수 있는 심리적 문제, 대인관계 문제 등을 다루어야 한다(사회복지교육연구센터 편저, 2017: 352).

　　그리고 청소년기의 성숙 중 가장 특징적인 것은 신체적 성숙과 더불어 일어나는 성적 성숙이다. 기성세대들이 생각하는 것처럼 청소년은 성에 대해 더 이상 순진한 어린아이가 아니다. 최근 청소년의 임신과 출산, 성매매, 원조교제 따위가 사회문제가 되고 있는 것이 이 점을 분명하게 보여 준다. 청소년의 성적 성숙을 올바로 이끌기 위해서는 성인들이 먼저 이러한 청소년의 성의식에 대해 현실적이고 객관적으로 바라보아야 하고, 청소년에게 보다 실질적인 성교육을 실시해야 한다. 성교육은 단순히 남성과 여성의 신체적 차이나 임신과 출산에 대한 교육을 넘어 실제적인 피임과 성행위에 대한 교육까지 나아가야 한다. 또한 청소년들이 성을 더 이상 음성화하기보다 부모나 교사와 개방적으로 의논하고 표현할 수 있는 분위기를 조성해야 한다. 그러기 위해서는 부모와 교사 역시 청소년의 성을 이해하고 청소년에게 성에 관한 이야기를 개방적으로 할 수 있도록 인식의 전환과 교육이 이루어져야 한다.

　　또한 우리나라 현행 입시제도는 청소년기의 많은 부적응 현상을 낳는 요인이 되고 있다. 따라서 조기에 제도권 밖으로 밀려나 여러 가지 비행 및 학교 부적응 문제를 보이는 학생들이 더욱 심각한 문제라고 할 수 있다. 충동적이고 즉흥적으로 행동하는 성향이 강한 이들 청소년들 중 일부는 현실적인 패배감과 좌절감을 약물남용이나 가출, 폭력 따위의 비행문제로 회피하려는 경향을 보이고 있다. 이러한 비행행동들은 서로 밀접하게 관련되어 있어서 한 행동이 다른 행동을 부추기는 양상으로 전개되기 쉽다. 게다가 청소년들은 집단적 성향으로 인해 또래의 압력과 분위기에 한번 휩쓸리면 쉽게 벗어나지 못한다. 가출청소년들이 약물남용, 성매매, 폭력, 절도 따위의 다른 범죄와 연루되기 전에 신속한 개입이 이루어져야 한다.

이러한 상황에서 사회복지 측면에서 해야 할 일은 다양한 실천적 · 정책적 프로그램을 개발하여 청소년의 건전한 여가활동을 돕고 제도권 밖으로 일탈한 청소년들이 건전한 사회적 역할을 학습할 수 있도록 도와주어야 한다. 나아가 적극적인 개입방법을 도입하여 이미 다양한 중독문제를 보이는 청소년들의 재활을 돕도록 해야 한다. 그러므로 학생들의 심리사회적 문제를 해결, 예방하고 학생들이 잠재력과 능력을 최대한 발휘할 수 있는 교육환경을 만들기 위해 노력하여야 한다.

이 밖에도 정체감 형성은 청소년기의 가장 중요한 발달과업이다. 그러나 우리나라 입시제도는 청소년들의 정체감 형성에 장애가 되고 있다. 이러한 환경에서는 정체감 형성을 위한 충분한 유예기간을 갖기 어렵고 부모의 과도한 간섭에 의해 무엇을 하며 어떻게 살 것인가에 대한 자신의 가치관을 확립하기 이전에 수동적으로 진로가 결정된다. 또한 청소년들은 쉽게 또래집단에 휩쓸리거나 매스컴의 우상을 동일시하는 경향을 보이는데, 부모나 교사 역시 건전한 역할모델이 되지 못하는 것이 그러한 현상의 원인 중 하나이다. 불안정한 정체감은 대부분의 청소년 문제의 원인이고 직업 부적응, 가족해체와 같은 성인기에 나타나는 많은 문제의 원인이 되기도 하며 청소년기에는 청소년 비행으로서 무단결석, 성관계, 가출, 부모의 통제를 벗어나는 행동들을 포함한다. 많은 문제를 사전에 예방하기 위해서라도 건전한 동일

시 모델을 통해 올바른 정체감을 형성할 수 있도록 노력하는 일이 필요하다
(최옥채 외, 2008 참조).

청소년기에는 심리적 격동기로서 다양한 정신장애를 일으킬 가능성이 높
으며, 정신장애로는 조현병, 불안장애, 공포증, 우울증 등이 있을 수 있다. 따
라서 사회복지기관에서는 청소년 대상의 스트레스 예방 및 치료 프로그램을
실시하여 청소년기의 부적응 행동을 방지해야 한다. 그리고 청소년들로 하
여금 긍정적인 자아개념과 자아존중감을 형성할 수 있도록 돕는 가정과 학
교, 사회의 역할에 대한 인식과 아울러 건전한 정체감 형성에 도움이 되는
구체적이고 실질적인 프로그램의 개발 및 실행이 필요하다(천덕희 외, 2011:
114 참조).

연습문제

1. 청소년기(13~24세)에 관한 용어로 옳지 <u>않은</u> 것은? (2015년 기출)

   ① 질풍노도의 시기   ② 심리적 이유기

   ③ 주변인 시기   ④ 제1 반항기

2. 청소년기의 특징으로 옳지 <u>않은</u> 것은? (2014년 기출)

   ① 여성보다 남성에게서 섭식장애가 더 많이 나타난다.

   ② 자아정체감 확립이 주요 발달과업이다.

   ③ 또래에게 인정받고자 하는 욕구가 강하다.

   ④ 성적 성숙은 감정 기복과 같은 극단적 정서변화를 가져온다.

3. 다음에 해당되는 개념은?

   > 청소년기에는 자신의 삶에 대하여 고민하며 다양한 정보를 수집하고 탐색하는 행동을 지속하지만, 여전히 불확실한 상태로 선택과 결정을 하지 못한 채 구체적인 과업에 몰입하지 못하는 상태

   ① 정체감 유실   ② 정체감 유예   ③ 정체감 혼란   ④ 정체감 성취

4. 청소년기에 관한 설명으로 옳은 것은?

   ① 직업과 배우자 선택, 자녀양육 등으로 스트레스를 받는다.

   ② 에릭슨은 이 시기를 친밀감 대 고립감의 위기로 표현했다.

   ③ 체벌적 훈육법은 내적 통제능력을 길러 준다.

   ④ 이상적 자아와 현실적 자아의 괴리로 인해 갈등과 고민이 많은 시기이다.

5. 청소년기의 특징을 설명하는 것은?

가. 샌드위치 세대	나. 질풍노도의 시기
다. 제1의 성장 급등기	라. 심리적 이유기

① 가, 나, 다   ② 가, 다   ③ 나, 라   ④ 가, 나, 다, 라

6. 청소년기 사고의 특징이 <u>아닌</u> 것은?

① 추상적 개념을 이해한다.

② 가역적 사고를 이해한다.

③ 문제해결을 위해 사전계획을 세우고 해결책을 시험한다.

④ 자신과 자신이 속한 세계에 대해 절대론적 입장에서 사고한다.

7. 청소년기 또래집단 및 친구관계에 대한 설명으로 옳지 <u>않은</u> 것은?

① 또래집단에 가입함으로써 집단의 영향을 받게 된다.

② 집단에 소속되어 소속감을 느끼고 싶어 한다.

③ 이성이 새로운 관심의 대상이 되기 시작한다.

④ 이성관계는 배우자를 탐색하는 과정으로서의 의미를 갖는다.

8. 다음 중 청소년기(13~18세)의 특징에 해당하는 것은?

① 신체적 성장이 일생에서 가장 빠른 시기이다.

② 직업과 배우자를 선택하는 시기이다.

③ 피아제가 말하는 구체적 조작기에 해당한다.

④ 성격형성이 어느 정도 완료되고 2차 성징이 나타난다.

답) 1 ④   2 ①   3 ②   4 ④   5 ③   6 ④   7 ④   8 ④

제6장
성인기

청소년기가 끝나는 20대 초반에서 노년기가 시작되는 65세 이전까지를 대체로 성인기로 본다. 성인초기는 독립적인 성인으로서 인생의 새로운 국면을 맞는다는 점에서 중요성을 갖는 시기이다. 성인초기는 무엇보다 심리적·신체적으로 부모로부터 독립하여 자신의 가정을 이루거나 직업을 갖고, 사회적 관계에서 가장 왕성한 활동을 펼치는 시기이다. 그러나 모든 사람들이 성인초기의 발달과제를 성공적으로 성취하는 것은 아니다. 성인초기의 사람들은 때때로 발달위기를 경험한다. 이러한 위기를 어떻게 처리하는가가 성인기 삶의 성패를 좌우한다. 위기 극복 여부는 새로운 발전의 계기가 되기도 하고 혹은 성인중기와 그 이후 삶의 질을 위협하는 부정적인 경험이 되기도 한다. 에릭슨은 성인중기의 심리사회적 발달과제를 생산성 대 침체라고 규정하였고, 성인중기는 삶의 전환 시기이다. 보통 이 시기에 부모의 죽음과 친구의 죽음을 경험함으로써 자신의 죽음에 대한 의식이 생기게 된다. 그러면서도 이 시기의 성인은 노년기의 부모와 자녀를 동시에 부양하는 책임을 떠맡아야 하기 때문에 샌드위치 세대(sandwich generation)라고도 한다. 샌드위치 세대는 나이 든 세대와 젊은 세대 사이에 낀 중년의 역할을 설명하기 위해 만들어진 용어이다. 부가적으로, 그들 자녀에게 부모로서의 역할과 그들 부모에게 자녀로서의 역할을 동시에 해야 하는 중년세대를 묘사하는 말이다(Ward & Spitze, 1998). 또한 중년세대는 자녀의 결혼 및 분가로 인해 빈둥지(empty nest) 현상을 경험하며 이에 적응해야 하는 시기이다.

이렇듯 성인기는 성인초기(20대 초반에서 40세 이전)와 성인중기(40세 이후에서 65세 이전)로 나뉘는데 이 장에서는 그 각각의 개념과 발달적 특징을 알아보고 각 발달단계에서 발생할 수 있는 발달위기와 문제, 그러한 발달특성들이 사회복지실천과 어떤 연관성이 있는지를 알아보고자 한다.

1. 성인초기

1) 개념

성인초기는 청년기를 의미한다. 성인초기는 청소년 후기 이후인 24, 25세부터 39세에 해당하는 시기로 규정하는데, 그 시기에 보통 사람들은 대학생활 또는 군생활 이후 직업을 갖고 결혼하여 부모로부터 완전한 독립을 성취하게 된다(천덕희 외, 2011). 성인초기는 신체적 · 지적 측면에서 가장 정점에 도달하고, 심리적 · 사회적 측면에서는 사랑하고 보살피는 역할을 한다. 성인초기는 동년배들과 성숙한 관계를 맺고, 사회적 역할을 성취하며, 부모와 다른 성인들로부터 정서 및 경제적 독립을 하고 직업을 준비하는 등 다양한 역할 탐색과 선택을 하는 시기이다. 자아정체감을 이미 형성한 사람은 타인 간의 상호관계에 집중할 수 있다. 성인초기, 청년기의 가장 큰 변화는 직업 준비를 위한 탐색과 결혼이다.

성인초기의 연령 범위 규정 문제는 성인기로 접어드는 시기의 과도기적 특성 때문에 까다롭고, 성인초기에 경험하는 것은 신체적 변화와 함께 사회적 역할의 변화들이다. 이 두 변화는 반드시 일치하는 것은 아니다. 신체적 변화와 함께 연령적으로 어른이 된 사람이 여전히 자신을 아이와 같이 느끼는 경우도 있다. 성인은 경제적 독립, 생산성, 양육자의 역할을 해야 하는 것으로 사회적 기대를 받는 것이 보통이다. 그러나 성인초기에 있는 사람들의 사회적 발달은 과도기적이기에 모두가 이러한 기대를 만족시키는 것은 아니다.

성인초기의 성인들에게 가장 중요한 것은 사회적·경제적 역할이다. 사회가 기대하는 바의 수행 여부는 이 역할에 달려 있다. 성인초기의 역할 과업은 자아정체감을 가지는 것, 직업 선택, 직업 유지, 배우자 선택, 배우자와 함께 사는 법 배우기, 자녀양육, 가정 꾸려 나가기, 시민으로서 책임 있는 생활, 마음에 맞는 사회집단 참여 등이다. 이러한 과업의 성공적 성취 여부에 따라 성인중기나 그 이후 삶의 만족이 좌우된다(최옥채 외, 2015: 320 참조).

2) 성인초기의 특성

(1) 신체적 발달

성인초기는 신체적·지적 측면에서 가장 정점에 있는 시기이다. 사람의 신체적 발달에 있어 25세에서 30세까지가 가장 강건한 시기이고, 30세부터는 신체기능의 감퇴가 점차 시작되며, 손이나 손가락의 동작도 점차로 둔해지기 시작한다(Troll, 1985). 시력과 청력은 20세경에 최고에 달하나 그 이후부터는 뚜렷이 감소한다. 촉각, 후각, 미각 등 다른 감각기관은 45~50세까지 안정적으로 지속된다.

성인초기는 뇌의 무게도 최대에 도달하게 되어 지적 활동이 매우 활발하게 진행되는 시기(오창순 외, 2015: 301 참조)이나, 성인초기의 잘못된 생활습관은 30대 후반부터 여러 가지 만성 질병으로 나타나고, 중년기 이후에 심각한 질병을 초래하기도 한다. 예를 들어, 성인초기의 흡연과 음주를 포함하여 약물남용, 과도한 스트레스, 무절제한 생활 등이 신체 건강에 악영향을 미친다.

(2) 친밀감과 자아정체감

에릭슨은 성인초기의 인생 과업은 친밀감 대 고립감이라고 한다. 여기서도 자아정체감은 중요하다. 다른 사람들과 진정한 친밀감을 형성할 수 있는 경우 대체로 자신에 대한 합리적인 자아정체감을 가진다. 진정한 친밀감에는 성적 친밀감이 포함되어 있다. 성적 친밀감을 가진 사람들은 다른 사람과의 상호관계에서 진실된 심리적 친밀감을 발전시키는 능력을 보이고 우정, 지도력, 사랑 등의 형태로 친밀감을 형성한다. 반면, 자신에 대한 정체감이 확실하지 않은 사람은 대인관계에서 친밀감을 형성하기 어렵다.

친밀감 형성 능력은 성인초기에 있어서 좀 더 높은 수준의 사회화 기능과 이성에 대한 적응 기능, 배우자 선택의 기능에 가장 직접적으로 영향을 미치는 중요한 개인적 심리체계이다(사회복지교육연구센터, 2017).

서로의 약점과 의존성을 표현할 수 있으면서 동시에 확신감과 사랑을 공유하는 적절한 공간이 바로 가정이지만, 서로 다른 환경에서 성장한 사람들이 결혼을 하여 가정을 이루므로 가정을 형성한 처음부터 친밀감을 형성하기는 쉽지 않다. 성인기에 한 가정을 이루어 사랑하는 관계로 지속적으로 발전하려면, 상호 간의 노력은 물론 때로는 엄청난 위기를 감내해야 한다.

또한 친밀감이란 능력이 발달하면, 상대방과 가까워지는 과정에서 자신의 정체감을 잃지 않고서도 상대와 개방적이고 지지적이며 다정한 관계를 맺을 수 있다. 이는 서로의 욕구에 대한 인식의 능력일 뿐만 아니라 공감하는 능력이기도 하다. 뉴먼과 뉴먼(Newman & Newman, 1991)에 의하면, 두 사람이 결혼한 후 처음 수년 동안에는 친밀감이 발달하기 어려우나, 두 사람의 관계는 그동안 초기의 적응과정을 거치고 첫아이의 출생과 확대 가족원들로부터의 기대에 영향을 받아 점차 친밀감이 형성된다고 한다.

고립감 또는 소외감은 친밀감과 반대되는 개념이다. 소외감을 경험하는 사람은 자신과 타인 간에 장애물을 설치하곤 하는데, 그것은 자신의 안정감을 위해서이다. 아동기의 누적된 경험은 연약한 자아개념을 발달시켜서 경직되고, 완고한 자아정체감을 형성하게 하고, 소외감 못지않게 자아정체감에 위협을 주는 것에는 타인과 지나치게 밀착된 관계도 있다. 성인기에서 필요한 독립성을 스스로 획득하지 못해 의존성이 심한 사람들은 정체감 혼란을 겪는 것을 넘어, 심지어 배우자 선택에서도 의존할 대상을 찾는 경향이 있다.

성인초기의 과제로는 직장 선택과 그를 위한 준비도 있지만, 사회적으로 책임 있게 행동을 수행하고, 자신의 삶에 있어서 도덕적 · 윤리적 · 사회적 · 경제적 · 정치적 능력을 발달시켜야 하는 과제도 있다. 또한 성인초기는 바람직한 성격 특질을 촉진시키고, 의사소통기술과 결혼생활을 위하여 건강한 태도를 갖추어야 하는 과제도 안고 있다. 궁극적으로 도달해야 하는 과제는 사회에 적응하기 위한 가치의 획득이다.

성인초기에는 가족, 집단, 지역사회의 가치를 내재화하면서 이전보다는 더욱 안정되고 균형 잡힌 자기상(self-image)을 찾아가는 것이 자연스러운 일이다. 그러나 오늘날의 복잡한 기준의 도덕성과 구조화된 환경은 자기상 발견을 어렵게 하는 장애물이 되고 있다. 이러한 조건하에서는 사람들의 삶을 이끌어 줄 절대적인 지침이나 기준이 부재하기 때문이다. 무엇이 바람직한 것인지에 대한 지침이 있어야 삶이 안정된다. 그것 없이 자신이 하는 일만 강조하면 적응에 시행착오를 겪는다(최옥채 외, 2008: 242 참조).

(3) 결혼과 성

성인초기, 즉 청년기에 친밀감과 성숙한 사회적 관계를 성취하는 데 중심이 되는 배경이 바로 결혼이다. 그러므로 성인초기의 중요한 사회적 발달과제는 직업 선택과 더불어 결혼과 가족형성이라 할 수 있다. 그리고 가족은 아동을 양육하고 사회화하는 1차적인 장이다. 가족 안에서 사람들은 배우자와 함께 자신의 생각을 나눔으로써 정서적 안정과 만족을 느낄 수 있으며 삶의 위기를 건설적으로 해결할 수 있다. 많은 사람들이 일반적으로 30세 전후로 결혼을 한다. 그러므로 청년기에는 배우자 선택과 자녀 출산 및 양육이라는 주요 과업이 있다.

〈표 6-1〉 루빈(Rubin)의 배우자 선택이론

단계	내용
근접성 이론	학교, 직장 등 자신과 지리적으로 가까운 사람들을 배우자로 선택하게 될 가능성이 크다.
이상형 배우자 이론	자신이 이상적으로 생각하는 특성, 특징을 갖춘 사람을 배우자로 선택하게 된다.
가치의 일치 이론	자신의 가치관과 의식적·무의식적으로 일치하는 사람을 선택한다.
동형 배우자 이론	자기 자신과 유사한 인종이거나, 경제적·사회적으로 유사한 특징을 지닌 상대를 배우자로 선택하게 된다.
보완적 욕구 이론	자신이 부족한 특성을 대신 갖추고 있는 배우자를 선택하거나 자신이 원하는 이상적인 사람이 될 수 있도록 도와주고 이끌어 줄 수 있는 사람을 배우자로 선택하게 된다.
조화 이론	자신과 유사한 인생철학을 가지고 있어 자신을 잘 이해하고 받아들이며 원활한 의사소통이 가능한 상대를 배우자로 선택한다.

출처: 노민래(2016: 147).

　우리는 살아가면서 수많은 결정을 내리게 되고, 그중 가장 중요한 결정 중의 하나가 배우자 선택이다. 왜냐하면 어떤 배우자를 선택하느냐에 따라 결혼의 성패가 좌우되며 인생의 행복과 불행이 결정되기 때문이다. 루빈의 배우자 선택이론에는 근접성 이론, 이상형 배우자 이론, 가치의 일치 이론, 동형 배우자 이론, 보완적 욕구 이론, 조화 이론 등이 있다.

　우리의 일반적인 고정관념은 남성이 자신의 감정을 조절하는 데 매우 이성적이고 여성은 정서적이라고 생각하지만, 실제로 여성이 남성보다 컴퓨터가 맺어 주는 배우자를 더 많이 원하긴 하나, 만족에서는 남자보다 훨씬 덜 느낀다. 그 까닭은 아마도 여성이 성인초기에는 남성보다 낭만적인 유대감을 더 많이 체험하지만, 실제로 결혼 기간이 가까워질수록 여성은 남성보다 훨씬 낭만적인 감정을 잘 억제하고, 좀 더 현실적인 선택을 하는 경향이 있기 때문이다(권육상 외, 2002: 109).

최근 젊은 세대일수록 결혼을 긍정적으로 생각하는 비율이 낮다. 60세 이상의 75.8%가 결혼을 해야 한다고 생각하는 반면, 20대는 간신히 절반을 넘는 51.2%만이 여기에 동의했다. 10대(13~19세)에서는 결혼을 긍정적으로 생각하는 비율이 45.3%에 그쳤다(한국일보, 2016. 3. 24.).

이 밖에도 성에 대해 말하면, 매슬로우(Maslow)는 성에 대한 욕구가 식욕이나 휴식의 욕구와 더불어 인간에게 가장 강렬한 욕구라고 하였다. 독신이든 기혼이든 모든 성인들은 어느 정도의 성욕을 가지고 있으며 성적인 친밀감을 필요로 한다. 그러나 모든 경우에 이러한 성적 욕구를 해결하고 사는 것은 아니다. 청소년기의 성은 다소 혼돈되고, 당혹스럽고, 압도적인 면이 있는 반면, 성인기의 성은 신체적인 성욕에만 지나치게 편중되지 않고 정서적인 유대감이 내포된 성적인 관계도 선호한다.

성에 대한 관심과 성행동은 인간의 생활에 있어서 차지하는 비중이 매우 크며, 인생의 시기에 따라서 표현되는 양상도 다르다. 성적 행위는 결혼관계를 통해서만 이루어지는 것은 아니지만, 관례적으로는 결혼과 더불어 인정되며, 결혼생활에 대한 만족과 서로 밀접한 관계가 있다. 성에 대한 지식을 공개적으로 다루고 부부간의 성적인 불화나 갈등의 해결에 관심을 두는 대중매체가 새로운 성문화의 확산에 크게 영향을 미치고 있다.

이러한 성은 그 사회의 문화와 관련이 많은데, 전통적인 문화에서는 서로 잘 알지 못하던 부부가 결혼생활을 통해 점차 친밀해지나, 이러한 현상은 결혼 전 교제를 통해 서로에 대해서 충분히 알고 나서 결혼하는 현대인의 시각에서는 낯설다. 자신의 문화 환경을 받아들이고 적응하며, 그들에게 유용한 생활방식을 수용하며 살아가는 것이 보통 사람들의 경향이다. 전통사회에서는 결혼이 성사된 이후에 사랑을 하게 되고, 현대사회에서는 사랑에 빠진 이후에 결혼하는 차이가 있을 뿐이지 결국 모두는 각자의 문화 환경에 적응하며 사는 것이다. 최근 우리나라의 경우에는 성에 대한 인식과 행동에서 큰 변화가 나타나고 있다. 이는 특히 산업화와 정보화에 의한 시대적 변화에 기인한 점이 많다. 예컨대, 최근 들어 정보화에 따라 대두된 사회문제로는 인터넷 매체를 통한 성폭력 문제나 성인기 남성과 미성년자와의 성매매 현상 등을 들 수 있다.

성에 대한 이중적인 태도나 혼전 성관계 경험, 혼외정사 등에서도 과거에 비해 변화된 우리 사회의 성문화를 볼 수 있다. 부부간의 이혼 사유 중 배우자의 성적 탈선이 증가하고 있는 현실은 우리 사회의 성문화가 가정에 큰 영향을 미치고 있음을 보여 준다(최옥채 외, 2015: 323-324).

(4) 직업 선택

성인초기, 즉 청년기는 직장뿐만 아니라 부부, 자녀, 친족, 친구 등과 같은 다양한 사회적 관계망의 역할기대를 적절히 조화시켜 나갈 수 있는 능력을 갖추어야 하며, 독립적 생활을 영위하기 위해 직업활동의 수행이 필요한 시기로 직업 선택에 있어 여러 가지를 신중히 고려하여야 한다.

직업에 대한 태도는 사회적 계층과 연령, 성, 성격 등에 따라 달라지며, 직업을 찾거나 준비하는 과정에서 전문적 기술을 포함한 직무 성격과 자신의 잠재력, 지위 및 권위의 관계, 그 직업에 존재하는 고유한 요구나 위험요소와 희생의 정도, 자신의 개인적 흥미와 능력, 자아 기대, 원하는 직업에 내포된 인간관계의 수준과 자신의 사회적 욕구와의 상관성 등에 대한 정보를 얻어 직업을 선택해야 한다.

홀랜드(Holland, 1985)는 각 개인이 선택하는 직업과 개인적 성격요인의 관계를 광범위하게 연구하여 성공적인 직업 선택은 특정한 성격특성과 이 특성이 표현될 수 있는 직업과의 조화를 필요로 한다고 주장하였다(정은, 2010: 256 재인용). 그러나 직업 선택은 성격요인뿐만 아니라, 개인의 특성이나 선호, 사회적 영향 간의 결과로 이뤄져야 한다.

그리고 직업에 대한 선호도는 시대적 변화와 인식 그리고 산업구조에 따라 달라지며, 그 사회의 문화 형태와 가치에 따라 변화한다. 이러한 직업을 통한 경제적 자립은 성숙을 이루는 중요한 요소이며 자신에게 맞는 직업을 선택하기 위해 자신의 흥미나 적성, 지능과 신체적 조건, 소유하고 있는 지식과 능력, 성격과 가치관 등의 다양한 요소를 고려해서 결정하여야 하며, 직업을 통한 자기개발과 자아실현이 무엇보다 중요하다(김진원, 2009: 152; 최옥채 외, 2004: 8 재인용).

이와 같이 성인초기의 직업활동은 개인의 생계수단이며 자아실현의 도구이나 효율적이지 못한 직업 선택과 직업생활은 개인에게 매우 심각한 심리적·사회적 타격을 줄 수 있으므로 신중히 선택해야 한다.

(5) 성인초기의 부적응 행동(정체성 장애)

정체성 장애란 청소년기에 시작하여 성인초기까지 성취해야 할 발달과업인 정체성 확립이 제대로 이루어지지 않아 장래계획, 직업, 성, 교우관계, 종교의 목적 등에 대해 방향을 잡지 못하고 정서불안과 행동문제를 나타내는 것을 말한다. 이러한 장애로는 의존성·경계선·자기애적·회피성·히스테리성·강박적 성격장애 등을 들 수 있다(박을종, 2016: 346-345).

예를 들어, 의존성 성격장애는 의존의 정도가 지나쳐 병적인 상태를 보이는 이상성격으로 규정할 수 있다. 그러한 사람들은 자신은 거의 노력하지 않고 타인의 도움과 보살핌에 의지하려는 경향을 지니며, 자기확신과 자신감이 매우 부족하여 스스로 어떠한 결정도 내릴 수 없으며, 항상 다른 사람의 위안을 필요로 한다. 따라서 의존성 성격장애의 치료를 위해서는 목표를 독립보다 자율에 두는 것이 효과적이다. 그들의 자기신뢰와 자기효능감을 증진시키는 일이 필요하기 때문이다. 치료의 구체적 방법으로는 자율 강화, 자기주장 훈련 등이 있다.

또한 경계선 성격장애는 기본적으로 기분, 행동, 태도 및 정서가 불안정하다. 그들의 행동은 일관되지 못하고 충동적이어서 예측 불가능하고 때로는 매우 극단적인 생각에 빠지기도 하고, 상반되는 태도, 즉 격렬하고 강한 감정을 표출하다가도 우울감과 불안, 공허감에 빠지는 것을 반복하기도 한다. 이러한 경계선 성격장애의 치료는 대화를 통해 문제를 해결해 나가는 개인심리치료가 가장 일반적이며 클라이언트가 호소하는 증상을 가능한 한 빨리 경감시키도록 돕는 지지적 치료를 할 수 있다.

(6) 성인초기의 사회복지실천

성인초기에 사회복지적 관점에서 발달시켜야 하는 것은 성인초기의 자율성 확립과 자기주장능력, 친밀감 형성능력 등이며 고려할 수 있는 사회복지 프로그램은 직장체험교실, 예비부모교실, 사회체험교실, 결혼예비교실 등이 있다.

또한 성인초기의 사회복지실천 과제로 신체적 발달에 있어서 최고 상태의 기능을 유지하기 위해서는 규칙적인 운동과 적절한 영양의 공급이 중요하다. 그러므로 복지기관에서는 성인을 위한 운동시설과 프로그램을 실시하고, 지역보건소와 연계하여 건강을 유지하기 위한 식이요법, 금연을 위한 교육프로그램을 실시하는 것이 필요하다(천덕희 외, 2011: 132 참조).

연습문제

1. 청년기의 설명으로 옳은 것은? (2012년 기출)

① 제2 성장 급등기이다.

② 또래집단의 영향력이 가장 큰 시기이다.

③ 질병으로 인한 사망률이 높아지는 시기이다.

④ 신체적 기능이 최고조에 달하며 이를 정점으로 쇠퇴하기 시작하는 시기이다.

2. 다음 중 옳지 않은 설명은?

① 제2 성장 급등기는 청소년기이다.

② 또래집단의 영향력이 가장 큰 시기는 아동기이다.

③ 질병으로 인한 사망률이 높아지는 시기는 노년기이다.

④ 단기 기억력은 약화되기 시작하지만 장기 기억력은 변화하지 않는 시기는 청년 기이다.

3. 청년기에 해당하는 설명으로 맞는 것은?

가. 신체적 황금기	나. 친밀감 대 고립감의 발달과업
다. 성역할 정체감의 확립	라. 자율성의 발달

① 가, 나, 다　　② 가, 다　　③ 나, 라　　④ 가, 나, 다, 라

4. 성인초기(청년기)의 발달과업으로 옳지 않은 것은? (2006 기출)

① 직업을 선택하고 경력을 쌓는다.

② 부모와 다른 성인들로부터 정서적으로 독립한다.

③ 결혼과 부모역할을 준비한다.

④ 사회적 역할을 융통성 있게 수행하고 적응한다.

5. 성인초기(청년기)의 과업은? (2005 기출)

가. 직업 선택　　　나. 폐경기　　　다. 결혼　　　라. 노인부양

　①가, 나, 다　②가, 다　③나, 라　④가, 나, 다, 라

2. 성인중기

성인중기는 대체적으로 40세부터 노년기가 시작되기 직전인 64세까지의 시기로 중·장년기(middle adulthood)를 말한다. 우리나라의 경우 40세부터를 중년이라고 보는 것이 일반적이며 「노인복지법」에서는 노인을 65세부터로 규정하고 있다.

성인중기는 다양한 표현으로 불리우며, 융(Jung)에 의하면 개성화를 통한 자기실현의 과정에서 가장 중요한 시기이다. 자녀양육과 노부모 부양이라는 두 가지 책임을 동시에 이행해야 하는 한다는 점에서 '샌드위치 세대'로 불리고, 자녀가 모두 출가하여 집을 떠나고 부부만 남게 되기에 '빈 둥지 증후의 세대'로 불리며, 그 외 '상실감의 시기' '제2의 사춘기' '정체성 위기의 시기' 등과 같이 다양한 표현으로 불린다. 또한 성인중기는 인생의 전성기, 절정기 또는 황금기 혹은 인생의 쇠퇴기로 규정되기도 한다. 그러나 성인중기를 전성기나 황금기, 아니면 쇠퇴기나 위기의 시기 중 어느 한 가지로 이해하기보다는, 인생의 전환기로 이해하는 것이 바람직할 것이다(Farrell & Rosenberg, 1981).

성인중기(중년기)는 경제적으로 안정된 시기이면서 삶의 다양한 경험을 통해 삶의 지혜를 터득한 상태이며 직장에서도 높은 지위와 책임을 갖고 있다. 성인중기는 인격 발달에 있어서도 커다란 전환점이다. 태어나서 중년이 될 때까지 전반기 인생이 사회를 배우고 지식을 습득하면서 사회에 적응하는 외향화의 시기라면, 중년 이후는 이전에 잃어버렸던 자기 자신을 되찾고 인격을 완성해야 할 내향화의 시기이다(사회복지사 시험연구소, 2016: 126 참조). 장년기를 전환의 시기로 지적한 사람은 융(Jung, 1933)이다. 그는 사람들은 삶의 전반부에서 자신의 외부세계를 다스리지만 삶의 후반부에서는 개인적인 한계와 질병이나 사망을 지배할 수 없다는 것을 이해하면서 점점 더 내면세계에 초점을 맞추기 시작한다고 했다(http://cafe.daum.net).

에릭슨은 중년기의 발달과업을 '생산성 대 침체성'으로 보았다. 이 시기에 생산성의 발달과업을 성취하기 위해서는 과업에 적극적으로 참여해야 한다. 에릭슨에 따르면, 성인중기의 가장 중요한 과제인 '생산성'을 완수하기 위해서는 그동안 축적해 왔던 자신의 능력과 자질을 사회를 위해서 쓰고 미래의 삶의 질을 높이고 기여하는 데 사용한다고 말한다. 구체적으로는 신체적 변화에 대한 적응, 부모역할, 사회봉사활동, 부부간의 애정 재확립과 중년기 위기의 극복, 직업활동에 대한 몰두와 여가선용 등이 중·장년기의 주요 발달과업이라고 할 수 있다(권중돈 외, 2005).

1) 신체적 발달

(1) 신체적 변화

대부분의 중·장년기 성인들의 건강상태는 비교적 양호하지만 바로 이 시기부터 신체적 능력과 건강이 감퇴하기 시작한다. 먼저, 신체구조상의 변화가 일어나고, 신장의 경우 척추 사이의 디스크의 감퇴로 인하여 크기가 줄어든다. 보통 50세경까지는 3cm 정도, 60세경에는 2cm 정도 줄어든다(Santrock, 1995). 40세 이후부터는 신진대사가 저하되어, 허리둘레와 체중이 늘고 배가 나오기 시작하며, 머리카락이 빠지기 시작하며 심한 경우 대머리가 되기도 한다. 성인중기는 호르몬의 변화로 활기를 잃고 육체적 힘이 약화되며, 질병에 대한 면역력도 떨어지고 회복하는 데 시간이 오래 걸린다. 그리고 신체구조상 전반적인 신진대사의 둔화가 일어나는 등 건강에 대한 문제가 많이 발생한다.

노화에 관한 미국 볼티모어의 연구자료를 보면 중·장년기 성인들의 신장은 20~60세까지 3cm, 70세까지 5cm, 80세까지는 약 8cm가 줄어들었다. 키의 감소는 남성보다 여성이 현저했다. 충분한 운동과 영양섭취로 건강을 유지하고 자세를 바르게 해 허리나 등이 굽는 것을 방지한다면 그다지 줄어들지 않는다(여성동아, 2012년 7월호).

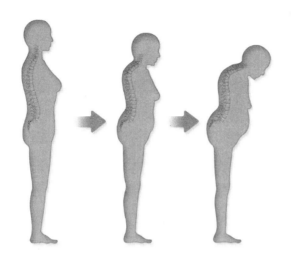

[그림 6-1] 노인성 척추 후만증

출처: 골다공증으로 척추가 무너져서 점점 허리가 굽는 중년 여성의 몸(여성동아, 2012년 7월호).

여성의 경우 40대 후반에서 50대 초반에 여성호르몬인 에스트로겐의 감소와 함께 폐경을 경험한다. 이때 얼굴홍조현상, 두통, 골다공증 등 신체적 변화와 함께 우울증, 정서불안, 분노감 등 감정 변화가 나타난다. 또한 피부는 탄력이 줄어들고, 주름이 생기며, 수분이 줄면서 건조해지고, 때로는 갈라지기도 한다.

성인중기는 질병에서 회복되는 데 소요되는 시간도 늘어나게 되는데, 이 시기에는 대체로 활기를 잃고, 육체적 힘이 약화되고, 질병에 대한 저항력이 약해지기 시작하기 때문이다.

성인중기의 대표적인 성인병으로는 관절염, 당뇨병, 심장병, 고혈압 등이 있으며, 감각기관의 노화로 인한 감각기능의 쇠퇴가 이루어지며, 시력이 나빠지고 청각의 예민성이 줄어든다.

이와 같이 일반적 신체기능의 감퇴가 일어나는데, 이에 따라 심장박동이 약해져 혈액순환이 줄고 소화불량이나 변비가 생기고, 가슴이 작아지며, 콩팥의 기능도 감소하는 현상이 나타난다. 특히, 남자는 전립선이 확장되어 소변이나 성 기능의 문제가 발생한다. 그리고 남성의 갱년기 현상은 무력감, 불안감과 절망감, 허무감 등의 심리적 현상과 통증, 두통, 현기증, 식욕감퇴, 불면증 등 신체적 증상을 수반한다(강세현 외, 2012: 103). 그러나 성인중기는 인내를 요하는 일을 가장 잘하기 때문에 신체활동을 적절히 조정하는 능력을 가지며, 다양한 여가활동, 취미생활, 운동을 통하여 건강을 유지할 수 있다.

(2) 성적 변화

성인중기에는 남녀의 차이는 있지만 모두 성적 능력의 저하가 나타나는 갱년기를 경험하게 된다. 여성은 40대 후반에서 50대 초반에 폐경을 경험하게 되고 이때 여성호르몬인 에스트로겐이 감소하면서 다양한 생리적 변화가 생기는데, 그 기간을 갱년기라고 한다. 대부분의 여성이 40대 후반에서 50대 초반에 배란과 월경이 멈추는 폐경을 경험하지만 약 10% 미만의 여성들은 40세 이전에 조기 폐경을 경험하기도 한다(정옥분, 2004b). 폐경이 되면 생식 능력을 상실하게 되고, 에스트로겐이라는 여성호르몬이 줄어들며, 자궁과 유방의 퇴화가 이루어지고, 다양한 신체 증상과 심리 증상을 경험한다.

폐경기 여성의 일부는 몸 전체가 달아오르는 이른바 번열증(煩熱症, 홍조현상, hot flashes)이라고 하는 갑작스러운 열 반응을 경험한다. 또한 에스트로겐 호르몬의 감소로 인하여 골밀도가 더욱 낮아져 골다공증에 이르는 경우가 있으며, 두통, 메스꺼움, 현기증, 골반통, 유방통증, 호흡장애 등이 나타나기도 한다.

남성의 갱년기는 여성의 갱년기에 비해 늦게 시작되고 서서히 진행된다. 여성과는 달리 남성들의 갱년기는 정자나 정액 생성의 종결을 의미하지 않으나, 남성호르몬의 생산이 감소되어 정자의 수와 활동성이 저하되어 수정 능력이 떨어지며, 성적 능력이 저하된다. 하지만 성적 무능력을 초래하지는 않는다.

성인중기의 남녀를 바라보는 시선은 이중적이다. 중년이 되면 여자는 성적으로 매력이 없어지고 쇠퇴했다고 생각하는 반면, 남성은 경험도 많고 노련하며 뚜렷한 성취가 있는 것으로 인정되는 경향이 있다. 이런 차이는 이혼, 혼외정사, 부부문제의 원인이 되기도 한다.

2) 심리적 발달

(1) 인지능력의 변화

성인중기의 인지변화는 일반적으로 볼 때 그다지 크지 않은 편이다. 인지반응 속도는 일상생활에 지장을 초래할 정도는 아니지만 조금씩 늦어진다. 성인중기에 인지반응 속도가 늦어지는 것은 중추신경계의 기능 저하 때문일 수도 있고, 조심성, 심사숙고, 불안 등에 의한 둔화 때문일 수도 있다. 성인중기의 인지발달에 대한 종단적 연구에 의하면, 지적 기능은 성인중기까지는 안정적으로 유지되며, 감퇴되는 것은 60세 이후부터 나타나는 것으로 보고되었다(이윤로, 2008a: 240; Schaie, 1996).

성인의 지능에 관한 전통적인 횡단적 조사 연구는 지능이 나이 들수록 감소하는 것을 보여 주었다. 그러나 종단적 연구들은 연령이 증가함에 따라 오히려 지능이 향상된다는 것을 보여 준다. 20세에 대학 입학 시 지능검사를 받은 사람들이 50세에 재조사를 받았을 때 그 점수가 증가하였으며, 60세에 재검사를 받았을 때에는 50세에서 60세까지 변화가 없는 것으로 나타났다(권향임 외, 2013: 321 참조).

성인중기에는 기억의 감퇴현상이 나타난다. 기억의 능력 면에서는 감퇴가 크지는 않지만, 기억정보의 활성화 면에서 소요되는 시간이 늘어난다. 또한 새로운 것을 학습할 수 있는 능력은 저하되지만, 오랜 경험을 통해 획득한 지혜가 있기 때문에 문제해결능력은 오히려 높아진다(김진원, 2009: 166). 이 시기의 성인들은 사회조직에서 '지휘하는 세대(command generation)'로서의 높은 지위를 누리고 있는데 이러한 것은 풍부한 경험과 높은 수준의 문제해결능력 덕택이고, 성인중기는 경험, 지식, 기술 등을 통하여 인생의 목표를 성취해 나가는 시기이다.

(2) 심리적 위기

에릭슨(Erikson)에 따르면, 성인중기는 미래를 계획하고 타인의 욕구를 예측하여 자신과 타인의 행동방향을 제시할 수 있는 시기이다. 그는 이 시기에 직면하는 심리사회적 위기를 '생산성 대 침체(generativity vs self-stagnation)'라고 규정하였다. 생산성이란 자녀를 양육하고 능동적으로 직업에 몰두하는 것, 사회의 발전에 관심을 갖는 것, 즉 자신보다는 타인, 현재보다는 미래를 위한 일을 하는 것을 말한다. 성인중기의 성인들은 이러한 생산성을 확립하기 위하여 부모역할, 직업적 성취, 사회봉사 등의 활동에 참여한다(김진원, 2009).

가정생활, 자녀양육, 직업역할을 만족스럽게 성취하지 못했을 때 침체 상황이 나타난다. 침체란 심리적 상황의 결핍으로 인하여 자신의 에너지와 기술을 오로지 자기확대와 자기만족을 위해 사용하는 것을 말한다. 이러한 침체는 무능력을 경험할 때 형성되는데, 주로 직장에서의 승진 탈락, 노부모 부양, 부부갈등과 이혼 등이 그러한 경우이다. 오늘날에는 새로운 기술의 발달과 생활양식의 변화도 중·장년기의 성인을 침체상태에 이르게 하는 주요 요인이 되고 있다.

성인중기에는 중년기 위기(mid-life crisis)를 겪게 되기 쉽다. 그 시기의 사람들은 신체적 노화에 의한 고충과 직업생활 및 가족생활에서의 변화에 성공적으로 적응해야 하는 과업을 지니고 있으면서도, 자아의 성장에 더 큰 관심을 가지고 있기 때문이다. 레빈슨(Levinson, 1978)의 연구 결과에 의하면, 성인중기의 남성들은 정서적 갈등이나 실망감을 경험하는 것으로 나타났다.

이 시기는 다시 세 단계로 나뉜다. 첫째, 인생 구조를 재구조화할 필요성을 느끼는 중년전환기로서, 삶의 의미나 방향, 가치관에 대해 의문을 갖고 자기 자신을 돌아보게 된다. 둘째, 새로운 인생 설계가 끝나고 새로운 인생 과업들에 헌신해야 하는 단계이다. 셋째, 인생 전체를 되돌아보면서 잘한

일, 잘못한 일에 대해 회고하면서 평정심을 갖게 되는 시기이다(손병덕 외, 2014: 356-357 참조).

　남성들의 경우에는 이혼과 결혼갈등, 직업전환, 교통사고 등으로 자살을 시도하거나, 우울, 불안, 피로, 수면장애 등의 정신장애를 경험하기도 한다. 트롤(Troll, 1982)의 연구에 의하면, 여성들의 경우에는 자녀에 대한 염려, 남편과 부모에 대한 걱정, 자아실현의 문제에 대한 고민을 더 많이 경험하기 때문에 남성보다 더 심한 위기감을 느끼는 것으로 나타났다. 그러나 중년기의 위기는 필연적으로 닥치는 것도 아니고, 위기가 나타나는 양상도 문화에 따라 차이가 있다.

　중년기 여성들의 경우에는 자녀가 모두 집을 떠나고 부부만 남게 되는 빈 둥지(empty nest)와 빈 둥지 증후군(empty nest syndrome)을 겪는다. 부모와 자녀가 함께 생활하다가 자녀가 독립하게 되면 많은 변화가 일어난다. 특히, 아내가 빈집을 지키게 되면서 우울증과 같은 심리적 상태가 많이 발생한다. 이러한 현상을 빈 둥지 증후군이라고 한다. 이 시기의 여성들은 한편으로는 인생의 무의미함과 자신의 쓸모없음을 느끼기도 하지만, 다른 한편으로는 부모로서의 책임에서 벗어나 자신을 더 이상 아내나 어머니로서 정의하지 않고 정체성에 다른 의미를 부여함으로써 자신감, 안정감, 독립심을 보이기도 한다.

3) 사회적 발달

(1) 가족생활

　부모가 성인중기가 되면 자녀들은 청소년기에 접어들어 똑같이 삶의 전환기를 경험하기 때문에, 중년 부모와 청소년 자녀 간에는 갈등이 일어날 가능성이 많다. 성인중기의 과업 중 하나는 가족성원들의 성장과 발달을 지원할 수 있는 안정된 가족환경을 조성하는 것이다. 그런데 중년 부모는 부모의 역할도 해야 하는 반면, 노년기 부모에 대한 자녀로서의 역할도 동시에 수행해야 하는 '샌드위치 세대'이다. 성인중기에 이른 부모는 가족성원의 욕구, 기호, 기술이나 재능의 차이를 인정하고 이에 적절하게 반응할 수 있는 능력을 습득해야 한다. 또한 가족성원에게 기술이나 재능을 개발할 수 있는 적절한 기회를 부여해 줄 수 있어야 한다. 이러한 가족환경을 조성하기 위하여 성인중기의 부모는 가족성원의 지위에 따라 책임과 권리를 공평하게 배분하고 가족들과 합의를 통해 의사결정을 할 수 있는 능력을 지니고 있어야 한다.

뉴먼과 뉴먼(1991)은 가족 역동을 위해서는 가족 내 의사소통 유형 중 가족주도형 의사결정구조가 가장 바람직하다고 하였다. 가족주도형 의사결정구조란 전체 가족성원들이 의사결정에 대한 책임을 분담하는 형태를 말한다. 그러한 가족에서는 가족성원들 모두가 가족문제에 대한 의견이나 해결책을 제시하기 때문에, 자녀들도 참여와 만족도가 높다고 한다. 과거에는 남성주도적 의사결정구조가 유지되었으나, 최근 여성의 지위향상으로 인하여 성인주도형 의사결정 유형과 가족주도형 의사결정 유형을 지닌 가족이 점차

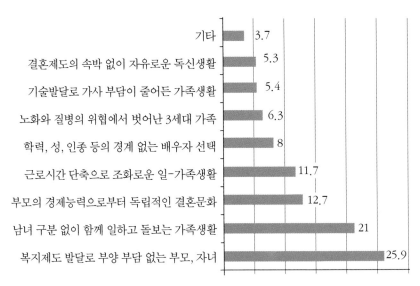

기타 3.7
결혼제도의 속박 없이 자유로운 독신생활 5.3
기술발달로 가사 부담이 줄어든 가족생활 5.4
노화와 질병의 위협에서 벗어난 3세대 가족 6.3
학력, 성, 인종 등의 경계 없는 배우자 선택 8
근로시간 단축으로 조화로운 일-가족생활 11.7
부모의 경제능력으로부터 독립적인 결혼문화 12.7
남녀 구분 없이 함께 일하고 돌보는 가족생활 21
복지제도 발달로 부양 부담 없는 부모, 자녀 25.9

[그림 6-2] 2030년 가장 희망하는 가족생활(단위: %)

출처: 한국일보(2012. 1. 21.).

늘어나고 있는 추세이다.

성인중기에는 가족구성원 이외의 친척 관계망, 직업 관련 단체, 종교단체 등과의 상호작용을 통하여 외부와의 관계를 원만하게 유지하고 외적 압력이나 요구로부터 자신의 생활과 가족을 보호할 의무를 지닌다. 따라서 성인중기에는 외부의 사회적 관계망과 가족생활 간에 역동적 균형성을 유지하기 위한 노력을 해야 한다.

(2) 자녀교육 및 훈육

중·장년기 부모의 자녀는 청소년기나 청년기일 것이기 때문에 이들에 대한 지원과 지도가 필요해진다. 부모는 적절한 교육과 지도를 통해 청소년 자녀가 신체적·성적 성숙에 적응할 수 있도록 도와주어야 하며, 자아개념을 발달시키고 자아정체감을 확립할 수 있도록 지원해야 한다. 자녀가 자율적이면서 독립적으로 행동할 수 있도록 지지하고 안내하며 지원하는 것이야말로 부모의 책임인 것이다(박주현, 2010: 373). 성인중기의 부모는 자녀의 변화에 맞는 적절한 교육과 훈육방식을 선택적으로 활용할 수 있는 능력을 지니고 있어야 하며, 자녀의 발달단계에 맞는 자녀 훈육방법을 습득하여 자녀의 요구뿐만 아니라 변화하는 상황에 융통성 있게 대처하여야 한다.

중·장년기 부모가 직면하는 가족발달단계는, 자녀의 발달단계를 기준으로 볼 때, 자녀의 아동기에서부터 자녀들이 모두 독립할 때까지의 시기에 해당한다. 자녀가 청소년기로 이행하는 시기에는 청소년의 독립을 인정하는 방향으로 부모와 자녀 관계를 재조정하여야 한다(노민래, 2016: 151). 부모는 청소년에 대한 지나친 간섭이나 통제보다는 청소년 스스로 판단하여 행동하도록 허락하면서 동시에 적절한 한계를 규정지어 줌으로써 부모로서의 권위를 유지할 수 있어야 한다.

(3) 직업적 성취와 직업전환

성인중기의 직업생활의 중요성은 가족의 생계유지, 사회적 관계의 유지뿐만 아니라 자신의 생활 전반에 영향을 미친다. 중·장년기는 대부분의 직업분야에서 직무수행능력(job performance)이 매우 높은 편이다. 체력과 속도를 요구하는 직업을 제외한 대부분의 직업에서는 오랜 경험을 통해 축적된 지식과 기술을 활용하여 높은 수준의 직무성취도를 보인다. 발트와 발트(Baltes & Baltes, 1990)는 중·장년기에는 '선택적 능력 발휘를 통한 보상(selective optimization with compensation)'을 할 수 있기 때문에 높은 수준의 생산성과 직무수행능력을 유지할 수 있는 것이라고 하였다. 중·장년기의 근로자들이 높은 수준의 생산성과 직무수행능력을 유지할 수 있는 것은 본인이 가장 핵심적인 업무에 집중하고 다른 업무는 위임하거나 업무량을 줄이거나, 직무에 필요한 기술에 있어서만큼은 최고 수준을 유지하기 위하여 노력하고, 기억력이나 감각기능의 감퇴를 극복하기 위한 실용적 대안을 마련하여 자신의 약점을 최소화하고 강점을 최대화하기 때문이다.

성인중기는 직업적 성취도가 최고조에 이르지만 또한 직업전환을 해야 할 가능성이 공존하는 시기이기에 직업으로 인하여 야기되는 긴장이 많은 편이다. 연령에 따라서는 40대의 성인들이 다른 연령층보다 직업적 성취를 위한 열의가 가장 높고, 직업적 성공에 가장 많은 긴장을 경험한다. 계층에 따라 볼 때, 하류층은 더 이상 잃을 것이 없고 상류층은 이미 안정된 생계기반을 갖추었기 때문에 직업적 성공에 대한 긴장은 별로 없다(권중돈, 2014: 192; Bischof, 1976). 급여수준, 직업의 미래, 노력에 대한 결과의 만족도, 과업수행 과정에서의 즐거움, 직장동료와의 관계 등이 성인중기 성인의 직업만족도에 영향을 준다. 만족스러운 직업생활과 효과적인 과업수행을 위하여 성인중기의 성인들은 직장의 상사나 동료로부터 신임을 얻을 수 있는 대인관계 기술을 습득하여야 한다(김태련, 장휘숙, 1998).

성인중기는 직업적 성공의 기회이기도 하지만, 직업적 성취도에 따라 많은 사람들이 직업을 바꾸어야 하는 위기상황에 직면하기도 한다. 중·장년기에 이루어지는 직업전환에는 자발적 전환과 비자발적 전환이 있다. 자발적 직업전환은 개인의 동기나 성격, 취업기회, 가족생활의 안정도 등이 복합적으로 작용하여 결정된다. 대체적으로 직업전환을 용이하게 하는 경우는 생계비 걱정이 없는 맞벌이 가족의 경우나 비전문직에 종사하는 사람들의 경우 그리고 적극적인 성격의 소유자일 경우 등이다. 중년기는 인생의 전성기이면서 갑작스러운 실직을 경험하기도 하지만, 많은 경우 직장에서의 과도한 업무, 가족과 직업의 시간계획 불일치, 직업활동에서 오는 피로 때문에 직업전환을 하고 싶어도 배우자나 부모로서의 역할로 인해 직장을 바꾸지 못한다.

직업전환은 개인뿐만 아니라 전체 가족생활에도 중대한 위기를 초래할 수 있다. 비자발적 직업전환이 일어나는 것은 많은 경우 개인의 직무수행능력이 다른 직장동료들에 비하여 지나치게 떨어지거나, 회사나 전체 사회가 경제적 불황상태에 있을 때이다. 경기침체로 인하여 기업들이 강도 높은 구조조정을 단행할 때 일반적으로 성인중기의 근로자가 그 대상이 된다. '사오정' '오륙도'라는 신조어는 오늘날의 세태를 보여 준다.

4) 성인중기와 실천과제

성인중기의 성인들은 신체구조의 변화와 신체기능의 저하로 인해 여러 가지 성인병에 걸릴 확률이 높아진다. 그렇기 때문에 사회복지기관에서는 성인병 예방을 위한 건강교육이나 건강상태 프로그램을 실시하는 일이 필요하며, 때에 따라서는 건강을 체크할 수 있는 간단한 검사도 할 수 있도록 해야 한다.

성인중기, 즉 중년기(갱년기)의 위기에는 신체노화, 사회 문화에 대한 스트레스 증가, 경제적 스트레스 증가, 이별과 상실로 인한 정신적 스트레스 증가 등이 있고, 이 시기에 나타나는 정서적 · 신체적 변화에 잘 적응할 수 있도록 개인상담, 집단상담, 부부상담 등의 프로그램도 실시할 필요가 있다(전남련 외, 2012: 150).

이 밖에도 굴드(Gould, 1978)는 중년기에 벗어나야 할 다섯 가지 비합리적인 가정을 다음과 같이 설명하였다(엄태완 외, 2012: 310; 이종복 외, 2008: 131 참조).

- 안전이 영원히 지속된 것이라는 가정에서 벗어나야 한다. 중년기에는 부모가 생존해 있더라도 부모로부터 역할전도(role reversal)가 일어나기 때문이다.
- 자기와 자기가 사랑하는 사람들에게 죽음이 닥치지 않을 것이라는 가정에서 벗어나야 한다. 이 시기에는 부모가 병에 걸리거나 사망하며 자신의 죽음에 관해서도 신호를 받게 된다.
- 배우자 없이 사는 것이 불가능하다는 생각에서 벗어나야 한다. 중년기의 여성들은 배우자 없이도 살 수 있다는 생각을 하게 됨으로써 더 광범위한 사회적 접촉을 경험하게 되고 인격발달을 도모할 수 있다.
- 가족 밖에서는 어떠한 삶이나 변화도 존재할 수 없다는 가정에서 벗어나야 한다. 중년기에는 자신을 재정의하고, 결혼생활에 대한 새로운 현상, 실험 등을 통해서 가족 밖의 생활과 자신의 변화 가능성을 발견하게 된다.
- 자신이 순수하다는 가정에서 벗어나야 한다. 자신 외에 많은 사람들이 탐욕, 시기, 경쟁과 같은 속성들을 갖고 있다고 인식해 왔으나 이제는 자신에게도 그러한 속성들이 있음을 깨닫고 자신의 장점뿐만 아니라 약점도 분명하게 알게 되기 때문이다.

연습문제

1. 중년기(40~64세)의 특징으로 옳은 것은? (2015년 기출)

    ① 학습능력은 증가하나 문제해결능력은 감소한다.

    ② 남성이 여성보다 더 뚜렷한 갱년기를 경험한다.

    ③ 정서 변화가 매우 심하여 전인습적 도덕기라고 부른다.

    ④ 사회적 · 가정적으로 인생의 전성기이지만 갑작스러운 실직을 경험하기도 한다.

2. 중년기(40~64세)의 특징으로 옳지 <u>않은</u> 것은? (2014년 기출)

    ① 신체구조상 전반적인 신진대사의 둔화가 일어난다.

    ② 이 시기에 직면하게 되는 심리사회적 위기는 생산성 대 침체기이다.

    ③ 새로운 것의 학습능력은 저하되지만 문제해결능력은 오히려 높아진다.

    ④ 자아통합의 시기이며 사회관계망의 축소로 인해 사회적 역할 변화를 경험한다.

3. 중년기(40~64세)의 설명으로 옳은 것은?

    ① 왕성한 직업활동으로 직업전환에 필요한 기술 습득을 위한 교육은 필요하지
       않다.

    ② 폐경기 여성은 여성호르몬인 안드로겐의 감소로 인하여 관상동맥 질환과 골다
       공증이 발생하는 경우가 많다.

    ③ 자아통합이 완성된 시기이다.

    ④ 결정성 지능은 중년기에도 계속 발달한다.

4. 중년기 발달특성에 대한 설명으로 옳지 <u>않은</u> 것은?

    ① 신체적 능력과 건강이 감퇴한다.

    ② 남녀 모두 갱년기를 경험한다.

    ③ 정보처리시간이 짧아진다.

    ④ 인지특성에는 인지반응 속도의 저하가 있다.

5. 중년기 특징을 <u>잘못</u> 설명한 것은?

    ① 부모역할과 자녀역할을 동시에 수행한다.

    ② 풍부한 경험과 문제해결능력을 바탕으로 사회조직을 지휘한다.

    ③ 자녀가 모두 집을 떠나고 자신이 더 이상 쓸모없게 되었다는 느낌을 갖기도 한다.

    ④ 정신기능의 잠재능력이 떨어진다.

6. 중년기(갱년기)의 증상으로 옳지 <u>않은</u> 것은?

    ① 우울증을 경험하기도 한다.

    ② 여성의 에스트로겐이 감소한다.

    ③ 골다공증에 이르기도 한다.

    ④ 남성은 정자 생성이 종결된다.

7. 결혼한 부부의 결혼만족도에 영향을 미치는 요인으로 묶인 것은?

가. 사회경제적 지위	나. 결혼기간
다. 부부간의 의사소통 유형	라. 가족생활주기

    ① 가, 나, 다   ② 가, 다   ③ 나, 라   ④ 가, 나, 다, 라

8. 다음 중 중년기를 설명하는 특성으로 묶인 것은?

가. 샌드위치 세대	나. 지휘하는 세대
다. 빈 둥지 시기	라. 재통합단계

    ① 가, 나, 다   ② 가, 다   ③ 나, 라   ④ 라

9. 중년기(40~64세) 위기에 해당하는 것은?

가. 직업의 전환	나. 갱년기의 장애
다. 성적 기능 저하	라. 내향성에서 외향성으로의 전환

① 가, 나, 다   ② 가, 다   ③ 나, 라   ④ 가, 나, 다, 라

10. 중년기 여성이 정체성 상실을 느끼는 심리적 현상으로, 특히 자녀의 독립 등으로 우울 증과 같은 심리적 상태와 정체감 위기를 겪는 것은?

① 정체감 유실   ② 심리사회적 유예
③ 빈 둥지 증후군   ④ 역할갈등

11. 갱년기에 대한 설명으로 옳은 것을 모두 고르시오.

가. 신체의 노화	나. 이혼 및 결혼 외 관계
다. 직업의 전환	라. 이별과 상실로 인한 정신적 스트레스 증가

① 가, 나, 다   ② 가, 다   ③ 나, 라   ④ 라

12. 다음 중 중년기의 발달특성 및 과업으로 옳지 않은 것을 모두 고르시오.

가. 남성은 갱년기를 지나도 여전히 생식 잠재력이 있다.
나. 여성에게는 폐경기에 해당한다.
다. 폐경기 여성의 대부분이 작열감을 경험한다.
라. 여성호르몬인 에스트로겐이 증가한다.

① 가, 나, 다   ② 가, 다   ③ 나, 라   ④ 라

답) 1 ④ 2 ④ 3 ④ 4 ③ 5 ④ 6 ④ 7 ④ 8 ① 9 ① 10 ③ 11 ① 12 ④

제7장

노년기

1. 노년기의 개념 및 발달

노년기는 인생의 마지막 발달단계로서 중년기 이후 쇠퇴의 시작부터 죽음에 이르기까지의 시기를 말한다. 서구의 사회보장제도는 노인 급여 수급자격을 65세부터 시작되는 것으로 규정하고, 우리나라의 「노인복지법」과 「노인장기요양보호법」에서도 65세를 노인으로 규정한다. 이런 통상의 견해와는 달리, 뉴가튼(Neugarten, 1974)은 노년기의 시작을 55세로, 브로디(Brody, 1977)는 60세로 규정하고 있다(곽형식 외, 2001 재인용).

우리나라의 경우 법률상 규정되는 노인의 연령기준은 법마다 다르다. 「고용상 연령차별금지 및 고령자고용촉진에 관한 법률」에서는 55세, 「국민연금법」에서는 60세, 「노인복지법」에서는 65세로 규정하고 있다. 또한 고령화 정도 측정 지표에서는 65세 이상을 노인으로 규정하고 있다(손병덕 외, 2014: 369).

최근 통계에 의하면, 우리나라 사람의 평균수명은 1970년 평균 61.93세(남자 58.67세, 여자 65.57세)였던 것이 2012년에는 평균 80.79세(남자 77.20세, 여

자 84.07세)로 증가하였다. 이에 따라 기대수명도 증가하였다. 통계청(2012)
의 장래인구추계에서는 2050년에는 86.02세(남자 82.8세, 여자 88.9세)로 상
승할 것으로 보고 있다.

〈표 7-1〉 평균수명의 변화

	1970	1980	1990	2000	2005	2010	2020	2030	2050
기대 수명 계	61.93	65.69	71.28	76.02	78.63	80.7	81.45	83.13	86.02
남자	58.67	61.78	67.29	72.25	75.14	77.2	78.04	79.79	82.87
여자	65.57	70.04	75.51	79.60	81.89	84.0	84.68	86.27	88.92

출처: 통계청 홈페이지(2012).

평균수명의 증가로 인해 노년기가 연장되고 노년학에 대한 관심이 증대함
으로써 노년기를 단순히 65세부터 죽음까지 이르는 시기로 정의하던 것에
그치지 않고, 최근에는 연령에 따라 세분하는 것으로 바뀌는 경향을 보이고
있다. 노년기를 노년전기(60~75세)와 노년후기(75세 이상)로 분류(Newman
& Newman, 2006)하기도 하고, 연소 노년기(young old, 65~75세), 고령 노
년기(old old, 75~85세), 초고령 노년기(oldest old, 85세 이상)로 구분(Bee &
Boyd, 2011)하기도 한다(이숙 외, 2013: 263 재인용).

노년기에는 신체적 능력의 쇠퇴 및 질병이나 신체적 관계의 축소, 사회
경제 지위의 추락 등과 같은 쇠퇴적 발달이 일어난다. 이 시기의 발달과업
은 신체 변화에 대한 적응, 인생에 대한 평가, 사회적 역할의 재조정 및 융통
성 있는 적응, 여가시간의 활용, 죽음에 대한 대비 등인데, 이를 적절히 수행
할 수 있도록 노후 생활에 적합한 생활환경을 조성하여야 한다(Havighurst &
Albrecht, 1953).

2. 노화와 신체적 변화

노년기에 일어나는 신체적 발달은 생물학적인 노화이다(오창순 외, 2015: 321). 노화란 예방하기 불가능한 발달과정이지만, 노화의 과정은 개인차가 있다. 노화는 유기체에 내재되어 있는 필연적인 것이다. 그래서 사람이 출생하여 죽음에 이르는 전 과정을 노화의 과정으로 볼 수 있다. 노년기에는 특히 그 속도가 빨라질 뿐이다. 또한 노화는 신체의 구조나 기능에 있어서의 변화뿐만 아니라 인간의 적응이나 행동에 있어서의 변화유형도 포함한다. 즉, 노화는 생물학적 그리고 심리적 변화 및 사회적 변화까지 모두 포함하는 복합적인 과정인 것이다(홍숙자, 2001). 결론적으로 노화는 병리적인 현상이 아니며 누구에게나 일어나는 보편적이고 자연적인 현상이라 할 수 있다.

노년기의 신체적 노화는 두 가지 수준의 변화로 진행된다. 외부적인 신체구조의 변화와 내적으로 진행되는 신체기능상의 변화가 그것이다. 피부가 탄력성을 잃고 주름이 잡히고 반점들이 생겨나며 정맥이 튀어나오는 현상이 나타난다. 남녀 모두 머리카락이 많이 가늘어지고 멜라닌 색소가 감소하여 흰 머리카락이 늘어난다. 또한 척추의 디스크 수축으로 인해 신장이 감소하고 척추 사이에 있는 콜라겐의 감소로 인해 허리가 구부러지고 체격이 왜소해지게 된다.

노년기에는 감각기능에도 많은 변화가 나타난다. 시각의 경우, 중년기에 이미 진행된 노안을 경험하게 된다. 노화된 눈에 가장 흔한 병리현상은 백내장과 녹내장이다. 백내장에 걸리면 수정체가 완전히 불투명해진다. 안압이 증가하여 망막과 시신경에 손상을 끼치는 질환이 녹내장이다. 또한 청각의 경우 기능이 감퇴하여 청각적 민감성이 떨어지게 되며, 미각의 경우 맛에 대한 민감성이 줄어든다.

또한 노화가 진행되면서 소화기능이 현저하게 약화된다. 고령으로 접어들면서 효소작용, 위액, 타액의 양이 줄어들고 소화가 힘들어진다. 폐의 크기가 줄어들어 호흡활동에 장애가 오기도 하며, 심장이 줄어들고 심장의 지방분이 늘어나 심장의 기능이 현저하게 떨어지면서 심장질환에 걸릴 확률이 높아진다(Zastrow & Kirst-Ashman, 2013). 이처럼 신체기능의 저하는 노년기 질환의 가능성을 높인다. 노인들은 대부분 고혈압, 당뇨병, 심장병, 관절염, 신경통, 신장질환 등의 만성질환을 갖고 있다. 이러한 질환들은 노년기 삶에 많은 영향을 미친다. 질병에 의한 신체적 고통, 경제적 비용 부담, 사회적 활동 감소 등은 노인을 보다 의존적으로 만들고 자아존중감을 낮춘다(조복희, 2004).

3. 인지적 변화

노년기는 대상에 대한 지각, 새로운 경험과 지식을 획득하고 저장하는 학습과 기억 및 사고과정을 일컫는 인지의 변화가 있다. 그리고 노년기에는 단기간에 걸친 기억이 장기간의 기억보다 더욱 심하게 쇠퇴한다(이종복 외, 2007: 144 참조).

노인이 되면 인지기능이 쇠퇴한다고 보는 것이 일반적인 생각이다. 하지만 노년기에 인지기능이 쇠퇴한다는 분명한 증거는 없다. 청소년, 성인들보다 노인들의 지능이 낮다는 연구 결과도 있지만, 그것은 노인의 지능검사수행능력이 쇠퇴한다는 것이지 실제로 인지능력이 저하된다는 것을 의미하는 것이 아니다(Papalia et al., 1998). 지능검사에서는 속도가 중요한 요인인데, 노년기가 되면 지각과 청각 능력이 감소하여 문제를 지각하고 과제를 수행하는 데 어려움이 있다. 그리고 기존의 지능검사가 청소년이나 성인 대상으로 개발되어 노인에게는 익숙치 않으므로 지능검사 수행에 장애요인이 될 수 있다(Zastraw & Kirst-Ashman, 2001).

뉴먼과 뉴먼(Newman & Newman, 2006)의 연구도 노년기의 인지수행능력이 다른 연령대에 비해 떨어지는 이유가 곧 인지기능의 하락을 의미하는 것은 아니라는 것을 보여 준다. 노인들의 지능검사 점수가 낮을 수밖에 없는 것은 세대 간에 교육 기회가 동일하지 않았고, 노인세대가 지능검사에 대한 경험이 상대적으로 적었기 때문이라고 한다. 기존의 지능검사들이 학업성취도와 관련이 있는 문항으로 구성되어 있어, 이를 경험해 보지 않은 노년기 세대에게는 이러한 지능검사가 지능을 측정하는 데 부적합할 수 있다고 한다.

그러나 노년기에 인지수행능력이 갑작스럽게 저하되는 경우도 있다. 사망하기 몇 주 혹은 몇 달 전, 혹은 말기 질환자에게서 이러한 현상이 발견된다. 하지만 이러한 인지수행능력의 갑작스런 저하는 노년기에만 일어나는 현상이 아니라 말기 질환자인 젊은 세대에게도 나타나는 현상이다(Zastraw & Kirst-Ashman, 2001).

4. 주요 심리사회적 발달과제

1) 에릭슨의 자아통합감 대 절망감

에릭슨에 의하면 노년기 성격발달의 핵심은 자아통합감 대 절망감이다. 자아통합감이란 개인이 만족함과 안정감을 갖고 자신의 인생을 바라보며, 만족스러운 사회적 관계와 생산적 생활을 통한 행복감을 느끼면서 생활양식의 존엄성을 지키는 것을 말한다.

자아통합감이 부족한 경우, 사람들은 죽음에 대한 공포와 함께 삶이 너무 짧다는 느낌을 갖는다. 절망감의 경험은, 사람들로 하여금 시간이 고갈되어 가고 있으며 다른 인생을 시작하기에는 너무 늦었다고 생각하게 만든다. 또한 인생 초기에 수립했던 목표들을 달성하기 위해 자신의 잠재력을 충분히 사용했더라면 하는 아쉬움과 후회를 갖게 한다(Erikson, 1982).

에릭슨은 또한 노년기에 발달하는 미덕은 지혜이며, 그것은 죽음에 직면했을 때 나타나는 인생 그 자체에 대한 박식하고 초연한 관심이라고 한다. 이와 같은 지혜는 노년기의 인지능력일 뿐만 아니라 중요한 심리적 자원이 다. 노년이 되어 큰 후회 없이 지금까지 살아온 인생을 그대로 받아들이는 것도 지혜 중 하나이다. 지혜는 어떻게 살아야 하는지를 안다는 것이기도 하 지만, 죽음을 열심히 살아온 인생에 대한 피할 수 없는 종말로 받아들이는 것을 의미하기도 하고, 나아가 자기 자신, 자신의 부모, 자기 인생의 불완전 함을 인정하는 것이기도 하다.

2) 분리이론과 활동이론

분리이론(Cumming & Henry, 1961)에 따르면, 노화는 노인과 그가 속한 사 회체계 간의 상호 후퇴의 과정이다. 노화가 시작되면 생활공간의 축소, 개인 주의의 증대, 변화의 수용, 타인들과의 상호작용 축소, 타인과의 관계에 대 한 내성의 증가 때문에 노인들은 관계와 역할들로부터 분리된다고 한다. 많 은 노인들은 자신에게 일어나는 사회로부터의 점진적인 후퇴도 부정적인 것 으로 경험하기보다는 긍정적인 관점에서 바라본다. 이는 노년기가 내적 성 찰이 증대하고 자아에 전념하게 되며 사람이나 사물들에 감정적인 집착을 줄이는 연령이 되기 때문이다. 이런 점에서 볼 때, 분리는 강요된 과정이라 기보다는 자연적인 현상이다. 대표적인 예가 은퇴 및 배우자와의 사별이다.

활동이론(Lemon, Bengtson, & peterson, 1972)에 따르면, 분리이론과는 반 대로 은퇴한 노인들은 계속 생산적이며 활동적이기를 원한다. 노인들은 자 아에 전념하고 사회로부터 심리적 거리를 갖는 데 저항한다. 노인들은 사회 생활에 대한 참여와 변화에 대한 노인의 적응능력에서 삶에 대한 행복과 만 족감을 갖기 때문이다. 이 이론에 따르면 노년기를 잘 보내기 위해서는 은퇴 와 같은 종결되는 역할들을 대치할 수 있는 활동을 발견하는 것이 중요하다.

분리이론과 활동이론의 공통점은 성공적인 노화를 단일한 유형으로 특징 지으려고 한 것이다. 그러나 실제로 노화에 적응하는 방식은 그들의 성격과 일생을 통해 발달한 적응양식에 의해 좌우된다.

3) 성공적 노화

성공적 노화를 정의하는 것은 단순하지 않다. 노인마다 성공적 노화를 결정짓는 요인을 다르게 생각할 수 있기 때문이다. 리차드, 립슨과 피터슨 (Reichard, Livson, & Peterson, 1962)은 노화에 적응하는 성격유형을 다음과 같이 다섯 가지로 제시하였다(이숙 외, 2013 재인용).

- 성숙형: 자신의 강점뿐만 아니라 약점도 인정하며 지나온 삶을 긍정적으로 받아들이는 유형이다. 이들은 전반적인 삶에 대한 만족도가 높고 자신의 인생을 값진 것으로 평가하며 과거에 대한 후회나 미래에 대한 두려움이 없다. 가장 이상적인 유형이다.
- 흔들의자형: 높은 수준의 자아수용을 보이는 유형이지만, 타인에 대해 의존적이며 노년기를 책임으로부터 자유로운 시기로 인식한다. 성숙형에 비해 수동적이다.
- 무장형: 노화에 대한 불안을 방어하기 위해 사회적 활동과 기능을 계속 유지하려고 노력하는 유형으로서, 그들은 노년기의 수동성과 무기력함을 그대로 받아들이려 하지 않고 계속적으로 활동을 유지함으로써 노화의 과정을 막아 보려고 한다.
- 분노형: 젊은 시기에 인생의 목표를 달성하지 못한 채 노년기를 맞이하였다는 비통함을 가지고 있는 유형이다. 그들은 인생의 실패 원인을 자신이 아니라 불행한 시대, 경제상황, 부모나 형제 또는 자녀의 탓으로 돌림으로써 현재의 자신을 받아들이지 않으려 애쓴다.
- 자학형: 현재의 시기를 인생의 실패로 보고, 그 원인을 자신 탓으로 돌리며 자신을 원망하는 유형이다. 그들은 시간이 흐르면서 더욱 심한 우울에 빠지고 자신이 쓸모없는 존재라고 생각하며 심한 경우에는 자살을

시도하기도 한다.

노년기에는 성인초기와 성인중기와는 또 다른 신체적·인지적·심리사회적 특징이 있으며 여기서 비롯되는 노년 특유의 요구가 있다. 노년기에는 신체적 노화와 사회관계의 축소에서 오는 사회심리적인 변화가 일어나고, 성격은 외향적 경향으로부터 내향적 경향으로 변해 간다. 이러한 노년기에는 변화해 가는 자신과 환경에 적응해 나가는 과제가 가장 중요하고, 사회복지실천에서는 바로 이러한 것에 대한 해결방안을 제시해야 한다.

또한 펙(Peck, 1968)은 노년기를 보내기 위해서 극복해야 하는 세 가지의 위기를 제시하였는데, 이는 에릭슨의 8단계를 더욱 세분화한 것이다(오창순 외, 2015: 328-329; 정옥분, 2002 참조).

- 자아분화 대 직업역할 몰두: 대개 사람들은 은퇴 무렵이 되면 직업인으로의 역할 인식에서 벗어나 인간으로서의 자신을 돌아보려고 한다. 이때 사람들은 자신의 특성 중 자랑할 만한 것을 찾을 수 있을 때, 활력과 자신감을 비교적 성공적으로 유지한다. 자아를 지키는 일이 직업에서의 역할 수행보다 더 중요함을 인식해야 한다.
- 신체초월 대 신체몰두: 건강한 노년을 보내는 사람일수록 노화에 의해서 생겨나는 신체상태에 대한 걱정에 매몰되지 않고, 신체활동에 자연스럽게 몰두한다.
- 자아초월 대 자아몰두: 죽음은 이미 예상된 것이므로, 이에 잘 적응하고 긍정적이 될수록 노년기의 가장 중요한 성취를 이루게 된다.

4) 죽음의 과정

노년기가 되어 인간이 죽음에 이르는 것은 하나의 연속적인 과정으로서 생물학적 변화뿐만이 아니라 심리적 변화를 거치는 것일 뿐이다(강세현 외, 2011). 노년기에 접어들면서 심각한 질병에 걸려 임종을 앞두게 되는 환자들이 많아진다(이윤로, 2008: 253). 큐블러-로스(Kübler-Ross, 1969)는 인간의 죽음의 과정에 대해서 부정, 분노, 타협, 우울, 수용 등의 다섯 단계를 제시하였다. 심리학자로서의 큐블러-로스는 심리적 · 심리사회적 영역에서 그리고 정신치료의 입장에서 여러 가지를 강조했으며, 인간이 죽음의 도전에 반응하는 가장 기본적인 방법들에 민감했다(구본용 외, 2005: 252).

〈표 7-2〉 죽음에 대한 심리적 적응단계

단계	죽음에 대한 반응양상
부정단계	불치병을 인정하지 않고, 의사의 오진이라고 생각함 '아니다. 그것은 사실이 아니다.'
분노단계	'왜 나만 죽어야 하지?'라고 생각하며, 건강한 사람을 원망하고 주변 사람들에게 화를 냄
타협(협상)단계	죽음을 받아들이고, 해결하지 못한 인생 과업을 해결할 때까지라도 살 수 있도록 기원하고, 불가사의한 힘과 타협
우울단계	주변 사람과 일상생활에 대한 애착을 보이고, 이런 것들과 헤어져야 한다는 점 때문에 우울증이 나타남
수용단계	죽음 자체를 수용하고, 마음의 평화를 회복하여 임종에 직면함

출처: Kübler-Ross(1969).

5) 노년기와 사회적 지지

노년기의 사회관계망 구조나 상호작용 특성, 사회적 지지의 양과 질이 노년기 노인의 사회적 적응과 통합, 삶의 만족도에 영향을 미치는 중요한 요인들이다. 하지만 노년기가 되면 퇴직, 건강약화, 배우자나 친구의 상실 등으로 인하여 사회관계망은 전반적으로 축소되고 그에 따라 비공식적인 사회적 지지 또한 줄어들게 된다. 사회적 지지가 가장 필요한 시기에 오히려 사회관계망과 사회적 지지가 축소되는 상황이 발생하는 것이다(김기태 외, 2002).

노년기에는 전반적으로 축소되는 사회관계망에서 비공식 관계망의 지지가 더 중요해진다. 특히, 우리나라에서는 그러한 비공식 관계망의 지지가 더욱 중요한 의미를 갖는다. 우리나라에서는 대체로 오늘날까지 노인계층은 국가나 사회의 도움을 받기보다는 가족이나 이웃이라는 비공식 관계망 내에서 삶의 욕구와 문제를 해결해 왔다. 가족은 노년기의 비공식 관계망 중에서도 가장 중요한 사회 지지망으로 현재 노인계층에게는 '유일한 삶의 안식처'로 기능해 왔으나, 현대화 과정에서 부모와 자녀 간의 지리적·심리사회적 분리, 가족 간의 유대관계 약화, 노인 부양기능 저하 등이 나타남으로써 현재의 가족 형태는 노인에게 필요한 사회적 지지를 주기에는 상당한 제약이 있다.

현재 우리나라의 경우 노인에 대한 가족과 공식 관계망의 지지 기능이 취약하기 때문에, 노인들은 삶의 과정에서 욕구 불만과 같은 다양한 문제를 경험할 가능성이 높다. 노인에게 실제 필요한 지지를 적시에 제공하기 위해 사회복지사에게 요구되는 것은 노년기의 사회관계망과 지지가 갖는 의의에 대해 정확히 인식하는 것, 노인에 대한 공식 및 비공식 관계망의 지지 수준과 능력에 대해 정확히 평가하는 것이고, 이를 강화 또는 보완할 수 있는 구체적인 실천방안을 모색하는 일이 필요하다.

6) 사회복지실천과제

노년기에 부딪칠 수 있는 문제로는 소득감소로 인한 빈곤, 노인성 치매 등 만성중증질환, 부족한 노인 여가문화 등이 있다.

(1) 노인 빈곤

노인 빈곤은 노인들의 소득 수준에서 잘 드러난다. 보건복지부 2011년도 노인실태조사에 따르면, 노인가구의 월평균소득은 187.3만원으로 나타났다. 공적이전소득이 있는 가구는 2008년도 대비 4.8% 포인트 감소한 86.7%로 나타났다. 개인소득은 사적이전소득이 39.8%, 공적이전소득이 32.5%의 구성비를 보이는데, 2008년 소득에 비하여 공적이전소득의 비중이 월등히 높아진 것이다. 이러한 변화에는 기초노령연금제도의 도입이 영향을 미쳤을 것으로 판단된다. 우리나라에서는 기초노령연금제도의 도입으로 만 65세 이상 전체 노인 중 소득과 재산이 적은 70%의 노인에게 매월 일정액의 연금을 지급하고 있다. 2008년 1월부터 70세 이상 노인의 60%, 2008년 7월부터 65세 이상 노인의 60%를 대상으로, 2009년 1월부터 65세 이상 노인의 70%를 대상으로 지급하고 있다(고명수 외, 2013: 292). 빈곤노인을 위해 제공할 수 있는 서비스를 개발하기 위해서는 지역사회의 자원들을 파악하고 자원들을 빈곤한 노인과 연결시키는 후원개발이 중요하다.

(2) 노인성 치매

노인성 치매(senile dementia)란 다양한 원인에 인한 뇌기능 손상과 인지기능의 지속적이고 전반적인 저하로 인해 일상생활이 상당한 지장을 받고 있는 상태를 가리킨다. 노인성 치매는 65세 이후 노년기에 발병한 치매를 총칭하는 것으로, 65세 이전에 발병하는 초로기 치매(presenile dementia)와 구분된다. 서울대학교병원에 따르면, 치매는 전 세계적으로 65세 이상 노인에서 5~10% 정도의 유병률을 보이고 있고, 우리나라의 경우 약 8.2~10.8% 정도로 보고되고 있다. 우리나라에는 현재 약 44만 명의 노인성 치매 환자가 있을 것으로 추산되지만, 인구의 급속한 고령화에 따라 2020년에는 환자 수가 약 80만 명에 이를 것으로 추정된다.

인지기능 저하 증상, 정신행동 증상, 신경학적 증상 및 신체적 증상이 흔히 나타나는 노인성 치매의 증상이다. 인지기능 저하는 기억력 감퇴, 언어

능력 저하, 시공간 파악능력 저하, 판단력 및 일상생할 수행능력 저하 등의 증상이 포함된다(고명수 외, 2013: 292). 치매를 예방하기 위해서는 치매예방 프로그램을 개발하여 실시해야 하며, 치매로 의심되는 노인에 대해서는 정확한 진단을 받을 수 있도록 전문기관에 의뢰하여야 한다.

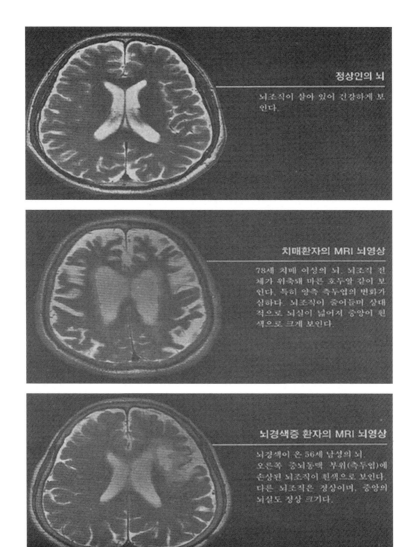

[그림 7-1] MRI 뇌영상

출처: 영동세브란스병원 영상의학과 정태섭 교수

(3) 노인의 여가 및 노인문제

최근에는 노인문제를 해결하기 위한 제안으로 노인들을 위한 교육 프로그램 활동, 스포츠 프로그램, 자원봉사 프로그램 등의 중요성이 강조되고 있다. 단순한 오락이나 소일거리를 넘어서 취미생활, 체육활동, 컴퓨터, 건강관리, 영어회화 등 노인들의 성장과 욕구를 충족시키는 미래 지향적 프로그램의 개발과 실천이 요구된다.

또한 노년기 인구의 증가와 함께 장애, 범죄, 학대, 황혼이혼, 자살 등의 노인문제가 심각한 사회문제로 대두되고 있다(강세현 외, 2012: 125 참조).

시니바나

일본에서 개봉한 이누도 잇신(犬童一心) 감독의 영화 〈시니바나(死に花)〉는 노인들의 죽음에 대한 색다른 시각을 제시한다. 죽음이란 슬프고, 외롭고, 두려운 마지막 여행이지만, 어차피 가야 할 길을 미리 준비한다면 죽음에 좀 더 당당하고 의연하게 대처할 수 있다는 것이다. 원래 '시니바나'는 죽음으로써 얻는 명예라는 뜻이다. 2년이라는 시한부 선고를 받은 사람이 있었다. 별로 건강에 이상을 느끼지 못하고 있다가 우연한 기회에 건강검진을 받게 됐는데 2년밖에 살지 못한다는 의사의 얘기를 듣고 갑자기 극도로 건강이 악화되었다. 그러나 마음을 비우고 자기 인생의 마지막을 정리하면서 1년간 죽음의 준비를 끝낸 후 마음이 편안해졌고, 이상하게 걱정이 없어지면서 건강이 아주 좋아졌다. 모든 것이 마음먹기에 달린 것 같다.

영화 속 노인요양시설에서 생활하는 한 노인은 죽음에 앞서 한 장례전문회사에 자신의 장례식을 의뢰한다. 그리고 죽고 난 후, 장례식장에서 이 노인은 생전에 녹화한 비디오테이프 속에서 다시 나타난다. 그러고는 마치 현장에서 지켜보듯이 자신의 장례식을 순서대로 진행한다. 생전에 좋아하던 곡의 연주를 부탁하고, 또 문상객들에게 함께 춤추자고 권유한다. 무겁고 침울하던 장례식은 어느덧 숭고한 생을 마감한 한 사람을 즐겁게 보내는 '축제'로 바뀐다. 그리고 한 노인이 남긴 유언장 '시니바나'를 통해 남겨진 동료들은 새로운 죽음을 배우게 된다.

 **연습문제**

1. 발달상 노인의 특성이 <u>아닌</u> 것은? (2004년 기출)

① 보수적 　　　　　　　② 내향성 · 의존성 증가

③ 감각기능의 둔화 　　　④ 갱년기

2. 노인기(65세 이후)의 심리사회적 발달의 특징으로 맞는 것은? (2008년 기출)

① 친근한 물건에 대한 애착이 감소한다.

② 외적 차원에서 내적 차원으로 자아의 방향을 전환시키기 시작한다.

③ 우울 성향이 증가한다.

④ 여생을 생각해 지난날을 회상하지 않으려고 한다.

3. 다음 중 노년기 발달 성향으로 옳은 것은 무엇인가? (2009년 기출)

가. 내향성 증가	나. 우울증 성향 증가
다. 경직성 증가	라. 능동성 증가

① 가, 나, 다　　② 가, 다　　③ 나, 라　　④ 가, 나, 다, 라

4. 노년기의 심리적 주요 과업은? (2005년 기출)

가. 친밀감	나. 죽음에 대한 수용
다. 부양의무	라. 자아통합 대 자아절망

① 가, 나, 다　　② 가, 다　　③ 나, 라　　④ 가, 나, 다, 라

5. 노년기의 특징으로 틀린 것은? (2009년 기출)

　① 단기기억력보다 장기기억력이 좋다.

　② 자아통합을 경험한다.

　③ 절망감에 빠지기도 한다.

　④ 우울증 성향이 감소한다.

6. 노년기에 대한 설명으로 옳은 것은? (2010년 기출)

　① 모든 사람이 똑같은 죽음의 과정을 거친다.

　② 실제적인 지적 능력이 감퇴된다.

　③ 특정 사물과 사람에 대한 애착심이 증가한다.

　④ 외적 성향 및 능동성이 증가한다.

7. 노년기의 신체·사회·심리적 발달에 대한 설명으로 옳지 않은 것은?

　① 노년기의 심리적 적응 과업으로 신체몰두에서 신체초월로 나아가야 한다고 보았다.

　② 살아온 인생을 후회스럽고 불만스럽게 생각하고 불안·초초해하는 것을 절망이라고 한다.

　③ 노년기에는 역할상실과 함께 새로운 행동양식을 요구하는 역할이 출현한다.

　④ 신체적 노화가 진행되면서 노인들은 성욕을 상실하게 된다.

8. 노년기의 인지 변화로 옳지 않은 것은?

　① 장기기억보다 단기기억이 더욱 쇠퇴한다.

　② 새로운 환경변화에 신속하게 대응하기 어려워진다.

　③ 지식과 실용적 능력을 결합한 지혜가 발달한다.

　④ 지적 능력이 실패적으로 감소한다.

9. 에릭슨이 주장하는 생애 마지막 단계의 심리사회적 위기는?

　① 신뢰 대 불신　　② 주도성 대 죄의식

　③ 자아통합 대 절망　④ 정체감 대 역할혼란

10. 다음 중 펙이 제시한 노년기 발달과업으로 옳은 것은?

> 가. 직업역할 몰두 대 자아분화　　나. 신체몰두 대 신체초월
> 다. 자아몰두 대 자아초월　　　　　라. 정서적 빈곤 대 정서적 융통성

　① 가, 나, 다　② 가, 다　③ 나, 라　④ 가, 나, 다, 라

11. 노년기에 사회복지사가 개입해야 할 문제에 해당하는 것은? (2005년 기출)

> 가. 부양가족으로부터 학대
> 나. 노화로 인한 의료비 증가
> 다. 퇴직으로 인한 역할 및 지위 상실
> 라. 민첩성 감소로 인한 범죄피해 가능성 증가

　① 가, 나, 다　② 가, 다　③ 나, 라　④ 가, 나, 다, 라

12. 노년기의 지위와 역할 변화 중 옳은 것은? (2006년 기출)
　① 모두 조부모의 역할을 한다.
　② 모든 사회적 지위와 역할에서 제외된다.
　③ 사회적 지위와 역할이 감소된다.
　④ 새로운 역할은 생기지 않는다.

13. 큐블러-로스의 인간이 죽음에 이르는 심리상태로 올바른 순서는?
　① 부정 — 분노 — 타협 — 우울 — 수용
　② 분노 — 부정 — 타협 — 우울 — 수용
　③ 우울 — 분노 — 부정 — 타협 — 수용
　④ 우울 — 부정 — 분노 — 타협 — 수용

14. 죽음을 앞둔 노인과 그 가족을 위한 정서적 · 영적 · 신체적 돌봄이 통합된 지원체계로서 노인이 편안한 죽음을 맞이할 수 있도록 도우며 유가족에 대한 지원을 하는 서비스를 무엇이라고 하는가?

　① 안락사　　　　　　　　② 호스피스

　③ 가정봉사원파견 프로그램　④ 임종

15. 다음 중 호스피스 활동의 일반적인 목표가 <u>아닌</u> 것을 고르시오.

　① 수명을 연장하는 첨단기술을 활용한다.

　② 환자의 고통과 공포를 완화한다.

　③ 환자에게 편안함과 평화를 준다.

　④ 사망 전후 유족을 지원한다.

16. 다음 중 노년기에 대한 설명으로 틀린 것은?

　① 신체적으로 약화되어 사회복지정책이 더욱 필요한 시기이다.

　② 역할 및 지위의 상실로 어려움을 겪게 되는 시기이다.

　③ 사회적 역할 축소로 자부심이 저하될 수 있다.

　④ 문제해결능력이 최대로 발휘되는 시기이다.

17. 노년기의 주요 문제가 <u>아닌</u> 것을 <u>모두</u> 고른 것은?

가. 역할상실	나. 여가활동의 문제
다. 소득감소	라. 갱년기 문제

　① 가, 나, 다　　② 가, 다　　③ 나, 라　　④ 라

18. 노년기에 경험하는 '퇴직'에 관한 내용으로 옳지 않은 것은?

　① 은퇴는 예측된 사건이므로 사전에 준비할수록 적응이 순조롭다.

　② 은퇴는 사회적 지위와 삶의 양식을 바꾸는 중요한 변화이다.

　③ 직업역할과 자아개념이 밀접할수록 퇴직 후 삶에 적응하기 어렵다.

　④ 은퇴로 인한 사회적 자존감이 높아진다.

19. 다음 중 노년기의 심리사회적 발달과업으로 옳은 것은?

가. 자녀양육	나. 직업 선택
다. 성 정체감 형성	라. 퇴직에 대한 적응

① 가, 나, 다   ② 가, 다   ③ 나, 라   ④ 라

답) 1 ④   2 ③   3 ①   4 ③   5 ④   6 ③   7 ④   8 ④   9 ③   10 ①   11 ④   12 ③
13 ①   14 ②   15 ①   16 ④ 노년기는 여러 가지 능력이 감퇴되는 시기이고 문
제해결 능력의 최대치는 중년기에 해당한다.   17 ④   18 ④   19 ④

제2부
인간행동의 발달이론

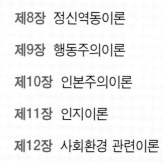

제8장
정신역동이론

1. 프로이트의 정신분석이론

'정신분석학의 아버지'인 프로이트(Sigmund Freud, 1856~1939)의 정신분석이론(Psychoanalytic Theory)은 정신의학, 심리학을 넘어 문화인류학, 사회학, 교육학 또는 문학이나 예술에 이르기까지 영향을 미치고 있다. 그는 인간의 행동은 이성에 의해 지배되는 것이 아니라 무의식의 힘에 의해 결정된다고 보았다(엄태완 외, 2012: 39). 프로이트의 업적은 1880년 전후에 시작하여 1939년 런던에서 그가 세상을 떠나기까지 약 50년간에 걸쳐서 이루어진 것이다. 그의 정신분석은 다음과 같이 정의를 내릴 수 있다(박아청, 2006).

첫째, 정신분석이란 정신에 관한 과학으로서 접근이 거의 불가능한 무의식이라는 심적 과정을 탐구하는 방법을 말한다. 기본적 가설을 무의식 과정을 중심으로 세우고 그러한 무의식 과정에서 자유연상법(free association method)이라는 기법을 주로 사용하여 성격이론을 수립하는 것이다. 프로이트는 인간의 기본 성격구조는 아동기 초기에, 특히 만 5세 이전에 어떠한 경험을 하였는가에 따라 결정되며, 이러한 성격구조는 성인기가 되어서도 변하지 않고 지속된다고 보고 있어 현재보다는 과거를 중시한다(전남련 외, 2012: 174).

둘째, 정신분석은 정신의학으로서 앞과 같은 탐구방법에 기초하여 신경증 환자를 원조하고 치료하는 방법을 말한다.

셋째, 정신분석이란 정신기능이나 정신구조에 관한 이론으로 그 이론은 앞에서 언급한 탐구방법과 치료방법에 의해 얻어진 경험을 집대성하고 체계화하여 도출된다.

1) 프로이트의 생애

정신분석학의 창시자인 프로이트는 1856년에 체코슬로바키아에 있는 조그만 도시인 모라비아에서 유대인 집안의 아들로 태어났다. 프로이트의 부모는 둘 다 유대인이었으며 결혼 당시 아버지는 40세, 어머니는 20세로 둘 사이는 무려 스무 살이나 차이가 났다(생각의 마을 기획, 2017). 그는 4세 때 비엔나로 이주하여 1938년 영국으로 망명하기까지 거의 대부분의 생을 모라비아에서 보냈다. 그는 1873년 비엔나 의과대학에 진학하여 신경학을 전공하였으며 1885년에는 파리로 유학을 떠나 그곳에서 그의 학문에 결정적인 영향을 준 스승, 신경의학자 샤르코(Charcot)를 만난다. 1886년 프로이트는 마르타 베르나즈와 결혼하여 세 딸과 두 아들을 두었다. 나중에 유명한 아동분석학자가 된 안나 프로이트는 그의 막내딸이다.

프로이트는 최면술을 연구하면서 최면적 암시를 사용하여 히스테리 신경증의 증상을 유발하거나 제거할 수 있다는 것을 알게 되었다. 그가 후에 창안한 자유연상법도 신경증 환자의 억압된 감정과 생각을 의식으로 떠올리는 방법으로 창안하게 된 것이다.

그러한 연구 결과, 신경증은 부적절한 성적(性的) 발달의 문제라고 생각하게 되었고 이 연구결과는 1895년에 브로이어(Breuer)와 함께 『신경증에 관한 연구(Studies on Hysteria)』라는 저서로 출판하게 된다. 1900년에 출간한 『꿈의 해석(The Interpretation of Dreams)』에서 그는 자신의 꿈과 기억 및 어린 시절에

[그림 8-1] 프로이트가 정신분석을 진행할 때 사용했던 카우치

대한 분석을 시도했다. 프로이트는 꿈의 내용이 대부분 상징들에 의해 위장되어 있다고 생각했고, 그가 생각하는 꿈의 상징들의 의미는 성적인 것으로 유명하다(이근영 역, 2004: 62). 그러나 이 책은 초기에 정신병리학회에서 격렬한 비판을 받는다. 당시에는 성이란 사춘기에 시작되는 것으로 믿었기 때문에 순진한 아동이 성적 욕구를 경험한다고 주장하는 프로이트의 이론을 용인할 수가 없었다. 그럼에도 한편에서는 많은 젊은 학자들이 그를 지지하기 시작하였고, 1909년 클라크 대학으로부터 명예학위를 수여받고 공식적인 정신분석학파로 발전해 나가게 되었으며 미국심리학회가 발족하게 되었다. 그는 1923년부터 발생한 후두암으로 1939년 9월 83세 나이로 런던에서 서거하였다.

프로이트의 상징들에 대한 해석

• 지팡이, 칼, 우산 등 뾰족한 물건들은 남자의 성기를 의미한다.
• 상자, 밀폐 용기, 오븐, 벽장 등 물건을 담는 것들은 여성의 성기를 의미한다.
• 사다리, 계단, 시소를 오르내리는 행동들은 성 관계를 갖는 것을 의미한다.
• 어린아이와 노는 것은 자위행위를 의미한다.

출처: 이근영 역(2004: 63).

2) 정신분석학적 성격이론

(1) 인간의 본능

프로이트의 정신분석이론의 인간관은 인간이란 성적 존재, 갈등적 존재, 무의식적 존재이며, 인간 유기체를 복잡한 에너지 체계로 보는 입장이다. 이러한 체계 속에서 정신 에너지와 신체 에너지는 서로 전환될 수 있으며 그 교량역할을 하는 것을 본능이라고 한다. 이 이론에 따르면 결국 본능이 우리의 모든 생각과 감정, 행동을 지배한다. 인간의 본능에는 삶의 본능과 죽음의 본능이라는 두 개의 본능이 있다. 삶의 본능은 생동적인 삶을 가능하게 해 주고 종족번식을 책임지는 힘을 가지고 있다. 삶의 본능 중에서는 리비도(libido) 또는 성적 에너지라고 불리는 성본능이 개인의 정신 구조에서 가장 중요한 역할을 하며, 이 리비도의 작용에 의해 나타내는 성충동이나 성행동은 사회적 제재를 받아 억압되므로 갈등적일 수밖에 없다. 그리고 죽음의 본능은 인간 모두가 가지고 태어나는 부정적 · 파괴적인 힘이다. 이 본능은 직접 죽음으로 나타나지 않는데, 그것은 삶의 본능이 지니는 힘이 강하거나 성격 내부에서 일어나는 다른 것에 의해 죽음의 본능이 저지되기 때문이다. 삶의 본능과 마찬가지로 죽음의 본능에도 에너지가 있으며, 인간의 행동에 중요한 영향을 미치는 결정 요인이다.

(2) 인간의 정신세계

프로이트의 마음의 지형학적 모형에서는 마음을 의식(consciousness), 전의식(preconsciousness), 무의식(unconsciousness)의 세 가지 층으로 구분한다. 그러나 실제로는 이 의식의 세 가지 층은 절대적인 구분이 아니고 하나의 연속성을 이루고 있다. 의식에 분명히 드러나는 상태에서부터 성격의 깊은 곳에 숨어 있어서 완전히 의식할 수 없는 상태에 이르기까지 세 가지 층은 연속성을 이룬다. 이 중에서 무의식이 행동에 미치는 영향을 밝힌 것이 프로이트의 가장 위대한 공헌 중 하나이다.

① 의식

의식은 현재 느끼거나 알 수 있는 모든 경험과 감각을 뜻한다(Freud, 1923: 이종복 외, 2007 재인용). 의식은 자신이 주의를 기울이는 순간에 곧 알아차릴 수 있는 정신세계의 일부분으로 인식의 범위 내에 있다. 이러한 의식은 시간 경과나 주의 전환에 의해 전의식이나 무의식 속으로 들어가 잠재될 수 있다.

② 전의식

전의식은 의식과 무의식 사이에 존재하는 정신세계로 현재는 의식되지 않지만 전에 의식했던 것이 저장된 것으로 쉽게 인식할 수 있는 것들로 구성되어 있다. 정신세계의 이러한 부분은 주위를 집중하고 노력하면 의식될 수 있는 경험이다.

전의식은 한편으로는 개인이 그 내용을 의식하지 못한다는 점에서 무의식의 일부라고도 볼 수 있지만, 다른 한편으로는 조금만 노력하면 자발적으로 회상할 수 있다는 점에서 의식의 일부로도 나타낼 수 있다. 전의식은 마음속에서 무의식과 의식을 연결해 주는 통로라고 할 수 있는 것이다.

③ 무의식

무의식은 인식할 수도 없고 직접 확인할 수도 없는 정신세계로, 그곳에는 억압된 관념이나 감정, 충동 등이 잠재되어 있다. 무의식은 억압(repression)이라는 기제를 통해 형성되며 억압된 것이 행동을 결정하는 주된 요인이 된다. 자신이 인식하지 못하는 무의식에 존재하는 내용은 자신이 영원히 알지 못할 수도 있다. 하지만 일부가 전의식으로 넘어가 의식되는 경우도 있다. 잠재된 경험들이 생물학적 충동이나 어떤 일과 연상되어 나타날 수도 있는데, 그럴 때 그것들은 현상에서 불안을 일으키는 원인이 된다. 그러나 그것들은 다시 한 번 밑으로 밀려나면서 끝없는 무의식적 갈등의 원인이 된다.

이러한 인간의 세 가지 정신세계는 흔히 물 위에 떠 있는 빙산에 비유된다. 의식은 수면 위에 떠 있는 작은 부분이고, 전의식은 수면 바로 아래의 부

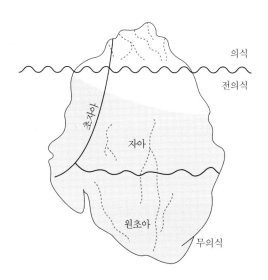

[그림 8-2] 의식수준과 성격구조와의 관계

출처: 신종우 외(2010: 198) 재인용.

분으로 물 위와 아래를 왔다 갔다 하는 수면의 경계부분이다. 무의식은 수면 아래의 빙산의 대부분을 차지하는 부분이다. 이러한 비유처럼 무의식은 인간 마음의 대부분을 차지하는 정신세계이며 보이지 않지만 인간의 사고와 행동을 전적으로 통제하는 힘이다. 그러므로 인간의 사고와 행동은 의식적이고 합리적이기보다는 오히려 무의식적이고 비합리적이라 할 수 있다.

(3) 구조적 모형

프로이트는 원초아(id), 자아(ego), 초자아(superego)가 상호작용하여 인간의 성격을 구성한다는 구조적 모형을 제시하였는데 이 세 부분은 상호 독립적이며 독특한 특징을 가지고 있다.

① 원초아

원초아는 출생 시부터 존재하며, 성격의 가장 원초적인 부분이다. 이 원초아는 자아와 초자아가 분화되어 나오는 모체이며 생물학적 과정과 밀접한 관련이 있다. 원초아는 생물학적 본능으로 구성되어 있으며 본능적 욕구를 관장한다. 이러한 원초아는 생물학적 본능으로 구성되어 있다. 원초아는 일차적 사고과정(primary process)이 일어나며 쾌락원칙(pleasure principle)에 의해 지배된다.

일차적 사고과정이란 비현실적인 사고과정으로서 비합리적이고 비논리적인 방법으로 욕구를 충족시키려는 방법을 말한다. 전적으로 무의식 세계에 존재하기 때문에 원초아는 현실세계와는 접촉이 전혀 없다. 그래서 일차적 사고과정은 일시적인 위안을 가져올 수는 있지만, 실제로 욕구 자체를 만족시켜 주지는 못한다.

쾌락원칙(pleasure principle)이란 그 충동을 지연시키지 않고 즉각적으로 만족시키려고 하는 속성을 말한다. 본능의 욕구를 즉각적으로 만족시키기 위하여 소원성취와 결부된 대상물이나 상황에 관한 이미지를 형성하여 충족시키는 방법도 있다.

② 자아

자아는 현실원칙(reality principle)의 지배를 받는다. 자아는 일단 사회규범, 규칙, 관습과 같은 사회적 현실을 고려하여 논리적이고 합리적인 추리과정을 통해 원초아의 욕구를 진정시키고 나서, 이러한 원초아의 욕구를 현실적인 방향에서 충족시키도록 조정하여 행동을 결정한다. 이러한 자아는 이차적 사고과정(secondary process)이 일어나고 현실원칙에 의해 지배된다.

이차적 사고과정이란 현실적인 계획을 세울 때까지 만족을 지연하는 사고과정을 말한다. 이차적 사고과정은 현실검증(reality testing)을 하는 자아의 능력이다. 현실검증을 통하여 충동을 더욱 잘 지배할 수 있게 되며, 환상과 현실을 구분할 수 있는 능력이 강화된다(이종복 외, 2007). 자아는 이차적 사고과정을 통해 외부세계에서 일어나는 자극이나 지각을 분별하고 원초아의 소망과 충동에서 일어나는 자극과 지각들을 분별한다.

현실원칙이란 본능적 충동을 충족시킬 수 있는 현실적이고 바람직한 대상과 방법이 발견될 때까지 정신 에너지의 방출을 지연시키는 것이다(오창순 외, 2015).

③ 초자아

자아가 현실을 고려한다면, 초자아는 도덕적인 부분이다. 초자아는 현실 보다는 이상을 추구하며, 쾌락보다는 자기통제와 완전성을 추구하는 속성을 지니고 있다. 초자아는 3~6세 사이에 나타난다. 초자아가 나타나면 아이들 은 도덕성의 원리(morality principle)에 따르게 된다. 부모가 주는 보상과 벌 은 초자아가 발달하는 주요 요인이다.

초자아의 하위체계는 양심과 자아이상 두 가지로 이루어져 있다. 양심은 잘못된 행위에 대해서 생기는 죄의식과 관련된다. 이는 부모와의 동일시를 통해서 부모의 도덕규범이 내면화된 것인데, 우리의 정신세계에서 처벌적이 고 비판적인 부분을 형성한다.

자아이상은 자아에 대한 열망들로 구성되며, 부모의 칭찬에 의해 형성되 는 부분이다. 초자아가 형성된 후에 자아는 원초아의 요구와 외부세계 및 양 심의 상호관계를 조정하는 복잡한 역할에 직면하게 된다(Freud, 1923).

(4) 안나 프로이트의 방어기제

안나 프로이트(Anna Freud, 1895~1982)는 1895년 오스트리아 비엔나에서 지그문트 프로이트의 여섯 자녀 중 막내로 태어났다. 그녀는 아버지를 따라 정신분석학자가 되었으며, 평생 독신으로 살았다. 안나 프로이트는 정신역 동적 방어기제(Defense Mechanism)를 규명하고 분석하는 데 가장 큰 공헌을 하였다. 자아의 방어기능에 대한 착상은 아버지 지그문트 프로이트가 제시 하였지만, 이를 정리하여 방어기제에 관한 체계적 이론을 수립하고, 이를 성 격발달에서 방어기제에 관한 이해로 확대시킨 것은 안나 프로이트이다(이종 복 외, 2007: 176).

방어기제란 자아가 불안에 처하여 합리적인 방법으로 이것을 해결하지 못할 때 현실을 부정하거나 왜곡하면서 무의식적으로 불안을 제거하려는 심리 기제이다. 불안은 원초아와 초자아의 요구 그리고 현실의 압력이 통제하거나 제어하기 어려울 정도로 너무 많아 자아가 이를 감당하지 못해 마음의 평정이 깨진 상태이다. 자아가 이러한 불안을 처리하기 위하여 사용하는 수단이 방어기제이다. 자아는 방어기제를 통해 충동이나 주위 환경의 요구에 비현실적 방식으로 대처한다.

자아는 방어기제를 통해 현실을 왜곡시킴으로써 위험으로부터 벗어나려 하며 자기방어를 통해 내적 긴장을 감소시켜 환경에 적응하도록 한다. 방어기제를 어떻게 얼마나 사용하는가는 그 사람의 성격특성을 알려 준다. 방어기제는 대부분 무의식적으로 채택되며, 불안의 위협으로부터 자신을 보호하려는 수단이다. 방어기제의 사용은 불안을 감소시킬 뿐만 아니라 긍정적인 사회적 결과를 가져오기도 한다. 사람들은 누구나 종종 방어기제를 사용한다. 그러나 방어기제의 과다한 사용은 다른 자아 기능을 발달시키지 못하도록 정신 에너지를 소모하기 때문에 과다 사용은 심각한 심리적 문제를 야기할 수 있다.

① 억압

억압(repression)이란 의식에서 용납하기 힘든 생각, 욕망, 충동들을 무의식 속으로 눌러 넣어 버리는 것, 즉 의식에서 쫓아내는 것으로서 불안에 대한 일차적이며 가장 흔하게 쓰는 방어기제이다. 특히, 자존심 손상, 수치심, 죄책감을 일으키는 경험들이 억압된다.

성공적인 억압은 본능적인 욕구나 사회적으로 금지된 욕망의 노골적인 표현을 막는 것을 가능하게 한다. 이를 통해 사람들은 사회적·도덕적으로 순응하고 잘 적응된 생활을 영위한다. 하기 싫고 귀찮은 과제를 하지 않고 '깜박 잊었다'고 말하는 경우가 그 예이다.

② 반동형성

반동형성(reaction formation)은 겉으로 드러나는 태도나 언행이 그 사람의 억압된 충동을 제어하기 위하여 그와 정반대로 나타나는 경우의 심리기제를 말한다. 반동형성도 억압과 마찬가지로 어떤 충동을 의식에서 추방하는 것이다. 무의식의 밑바닥에 흐르는 경향, 생각, 소원, 충동은 너무나도 받아들여질 수 없는 것이어서, 성격이 그와는 정반대의 방향으로 형성되는 경우이다. 그것은 '미운 놈 떡 하나 더 준다'는 속담에 잘 반영되어 있다.

③ 퇴행

퇴행(regression)은 실패 가능성이 있거나 불안한 상황에 대한 해결책으로 초기의 발달단계나 행동양식으로 후퇴하는 기제이다(김용준 외, 2014). 어렸을 때의 의존으로 퇴행하는 것은 성인이 해야 할 자주적인 생존과 책임을 다하려는 데에서 오는 두려움이나 불안정을 덜어 준다. 어떤 아동이 배변 훈련이 충분히 되었음에도 동생이 태어나 부모의 관심을 집중적으로 받게 되자 대소변을 가리지 못하거나 어리광을 부리는 것이 그 예이다.

④ 격리

격리(isolation)란 과거의 고통스러운 생각이나 기억을 그에 수반된 감정상태와 분리시키는 과정을 말한다. 이 경우 고통스러운 사실은 기억하지만 감정은 억압되어 느껴지지 않는다. 고통스런 사실은 의식 세계에 남고, 이와 관련된 감정은 무의식 세계에 남아 각기 분리되는 것이다. 감정이 개입되지 않는 기억은 그 사람의 심리 세계에 큰 영향을 주지 않는다. 격리는 주로 강박장애에서 볼 수 있다.

⑤ 취소

취소(undoing)란 죄책감을 느끼는 일을 하고 나서 마치 안 한 것처럼 원상복귀라도 하듯이, 또는 죄의식을 완화라도 하듯이 상징적인 행동이나 생각을 사용하는 방법을 말한다. 순간적으로 화가 난 엄마가 아이를 때리고는 곧 "엄마가 잘못했어. 아팠지? 미안해."라며 쓰다듬어 주는 것이 한 예이다. 이 것은 반동형성과 밀접한 관계가 있는 방어기제이다.

⑥ 투사

투사(projection)는 스트레스와 불안을 일으키는 자신의 감정, 사고를 타인에게 있는 것처럼 전가시킴으로써 자신을 방어하는 방법이다. 사람들은 욕구를 다 충족시킬 수 없는 본능적이고 무의식적인 원초아의 욕구를 가지고 있다. 그러한 욕구를 다 충족시키게 되면 사람들에게는 현실 불안, 도덕적 불안이 발생하게 된다. 투사는 그런 불안을 해소하기 위해 자신에게서 발생한 문제를 남의 탓이나 환경의 탓으로 돌리면서 자신을 방어하려고 하는 기제이다. '잘못되면 조상 탓한다'라는 속담이 바로 여기에 해당한다.

⑦ 투입

투입(introjection)이란 투사와는 반대 개념으로 외부의 대상을 자기 내면의 자아체제로 받아들이는 것을 말한다. 외부 대상에 대한 부정적인 감정을 자신에게로 지향시키기 때문에 우울증을 야기하는 주된 원인이 되기도 한다. 예를 들어, 어머니에게 적개심을 품은 딸이 어머니를 자기 내면의 자아체계로 내면화시켜 자신에 대해 적개심을 품게 되는 경우이다.

⑧ 승화

승화(sublimation)란 본능적 욕구나 참기 어려운 충동 에너지를 사회적으로 용납할 수 있는 형태로 바꾸어 사용하는 것을 말한다. 승화는 원초적이며 용납될 수 없는 충동 에너지가 어느 정도 변형되어 사회적으로 유용한 목표를 위하여 사용되도록 하는 기제이다. 승화는 다른 방어기제와는 달리 원초아를 반대하지 않으며, 충동 에너지를 자아의 억압 없이 그대로 유용하게 전용하는 것이 특징이다. 예를 들면, 예술이 성적 욕망을 승화시키거나, 강한 공격적 욕구를 가진 사람이 격투기 선수가 되거나, 잔인한 공격적 충동을 가진 사람이 열심히 공부해서 학자로 성공하는 경우 등이 이에 해당한다. 승화는 가장 건전하고 건설적인 방어기제라고 할 수 있으며, 승화를 통해 원초아 욕구는 해소되고 자아는 손상받지 않게 된다.

⑨ 합리화

합리화(rationalization)는 합당하지 않은 자신의 행동에 대해 그럴듯하고 정확하지 않은 핑계를 대서 자기 행동을 정당화하는 것을 말한다(김선아 외, 2006). 합리화하는 사람은 자신의 언행 속에 숨어 있는 용납하기 힘든 충동이나 욕구에 대해 사회적으로 그럴듯한 설명이나 이유를 대는데, 그 설명이나 이유도 합리적이고 이상적이며 자아가 받아들일 수 있는 내용으로 꾸며진다. 이솝우화의 '여우와 신포도' 이야기처럼 어떤 목표를 달성하려 했으나 실패한 사람이 자신은 처음부터 그것을 원하지 않았다고 변명을 하는 경우가 이에 해당한다. 가장 흔하게 쓰이는 방어기제로서 부적응 행동이나 실패를 정당화하여 자기 만족을 얻으려는 방법이다.

⑩ 전치(치환)

전치(displacement)란 개인이 좌절, 적개심 또는 불안과 같은 감정이나 정서를 더 받아들이기 쉬운 다른 대상으로 이동하는 방어기제이다. 예를 들어, 아버지에게 혼이 난 아이가 깡통을 발로 차 버려 화를 푸는 것, 동대문에서 뺨 맞고 남대문에서 화풀이하는 것, 좋아하는 사람에게 구애받지 못하고 그 동생과 아주 친해지는 것 등이 그 예이다.

⑪ 동일시

동일시(identification)란 다른 사람의 바람직한 속성이나 태도나 행동을 들여와서 자신의 성격 일부로 삼게 되는 방어기제이다. 아버지를 무서워하는 아들이 그 아버지를 닮아 가는 경우도 동일시의 일례이다.

⑫ 전환

전환(conversion)이란 불안을 감추기 위해서 개인이 가진 강한 정신적 갈등이나 불안이 신체적 증상, 즉 신체의 감각기관과 근육기관의 증상으로 표출되는 방어기제이다. 예를 들면, 글을 쓸 때 갈등을 느끼는 소설가가 원고를 쓰는 오른팔에 마비가 오는 경우, 바쁘다는 핑계로 아버지의 임종을 지키지 못한 자녀가 아버지의 임종 소식을 듣고 팔이 마비되는 경우가 그 예이다.

⑬ 보상

보상(compensation)이란 심리적으로 어떤 약점이나 제한점이 있는 사람이 이를 보상받기 위하여 어떤 것에 몰두하는 경우에서처럼 자신의 약점에 대해 다른 곳에서 대가를 찾는 방법이다. 청각장애인이 유명한 음악가가 되는 것과 '작은 고추가 맵다'는 속담이 이에 해당한다.

⑭ 부정

부정(denial)이란 감당할 수 없는 현실에 직면했을 때, 그 사실 자체를 부정해 버림으로써 마음의 평정을 찾고 스스로 불안을 피하려는 것을 말한다. 의식적으로 감당할 수 없는 어떤 생각이나 감정, 소망, 욕구 또는 외부 현실에 대한 인식을 회피하도록 하는 무의식적인 방어기제이다. 가장 원초적인 방어기제 중 하나이다. 예를 들면, 어머니가 사망했음에도 불구하고 돌아가신 것이 아니라 며칠 동안 딴 곳으로 갔다고 믿는 경우나 자신의 질병이 치명적일까 봐 병원에 가기를 꺼리는 경우가 이에 해당한다.

3) 프로이트의 심리성적 발달단계

프로이트는 인간의 발달단계를 심리성적 발달단계(psychosexual development)라고 하였다. 프로이트의 심리성적 발달단계는 두 가지 주장을 전제로 한다. 첫째, 인생의 초기 발달과정이 인성형성에 가장 중요한 영향을 미친다. 둘째, 인간의 발달이 일정한 심리성적 발달단계를 따른다. 그는 아동이 어린 시절 주위의 사회환경과의 상호작용을 통해 획득하게 된 특성이 자란 후에 학습, 사회적 적응 및 불안에 대한 대처방법 등에 결정적 영향을 미친다고 보았다. 심리성적 발달과정이란 이와 같이 초기의 발달경험이 후에까지 영향을 미치게 되는 과정을 말한다.

프로이트는 유아기부터 청소년기까지를 구강기(구순기, oral stage), 항문기(anal stage), 남근기(phallic stage), 잠복기(잠재기, latency stage), 생식기(genital stage)의 5단계로 구분했는데, 이는 성적 에너지인 리비도의 집중 부위의 변화에 따른 것이다. 발달단계에 있어서 특정 단계에서 다음 단계로의 진행이 방해받으면 특정 단계에 고착(fixation)되었다고 한다. 이러한 고착은 성인기 성격에 직접적인 영향을 미치게 된다. 고착의 강도가 강할수록 그 시기로의 퇴행이 일어난다. 각 단계별 특징을 살펴보면 다음과 같다.

(1) 구강기

출생에서 약 18개월까지가 구강기인데, 이 시기에는 쾌락이 주요한 원천이며, 쾌락은 입으로 빨고 삼키고 깨무는 자극을 통하여 얻는다. 이 시기에 구강만족이 좌절되면 구강고착(oral fixation) 성격을 갖게 되어, 손톱 깨물기, 손가락 빨기, 식탐, 혹은 과도한 흡연이나 음주와 같이 구강에 집착하는 행동을 보인다.

한국인에게서 찾아볼 수 있는 구강의존적 성격

사회심리학자인 오스굿(Osgood)은 한국인의 경우 서로 간의 상호 의존적인 감정인 '정'을 중시하고, 술과 음식을 좋아하고 노래와 춤을 좋아하며, 자주 모여서 어울리는 것을 좋아하는 점 등으로 미루어 볼 때 '구강의존적 성격'을 지닌 것으로 파악된다고 보았다.

······ (중략) ······

이런 점은 한 마케팅 전문가의 이야기에서도 드러난다. 한국과 일본과 중국을 비교해 보면, 세 나라가 모두 집단구성원 간의 정과 의리와 같은 상호 협조적인 면을 중요시한다.

······ 경쟁상황에서······ 중국의 경우 '나 살고 너 살자', 일본의 경우 '너 죽고 나 살자' 식인 반면, 한국의 경우 '나 죽고 너 죽자' 식의 가치관이 은연중에 드러난다.

출처: 김윤주(2011).

(2) 항문기

항문기는 18개월에서 약 3세까지로 'I control'의 단계이며, 이 시기에는 항문 부위에 보다 더 민감해진다. 부모는 이 시기에 아이의 배변훈련(toilet training)을 시작하게 되며 부모가 어떻게 하느냐에 따라 이 단계를 유아가 성공적으로 마칠지가 달려 있다. 유아는 필요에 따라 배변 욕구를 지연시킬 때 자아가 발달하게 된다. 이런 과정에서 부모가 하는 옳고 그름의 말에 동조하고 이것을 내면화시키면서 초자아가 발달한다. 이 시기에 아이가 대소변을 잘 가리도록 독려하는 부모의 격려와 잘 수행했을 때 하는 부모의 적절한 칭찬은 이후 창조성과 생산성의 기초를 형성하게 한다. 그러나 이 과정에서 부모의 청결에 대한 지나친 강조나 엄하고 강압적인 태도는 아이로 하여금 변을 잘 보지 못하게 하며, 다음 발달단계로의 원만한 이행을 방해하여 항문기 고착적 성격을 형성하게 한다. 항문기에 고착된 성격은 항문 공격적 성격과 항문 보유적 성격으로 나누어진다(이정서, 2010: 169-170; 최옥채 외, 2008; Schultz & Schultz, 1994).

① 항문 공격적 성격

항문 공격적 성격(aggressive personality)은 항문기 전반부에 배변훈련을 하는 과정에서 부모가 지나치게 청결을 강조했을 때 반항의 방식으로 나타나는 현상으로 배변을 함부로 방출함으로써 부모에 대한 적개심을 표현하는

것이다. 이러한 성격을 소유한 사람은 잔인하고, 파괴적이며, 난폭하고, 적
개심과 의심이 많다.

② 항문 보유적 성격

항문 보유적 성격(retentive personality)은 항문기 후반부에 부모가 강압적
이면 생기는 현상으로 배변을 통제하여 내보내지 않고 보유하는 것이 중요
하다고 생각함으로써 갖게 되는 성격이다. 이러한 성격을 소유한 사람은 지
나치게 인색하고 고집이 세며 완벽을 추구하게 된다.

(3) 남근기

남근기는 3세에서 6세까지로 'I am a man'의 단계이다(유진이, 2013: 89).
남근기는 아동이 자신의 성기를 만지고 자극하는 데서 쾌감을 느끼는 시기
이다. 원초아, 자아, 초자아가 역동적으로 작용하기 시작하는 것은 바로 이
시기부터이다(김진원, 2009: 236 참조). 남근기에는 리비도가 아동의 성기에
집중되며, 이른바 오이디푸스 콤플렉스(Oedipus complex)가 이 시기 남아의
두드러진 특징이다. 이 시기의 남아는 거세불안(castration anxiety)을 갖게 되
는데, 이를 감소시키기 위해 남아는 어머니에 대한 욕망을 포기하고, 아버지
에게 느꼈던 적대감정을 억압하면서 동시에 어머니가 인정하는 아버지에 대
해 동일시를 하게 된다. 여아는 엘렉트라 콤플렉스(Electra complex)를 갖는
다. 여아는 남아들이 갖고 있는 남근이 자기에게는 없다는 것을 발견하고 결
여를 어머니 때문이라고 생각하게 된다. 이에 어머니를 원망하게 되고 남근
에 대한 부러운 감정, 즉 남근선망(penis envy)을 갖는 동시에 열등감을 갖게
된다. 이런 갈등의 해결방법은 동성 부모와의 동일시를 이룩하는 것이고, 그
로써 남성적·여성적 성격을 형성하게 되며, 자아와 초자아를 발달시키게
되는 것이다(유진이, 2013). 이때 여아도 남아와 마찬가지로 자신의 욕망을
직접적으로 만족시키기 위해서는 어머니와의 동일시를 통해야 가능해진다
는 것을 깨닫는다.

　이러한 갈등 속에서 유아들은 자신의 동성 부모와의 동일시를 통해 성적 정체성을 갖게 된다. 즉, 동성 부모를 동일시의 대상으로 삼아 남자아이는 남자답게, 여자아이는 여자답게 행동하려고 애쓰는 것이다. 남근기에 고착되면, 남성의 경우 과시적이고 공격적이며 야심적이 되고, 여성의 경우 경박하고 유혹적이며 강하게 자기주장을 한다(이정서, 2010: 171).

오이디푸스 콤플렉스와 엘렉트라 콤플렉스

• 오이디푸스 콤플렉스: 정신분석이론에서 이성 부모에 대한 성적 접촉 욕구나 동성 부모에 대한 경쟁의식을 가리키는 말이다. 이 용어는 그리스 신화에 나오는 테베의 영웅 오이디푸스의 이름에서 따온 것으로 그는 자기 아버지를 죽이고 어머니와 결혼했다. 프로이트는 오이디푸스 콤플렉스를 남근기 아동들의 특징으로 보았는데, 그는 보통 이 단계가 아동이 자기 자신을 동성 부모와 동일시하고 자기의 성적 본능을 억제하게 되었을 때 마무리된다고 했다.

• 엘렉트라 콤플렉스: 여자아이가 아버지에게 애정을 품으면서 어머니를 경쟁자로 인식하고 질투하거나 적대시하는 경향이다. 프로이트에 의하며 이 단계의 여자아이는 자신의 성기에 관심을 갖는데 남자아이의 성기에 비해 열등감을 느끼고 그것을 선망하게 된다. 그러나 남자와 같아지려는 희망을 포기하고 거세된 사실을 받아들이면서 아버지를 사랑하고 어머니에 대해 반감을 품게 된다. 엘렉트라 콤플렉스는 어머니와 자신을 동일시하고 초자아를 발전시킴으로써 해소되어 다음 단계인 잠복기로 넘어가는데, 이것이 이루어지지 않을 때에는 노이로제의 주요 원인이 된다. 엘렉트라는 그리스 신화의 인물이다.

출처: 박을종(2016: 101).

아동의 발달에 정신분석이론 적용 예

• **생후 첫 일 년(구강기)**

(1) 모유 수유를 했는가, 분유를 먹였는가? 젖을 잘 빨았는가? (2) 24시간 주기에 적응하기 시작한 시기는 언제인가?(생후 6주경부터 야간 취침 시간이 길어짐) (3) 아기의 기질은 어떠했는가? (4) 미소 반응은 언제 일어났는가?(약 3개월) (5) 손가락을 빠는 것이 심했는가? 공갈 젖꼭지를 사용했는가?

• **생후 1~3년(항문기)**

(1) 언제 말을 시작했는가?(한 단어는 1세경, 짧은 문장은 2세경) (2) 대근육과 미세근육 발달은 어떠했는가?(2세경 달리기, 3세경 연필과 크레용을 사용하고 계단을 오를 수 있음) (3) 부모와 오랜 기간(수일 이상) 떨어져 있던 경험이 있었는가? (4) 아이가 일차 양육자로부터 신체적으로, 심리적으로 서서히 분리되었는가? (5) 생후 3세까지 대상항상성을 획득했는가? (6) 대소변 가리기는 언제 시작했는가? 어떤 방식으로 이루어졌는가? (7) 거부증(negativism)과 '얄미운 두 살(terrible twos)' 때 행동 양상은 얼마나 심했는가? (8) 부모는 공감적이고 일관성 있게 제한 설정을 할 수 있었는가?

• **3~6세(오이디푸스기)**[1]

(1) 동성 부모에 대한 아이의 태도는 어떠했는가? (2) 아이는 성에 대해서 궁금해했는가? 자위행위를 하는 것이 관찰되었는가? (3) 자신의 성별에 대한 아이의 태도는 어떠했는가? (4) 부모는 아이의 오이디푸스기 갈망에 대해서 어떻게 반응하였는가? 유혹적이었는가? 처벌적이거나 제한적이었는가? (5) 영아기 신경증의 징후가 관찰되었는가? (6) 학교에 대한 아이의 첫 경험은 어떠했는가? 아이가 부모로부터 쉽게 분리되었는가? 교사나 또래와 잘 어울렸는가? 학습에 필수적인 지적 성숙도를 갖추고 있었는가?

• **6~11세(잠복기)**

(1) 초등학교 시기에 학습능력은 어떠했는가? 교사와 잘 지냈는가? 아이가 또래에게, 특히 동성 친구들에게 잘 받아들여졌는가? (2) 양심발달이 잘 이루어졌다는 증거가 있었는가? (3) 동성 또래와 어른에 대한 강한 성 동일시를 보였는가? (4) 신체적 성숙과 증가된 지적 능력을 통해 운동 · 예술 · 사회 기술과 취미를 갖게 되었는가?

출처: Colarusso(반건호 외 역, 2011: 47-49).

---

[1] '오이디푸스기'는 '남근기'를 말함.

(4) 잠복기

잠복기는 약 6~12세까지로 이 시기에는 성적 욕구가 억압되어 리비도의 신체 부위가 특별히 한정되어 있지 않으며 비교적 평온하다. 이 시기는 원초아의 충동으로부터 일시적으로 자유로워지면서 거의 대부분 동성 친구와 또래관계를 형성하게 된다. 이 시기의 아이들은 일상생활에 적응하기 위한 지식과 기능을 습득하는 데 열중하고 사회성이 발달한다.

(5) 생식기

생식기는 성기기라고도 하며, 12세 이후로 이 시기에는 호르몬과 생식기의 급격한 변화가 일어나며 성적 에너지를 다시 분출하는 시기이다. 아동기 동안 무의식 속에 잠복해 있던 성적인 관심과 에너지가 의식의 수면 위로 떠오르게 된다(생각의 마을 기획, 2017). 그러므로 이 시기에 사춘기가 시작되어 비로소 동성에 대한 관심으로부터 점차로 이성으로 옮겨가게 된다. 프로이트는 생식기적 성격을 가장 이상적인 성격유형으로 보았다. 그는 이런 성격의 사람은 말하고 사랑할 수 있는 능력을 갖추었고 책임감이 잘 발달되어 있

〈표 8-1〉 프로이트의 심리성적 발달단계와 특징

단계	특징
구강기 (출생~18개월)	심리성적 욕구는 어머니에 대한 애착을 촉진하고 구강을 통해 만족함.
항문기 (18개월~3세)	생물학적 충동과 사회적 요구 사이의 갈등이 야기되면서 소변과 대변을 통제하도록 요구받음.
남근기 (3~6세)	심리성적 에너지는 생식기로 향하고, 이성의 부모에 대한 욕망을 부추김. 동성의 부모로부터 있을 보복의 두려움이 아동으로 하여금 부모를 동일시하게 하고, 이성 부모에 대한 매력에 만족하게 함.
잠복기 (6~12세)	이 시기의 아이는 성적 관심이 줄어들고 동성의 부모에 대한 동일시가 더욱 강화됨. 성적 본능은 무의식 속으로 잠복함.
생식기 (사춘기~)	심리성적 욕구가 이성애의 관계로 향해지는 성적 성숙의 시기임.

출처: Kail & Cavanaugh(1996) 참조.

기 때문에 이성과의 만족스러운 사랑을 할 줄 안다고 한다.

4) 프로이트 이론의 평가

정신분석이론이 가지는 이론적 한계점은 환경보다 개인을 지나치게 강조하고 개인의 문제를 과거 결정적인 시각에서 접근하였다(장수한 외 역, 2015: 153). 프로이트의 이론은 20세기의 서구문명에 지대한 영향을 끼쳤다. 프로이트의 정신분석이론은 심리학, 정신의학, 사회복지학, 문학, 철학 등 학문 분야와 예술 분야에 지대한 영향을 미쳤다. 프로이트는 인간의 행동이 무의식에 의해 지배된다고 주장하면서 심리적 문제를 가진 사람에 대한 인식을 증가시키고 상담기법에 지대한 영향을 미쳤으며, 발달이론을 형성하여 인간행동을 사정하는 데 많은 도움을 주었다(표갑수 외, 2012: 181). 그중에서도 인생발달단계에 대한 과학적 이론 정립에 있어 큰 업적이 있다.

- 인간의 사고나 행동이 동기화되는 것은 개인의 인지 불가능하고 수용 불가능한 충동들에 의한 것이라는 사실을 밝혔다.
- 프로이트는 최초로 체계적인 성격이론과 심리성적 발달단계를 제시함으로써 아동의 발달과정과 성격구조에 대한 핵심 개념들을 도출하였다.
- 프로이트 이론은 성격의 발달에서 유아기의 중요성을 강조함으로써 자녀양육의 중요성에 대해 일깨워 주고 관련 연구를 자극하였다.
- 프로이트는 심리치료에서 면접 활용의 한 모형을 개발했을 뿐만 아니라 신경증 등의 치료과정에서 불안의 기능을 처음으로 확인하였고, 해석, 저항 및 전이 현상의 중요성을 발견했다.

이에 반해 프로이트의 정신분석이론은 인간의 성격발달에 있어서 인간의 성적 욕망, 특히 유아기의 성욕을 지나치게 강조하였으며, 모든 인간에게 근친상간의 충동이 있다고 본 점은 비판을 받는다.

정신분석이론은 유아기의 경험과 억압된 무의식의 내용에 대해 지나치게 중시함으로써 인간을 결정론적이고 비합리적인 존재로 보게 되었고, 그러한 인식은 인간의 자율성과 책임성 그리고 합리성을 무시하는 결과를 낳는다고 보았다.

또한 그의 이론은 신경증 환자의 심리치료 과정에서 도출된 사실에 기초한 경험적 연구에서 나온 것이기 때문에 정상인의 발달에 적용하기가 어려우며 과학적인 근거가 부족하다는 지적을 받고 있다.

연습문제

1. 방어기제와 그 예가 바르게 연결된 것을 모두 고른 것은? (2014년 기출)

> ㉠ 보상 – 운동을 잘 못하는 사람이 공부에 열중하는 행동
> ㉡ 억압 – 자신의 애인을 빼앗아 결혼한 친구의 얼굴을 의식하지 못하는 현상
> ㉢ 신체화 – 실적이 낮은 영업사원이 실적 보고를 회피하고 싶을 때 배가 아픈 현상
> ㉣ 반동형성 – 부모의 가장 싫은 점을 자신이 닮아 가며 그대로 따라 하는 행동

① ㄱ, ㄴ, ㄷ   ② ㄱ, ㄷ   ③ ㄴ, ㄹ   ④ ㄱ, ㄴ, ㄷ, ㄹ

2. 방어기제와 그 예의 연결이 옳지 않은 것은?

① 전치 – 부모에게 꾸중을 듣고 적대감에 차 깡통을 발로 차는 아이

② 부정 – 불치병에 걸렸음을 알고도 미래의 계획을 화려하게 세우는 환자

③ 퇴행 – 입원 중 간호사에게 아이 같은 행동을 하며 불안을 감소시키는 노인

④ 억압 – 남편이 바람 피워 데려온 아이를 싫어함에도 과잉보호로 키우는 부인

3. 다음 중 구조적 모형에 대한 설명으로 옳지 않은 것은?

① 원초아는 무의식 속에 감추어진 1차적 정신적인 힘이다.

② 원초아를 지배하는 원리는 쾌락의 원리이다.

③ 초자아는 양심과 자아이상의 두 가지 측면으로 구성되어 있다.

④ 초자아는 원초아의 욕구를 현실적인 방법으로 충족시키기 위해 기능한다.

4. 다음 중 프로이트의 심리성적 발달단계에 관한 설명 중 틀린 것은?

① 프로이트가 강조한 리비도는 생물학적 본능 에너지를 의미한다.

② 리비도가 에너지를 방출하지 못하고 축적되면 신경증이 유발된다.

③ 프로이트는 성격형성의 중요한 단계로 생식기를 강조하였다.

④ 리비도가 어떤 대상을 향해 정지하고 있을 때를 고착이라고 한다.

5. 다음 중 방어기제의 개념과 특징에 관한 설명 중 <u>틀린</u> 것은?

① 자아방어기제는 성격발달의 수준이나 불안의 정도에 따라서 여러 가지 형태로 나타난다.

② 방어기제는 자존감은 유지되고 실패나 박탈 혹은 죄책감을 줄이려는 시도이다.

③ 불안과 고통에서 개인을 안전하게 지킨다는 점에서 긍정적인 기능이 있지만 지나치게 의존하거나 무분별하게 사용할 때는 병리적 증상을 초래할 수 있다.

④ 대부분의 경우 한 번에 한 가지의 방어기제를 사용한다.

답) 1 ① 2 ④ 3 ④ 4 ③ 5 ④

2. 에릭슨의 심리사회이론

에릭슨(Erik Erikson, 1902~1994)은 심리사회이론(psychosocial theory)을 체계화하여 자아의 발달과 기능에 관한 이론을 전개하였다. 인간행동의 발달에서 사회적·문화적 요인을 중요시하는 것이 이 이론의 특징이다. 분석심리이론을 체계화한 융이 중년기를 강조하였고 개인심리학의 창시자인 아들러가 출생서열의 중요성을 강조하였다면, 에릭슨은 특히 청소년기의 중요성을 강조하였다.

에릭슨은 프로이트의 중심 개념을 받아들이면서 발전적으로 극복한다. 에릭슨은 프로이트가 성적 에너지를 강조한 것과 달리 사회적 에너지를 강조하였다(표갑수 외, 2012). 발달단계에 관한 이론에서는 성인기를 포함함으로써 발달과정을 전 생애로 확장해서 보았다. 그는 각 단계의 기본 심리사회적 갈등의 해결이 단계마다 적응적이고 건강한 결과가 아니면 부적응적인 결과를 초래하며 그 결과가 이후의 발달에 영향을 미친다고 설명하면서 인간의 성격발달에 따라 전 생애의 발달을 8단계로 나누고 각 단계별로 극복해야 할 위기와 발달과업을 제시하였다.

1) 에릭슨의 생애

에릭슨은 1902년에 독일의 프랑크푸르트에서 태어났다. 그의 아버지는 덴마크인이었고, 그의 부모는 그가 태어나기 전에 이혼했다. 에릭슨은 미혼모의 자녀로 태어나 친부가 누구인지 몰랐다. 태어난 지 3년 후 어머니는 에릭슨의 소아과 의사였던 유대인과 결혼하였으며, 에릭슨에게는 계부의 성이 주어졌다. 에릭슨은 미국 시민이 됐던 1939년 에릭슨으로 개명하였다. 에릭슨은 정규 학교과정으로는 고등학교를 졸업하였고, 고등학교 때의 성적은 대체로 낮았다.

고등학교를 졸업했을 때 자신의 정체감을 찾고자 했던 에릭슨의 욕구는 최고조에 이르렀다. 에릭슨은 몇 년 동안 여행을 다니면서 비엔나에 들르게 되었는데, 거기서 프로이트의 딸 안나 프로이트를 만나게 되었고 그녀의 지도하에 정신분석 훈련을 받았다.

1927년 25세에 에릭슨은 비엔나의 작은 학교에서 학생들을 가르칠 기회를 갖게 되었는데, 그 학교는 프로이트의 환자들과 프로이트 친구들의 자녀교육을 위해 설립된 것이었다. 그 후에 그는 정식으로 정신분석 훈련을 마치고 그 당시에 유명한 비엔나 정신분석연구소의 회원이 되었다.

에릭슨은 나치의 위협을 피해 1933년에 미국으로 이주하여 아동분석가로 개업을 하였고, 1961년 하버드 대학교에 교수로 취임하여 1970년에 은퇴하였다. 그는 1994년 양로원에서 92세로 세상을 떠났다.

에릭슨의 업적 중 주목해야 할 것은 『아동기와 사회(Childhood and Society)』(1950)의 출간이다. 이 책에서 그는 인간발달의 8단계와 이 8단계들의 상이한 문화에서의 진행 양상을 보여 주었다.

2) 주요 개념

(1) 자아

에릭슨은 프로이트의 원초아에 대한 관심으로부터 출발하여 자아(ego)야말로 인간행동과 기능의 기초가 된다고 보았고, 자아가 지각, 사고, 주의, 기억 등을 통해 현실을 다루어 나가는 자율적 체제라고 보았다. 프로이트는 자아가 원초아와 초자아의 세력 중간에 있다고 보았으나 에릭슨은 자아가 자율적인 기능을 하는 것으로 간주하였다(표갑수 외, 2012: 183).

에릭슨은 자아의 발달을 개인의 전 생애로 확대하여 보았다. 또한 자아의 발달은 사회적 제도와 가치체계와 그 특성에 따라 상호적으로 관련된다고 보았다. 그의 이론은 다양한 발달단계에서 출연하는 '자아'에 초점을 두고 있다.

(2) 점성원리

심리사회적 자아발달은 점성원리(epigenetic principle, 후생적 원칙)를 토대로 한다. 점성원리란 신체의 각 기관은 성장과 발달의 결정시기가 존재하며 미리 정해진 시간표에 따라 성장하고 발달한다는 것이다. 인간의 발달은 모두 이러한 점성원리에 따른다고 한다. 인생주기의 각 단계는 그 단계에 특별히 우세하게 되는 최적의 시기가 있다. 그리고 모든 단계가 계획대로 전개될 때 완전하게 통합된 전체로 기능하게 된다(Erikson, 1968). 그러므로 건전한 발달이 이루어지기 위해서 개인은 다음 발달단계에 잘 적응해야 하고 각 단계의 위기를 잘 해결해야 한다. 이전 단계의 발달 결과는 다음 단계의 발달과 성취에 영향을 미치는 것이다.

에릭슨이 유아기에서 성인기 그리고 노년기에 이르기까지 인간의 전 생애에 대한 발달단계에 관한 심리학적 이론을 최초로 제시한 것이다.

(3) 위기

위기란 에릭슨의 생애 발달의 각 단계에 내포된 일정한 발달과업을 말한다. 해당 단계마다 개인에게 부과된 과업이 있는데, 그것은 눈에 보이는 특

〈표 8-2〉 에릭슨의 심리사회적 위기

단계	심리사회적 위기	기본 강점	핵심 병리
유아기(0~2세)	신뢰 대 불신	희망	고립
초기아동기(2~4세)	자율 대 수치	의지	강박증
유희기(4~4세)	솔선 대 죄의식	목적	생각이나 표현의 억제
학령기(6~12세)	근면 대 열등감	능력	미활동, 타성(inertia)
청소년기(12~22세)	정체감 대 정체감 혼미	성실	거절(새로운 역할/가치 거절)
성인초기(22~34세)	친밀 대 고립	사랑	배타성
성인기(35~60세)	생산성 대 침체	배려	이기주의
노년기(60~)	통합 대 절망	지혜	모욕감(경멸감)

출처: Ashford et al. (2001).

정한 사건이라기보다는 일상생활에서 겪게 되는 긴장이나 갈등을 의미한다. 여덟 가지 발달단계가 인간발달을 기술하는 보편적 양상이지만, 각 개인이 매 단계에서 위기를 해결하는 방식은 문화에 따라 특수한 차이가 있다고 에릭슨은 주장한다. 아동이 각 단계에서 건전한 방향의 발달이 이루어지도록 하기 위해서는 이러한 특수성에 맞는 위기의 해결책이 필요하다고 한다.

3) 에릭슨의 심리사회적 발달단계

에릭슨은 최초로 인간발달에 관한 이론을 전 생애로 범위를 넓혔다. 그는 프로이트의 발달단계를 확장시켜서 발달과정이 일생을 통해 계속된다고 생각했다. 에릭슨은 프로이트 이론의 다섯 단계 외에 성인발달의 세 단계를 첨가하여 인간발달의 8단계를 제시하고, 여기에 인간은 전 생애에 걸쳐 발달단계별로 여덟 가지의 발달위기를 경험하게 된다고 가정하였다.[2]

(1) 1단계(유아기: 출생~18개월, 신뢰감 대 불신감: Trust vs. Mistrust-희망)
이 단계는 프로이트 발달단계의 구강기에 해당한다(조흥식 외, 2010a: 76). 에릭슨은 제1단계인 유아기(출생~18개월)의 심리적 변화는 타인에 대한 신뢰감 발달이라고 했다. 유아의 경우, 신뢰감은 최초의 양육자에 의해 따뜻한 보살핌을 받고 울 때 적절히 돌봐 주었는지에 따라 발달한다. 또한 불신은 유아가 먹는 것이나 기저귀를 가는 것이 편안하지 못했을 때 두려움과 의심으로 인해 발달한다. 이 시기에 유아는 타인에게 의존하는데 유아에게 지속적인 사랑, 관심, 일관성과 통일성 있는 경험이 유아로 하여금 신뢰감을 형성하게 하고, 부적절하고 일관성이 없으며 부정적인 보살핌은 불신감을 형성하게 한다. 그리고 부모나 양육자의 충분한 사랑을 받고 신뢰감을 형성시킬 때 희망을 갖게 된다.

---

2) 각 단계별 연령은 학자별로 차이가 있다.

〈표 8-3〉 에릭슨의 심리사회적 발달단계

I 유아기	신뢰감 대 불신감						
II 초기아동기		자율성 대 수치심/의심					
III 유희기			주도성 대 죄의식				
IV 학령기				근면성 대 열등감			
V 청소년기					자아정체감 대 자아정체감 혼란		
VI 성인초기						친밀감 대 고립감	
VII 성인기							생산성 대 침체	
VIII 노년기								자아통합 대 절망

출처: Schriver(2011): 권향임 외(2013: 59 재인용); 이효선 외(2006).

에릭슨은 이 단계를 인생의 초기단계 중 가장 비중 있는 시기로 취급했다. 그것은 발달특성으로서 기본적 신뢰감의 형성이 생의 후기에 맺게 되는 모든 사회관계에서 성공적인 적응과 밀접한 관련이 있기 때문이다.

(2) 2단계(아동기: 만 18개월~3세, 자율성 대 수치심과 의심: Autonomy vs. Shame and Doubt-의지)

제2단계인 아동기 전기(18개월~3세)는 프로이트의 항문기에 해당하는 시기로 목표 지향적 행동과 언어소통이 시작되고 사회적 양심에 대한 선택을 하기 시작한다. 이때 아동은 자신의 일을 하거나 자율적으로 활동하기를 원하면서 자기 스스로의 일을 수행하는데, 칭찬, 신뢰, 용기는 자율성 형성에 도움을 주고 과잉조절이나 자기조절 상실은 수치심이나 의심이 생기게 한다. 이 기간 동안 가장 중요한 과제 중 하나는 배변훈련인데, 이것을 통해 아동은 자아존중감을 잃지 않고 자기통제력을 습득해야 한다. 여기서 부모의 반응이 중요하며 부모들은 유아들로 하여금 자유롭게 탐색하고 스스로 어떤 일을 할 수 있게 하여 자율성을 확립하도록 고무시켜야 한다.

이 단계에서는 아동으로 하여금 자율감을 키우도록 돕고 아동이 자신의 행동이나 주위 환경에 대해서 어느 정도 통제하는 법을 배우게 한다. 자율성 대 수치심이라는 심리사회적 위기를 성공적으로 해결하게 되면 '의지'라는 긍정적인 자아특질이 형성되며, 성인기에 정의감으로 확대 발전된다(유수현 외, 2015: 50).

(3) 3단계(유희기: 만 4~5세, 주도성 대 죄의식: Initiative vs. Guilt-목적)

3단계는 프로이트의 남근기에 해당한다. 에릭슨은 이 단계에 주도성 또는 솔선성이 발달한다고 한다. 주도성 발달이란 이 시기에 운동과 언어기술에 숙달되는 유아들이 자신의 사회적이고 물리적인 환경에 대해 공격적이면서도 활기찬 탐색을 하는 것을 말한다. 이 기간 동안에 아동은 부모에게 세계에 대해 많은 질문을 시작한다. 이때 아동이 새로운 과업과 기술을 익히고 활동의 자유를 얻고 부모의 인정을 받으면 주도성이 생기고, 활동을 제한받고 질문에 대해 억압적 반응을 받으면 죄의식을 갖는다. 또한 이 시기는 새로운 목표를 찾는 시기이기 때문에 주도성을 갖게 되면 개인의 목표 지향성이 발달하게 된다. 이 시기의 심리사회적 위기를 잘 극복한 유아는 목적

(purpose)을 얻게 되나, 잘 극복하지 못하면 주도성을 상실하고 죄책감으로 위축된다(강세현 외, 2012: 143). 너무 심한 꾸지람이나 체벌은 아동으로 하여금 자신감을 상실하게 하고 죄의식을 갖게 한다. 죄의식을 갖게 된 아동은 무슨 일에나 잘 체념하고 자신에 대한 무가치감을 발달시킨다.

(4) 4단계(학령기: 만 6~11세, 근면성 대 열등감: Industry vs. Inferiority-능력)

4단계는 프로이트 이론의 잠복기에 해당하고 에릭슨의 이러한 발달단계는 아동기 후기(6~11세)로서 이때 아동은 사회적 세계를 크게 확대시키게 된다. 아동은 바로 학교라는 작은 사회를 경험하게 되는 것이다. 이제 이 시기의 아동들에게 교사와 친구들이 중요해지는 반면에, 부모들의 영향은 줄어든다. 아동들은 학교생활을 통해 사회의 가치관이나 규범 등을 익히게 되는데, 또래와의 관계에서 아동이 주도적으로 행동하고 자신감을 얻게 되면 근면성이 발달되고, 아동이 자신의 능력이나 지위가 다른 또래에 비해 부족하다고 느끼면 열등감을 형성하게 된다(이숙 외, 2013).

(5) 5단계(청소년기: 만 12~20세경, 자아정체감 대 자아정체감 혼란: Identity vs. Identity Confusion-성실)

에릭슨은 인생의 모든 단계에서 청소년기를 가장 비중 있게 다루었다. 이 단계는 청소년 시기로 '나는 누구인가'에 대한 질문을 하게 됨으로써 자신의 정체감을 세우는 시기이다. 그는 청소년기 심리학적 문제들에 대한 연구에서 정체성 혼란의 본질에 대해 가장 많은 노력을 기울였다.

이 시기의 청소년들은 가정과 학교 그리고 사회에서 자신의 위치와 역할을 발견하게 되며 또한 남성과 여성으로서의 자신을 발견하기 위해 노력한다. 그래서 이 시기에 정체성을 형성한 사람은 자신감을 가지고 성인기를 맞이할 준비를 하지만 성역할과 직업선택에서 안정성을 확립하지 못하면 역할혼란이 생기고, 역할혼란이 일어나면 정상적인 삶의 과정인 교육, 직업, 결혼에서 낙오될 수 있으며, 부정적 정체감을 추구하게 된다. 그런데 이러한 부정적 정체감은 청소년들로 하여금 무력감, 허무감, 부족감, 소외감 등을 느끼게 한다. 이 시기의 위기를 성공적으로 극복하면 '성실'이라는 특질이 강화된다.

(6) 6단계(성인초기: 만 20~34세, 친밀감 대 고립감: Intimacy vs. Isolation-사랑)[3]

6단계(20~34세)의 중요한 발달과업은 친밀감 형성이다. 이 단계는 청년기로서 스스로의 삶을 영위하고, 본격적으로 사회생활을 시작하면서 친밀감이나 소외를 발견한다. 친밀감이란 사람들과 가까워지는 과정에서 자기 자신을 상실할 것 같은 두려움을 느끼지 않으면서 다른 사람과 솔직해지고 그를 위하고 좋아하는 관계를 형성할 수 있는 능력을 의미하므로 이성에 관심을 갖게 되고 사랑 및 성적 관계에 이르는 시기이다.

에릭슨은 이 시기의 갈등을 성공적으로 해결하면 다른 사람을 사랑하는 능력이 생기지만, 만약 이 단계에서 친밀감이 형성되지 못하면 고립감이 형성되는데 고립되면 자연히 친밀한 대인관계를 피하며 융통성 없는 삶을 살게 된다.

에릭슨은 이 단계에서의 친밀감은 자아정체감이 잘 형성된 다음에라야 경험 가능한 것이며 친밀한 관계형성은 자신이 가치 있고 의미 있는 존재라고 생각될 때에만 가능하다고 보았다.

이 시기의 심리사회적 위기를 잘 극복하면 자아는 상호 헌신하는 '사랑'이라는 자아특질을 얻게 된다(유수현 외, 2015 재인용).

(7) 7단계(성인중기, 35~64세, 생산성 대 침체: Generativity vs. Stagnation-배려)

7단계(35~64세)는 자녀를 양육하고 다음 세대를 교육시켜 사회적 전통을

---

[3] 성인초기, 청년기는 20~35세경(이종복, 전남련, 도미향 등), 18~35세(조흥식, 김혜래 등), 22~34세(이윤로, 김윤재, 장수한, 김현주 등)의 연령을 참조하였음.

전수시키고 가치관을 전달하는 성인중기, 중년기에 해당된다. 이 시기에는 다음 세대 자녀를 지도, 양육한다. 에릭슨에 의하면 생산성이란 이 시기에 다음 세대를 이끌어 주고 돌봐 주려는 일반적인 관심을 말하는데, 이를 확립하지 못하면 성취감을 경험하지 못하고 침체에 빠진다. 생산성은 직업이나 전문적인 측면에서 사회에 공헌하는 생산적인 창조성을 의미하며 그러한 생산성을 가진 사람은 사회와 가정에 필요한 사람이 되고자 한다. 침체란 타인의 욕구를 무시하거나 자기에게만 탐닉하는 것으로 자기만을 우선적으로 보호하는 것을 말한다. 생산성이 형성되었을 때 타인을 배려할 수 있으며, 자기침체에 빠지면 '중년의 위기', 즉 인생무상과 절망감을 갖게 된다. 이 시기에 잘 적응한 성인은 생산성을 바탕으로 사회를 존속시키게 되고 타인을 배려하는 성숙함을 보인다(강세현 외, 2012).

(8) 8단계(노년기, 65세 이후, 자아통합 대 절망: Integrity vs. Despair-지혜)

마지막 단계(65세 이후~)에서의 발달과업은 자아통합감의 성취와 절망감인데, 이것은 과거의 모든 인생경험을 융합하고 통합하여 긍정적으로 생각하느냐 아니면 부정적인 것으로 생각하느냐에 달려 있다. 다시 말해, 자신의 일생을 뒤돌아보아 긍정적인 평가를 내리고 자신의 업적에 만족해할 때, 자아의 통합이 생기고 평안함을 즐기며 죽음을 대비한다. 자아통합이란 자신의 인생을 수용하고 인생에 대한 통찰로 죽음까지도 수용하는 것을 의미한다. 반면에 자신이 살아온 생을 후회와 회한으로 거부하면, 무력감을 느끼고 깊은 절망감에 빠지게 된다.

자신의 삶에 대한 만족감과 성취감을 가진 사람들은 삶의 순간순간들이 하나로 모이면서 통합감을 느끼고, 생을 마감하는 때까지 삶에 적극적이며 '지혜' 있는 사람으로 살아가게 된다(손병덕 외, 2014: 63).

4) 에릭슨 이론의 평가

에릭슨은 프로이트 이론의 경험적 기초를 확장하여 정신분석이론의 신뢰도를 높였다. 심리성적 단계에 심리사회적 단계를, 생물학적 영향에 문화적 영향을, 자아방어에 자아정체감을 도입하였고, 아동기를 넘어 성인기로 그 영역을 확장시켰다. 이와 같이 에릭슨의 인간발달에서 전 생애 발달적 접근 이야말로 위대한 공헌이라 할 수 있다.

에릭슨이 제시한 발달단계와 각 시기에 달성해야 할 과제에 대한 설명은 인간의 건강한 발달에 관한 새로운 통찰력을 부여했다는 점에서 이바지하는 바가 크다. 에릭슨의 심리사회 발달이론은 성격의 주된 책임자에서 부모의 역할을 축소시켰다. 그러한 축소는 아동이 경험하는 성격발달의 실패에 대한 부모의 책임을 감소시키는 결과를 낳았다. 그러나 에릭슨의 이론이 많은 공헌을 했음에도 불구하고 심리사회 발달이론의 구조는 과학성이 결여되어 있다는 비판을 받는다.

또한 에릭슨은 정체성 발달이 전 생애를 거쳐 일어나지만 특히 청소년 기에 대부분의 정체성 발달이 이루어진다고 했으나 50% 이상이 청년기에 자신의 정체성을 찾기도 한다.[4] 그러므로 각 단계의 발달과업은 제한점이 있다.

---

4) Meilman, P. W. (1979). *Developmental Psychology*, *15*(2) 참조.

 **연습문제**

1. 에릭슨의 심리사회적 이론의 기본 가정에 관한 설명으로 옳지 <u>않은</u> 것은? (2015년 기출)

   ① 발달은 점성원칙을 따른다.

   ② 인간의 공격성과 성적 충동의 영향력을 강조한다.

   ③ 인간을 합리적이고, 이성적이며, 창조적인 존재로 간주한다.

   ④ 인간행동은 의식 수준에서 통제 가능한 자아에 의해 동기화된다.

2. 에릭슨의 심리사회적 위기와 프로이트의 심리성적 발달단계의 연결이 옳은 것은? (2014년 기출)

   ① 자율성 대 수치심 – 생식기

   ② 근면성 대 열등감 – 남근기

   ③ 신뢰감 대 불신감 – 구강기

   ④ 친밀감 대 고립감 – 항문기

3. 에릭슨에 관한 설명으로 옳지 <u>않은</u> 것은?

   ① 에릭슨은 자아 심리 이론가이다.

   ② 각 단계별 심리사회적 위기를 극복하면 자아특질(ego quality)이 강화된다고 하였다.

   ③ 에릭슨의 이론을 정신분석이론이라고 한다.

   ④ 인간의 심리 내적 특성만이 아니라 이외에도 환경 혹은 상황까지 고려해야 한다는 이중적 관점으로서 사회복지사의 전문직을 강조하였다.

4. 심리사회 발달단계에 대한 내용으로 **틀린** 것은?

　① 유아기는 신뢰감 대 불신감이 형성되는 시기이다.

　② 초기아동기는 자율성이 형성되는 시기로 배변훈련을 통해 자율성이 극대화된다.

　③ 아동기(학령기)는 자아의 성장이 확실해지며, 근면성을 성취하는 시기이다.

　④ 사춘기는 자아통합을 하는 시기이다.

5. 다음 중 에릭슨의 발달단계의 연결로 옳지 **않은** 것은?

　① 성인초기-친밀감 대 고립감

　② 성인중기-생산성 대 침체

　③ 학령기-근면성 대 열등감

　④ 청소년기-자아통합 대 절망

6. 다음 학자가 제시한 개념에 관한 설명으로 옳은 것은? (2012년 기출)

　① 프로이트-원초아는 현실원칙에 지배받는다.

　② 융-페르소나는 성격 전체의 일관성, 통일성을 관장하는 원형이다.

　③ 에릭슨-점성원칙은 인간이 예정된 단계를 거치며 성장하고 발달함을 의미한다.

　④ 아들러-생활양식은 자신의 약점을 극복하고 잠재력을 극대화하기 위한 노력
이다.

답) 1 ② 　2 ③ 　3 ③ 　4 ④ 　5 ④ 　6 ③

3. 아들러의 개인심리이론

아들러(Alfred Adler, 1870~1937)는 성을 중심으로 하는 학설에 반대하고, 자아를 중심에 두는 개인심리학을 주장하였다. 그는 사회적 · 가족적 요인을 중요시하는 '개인심리학(individual psychology)'을 발전시켰고 그의 이론의 연구 주제는 인본주의이다. 그는 지나치게 성적 욕망을 강조하는 프로이트의 이론에 반대하여 인간을 사회적 · 목적론적 존재로 보고 개인의 행동은 그 자신만의 독특한 생활양식을 갖는다고 주장한다. 또한 인간행동과 발달을 결정하는 것은 열등감을 극복하려는 우월성의 추구라고 하였다.

아들러의 개인심리학은 프로이트, 마르크스, 니체, 베르그송 등의 영향을 받았다. 아들러는 프로이트의 영향을 부정하지만 그와의 관계가 10년 동안 계속되었으므로 부정할 수가 없다. 프로이트는 초기 저서에서 성적 리비도를 강조했고 후에 모두 정신 에너지 원천으로 삶과 죽음의 본능을 강조한 반면, 아들러는 초기에 힘의 추구를, 후에 우월성 추구를 강조하였다(이희세 외, 2015: 52 참조). 또한 그는 인간을 경험에 의해 결정된 존재가 아닌 스스로 자신의 삶을 만들어 가는 삶의 창조자라 보았다.

1) 아들러의 생애

아들러는 1870년 오스트리아 비엔나에서 중산층 유대인 상인이었던 아버지와 가정주부인 어머니 사이에서 6형제 중 두 번째로 태어났다. 아들러는 어린 시절에는 성적이 좋지 않은 학생이었으나 각고의 노력으로 1895년 비엔나 대학교에서 의학박사학위를 받았다(조홍식 외, 2010a). 1895년 아들러는 비엔나 의과대학을 졸업한 후 일반의사가 되었으며, 1897년 결혼하여 3명의 딸과 1명의 아들을 두었다.

1902년부터 프로이트와 관계를 맺기 시작하여 1910년 정신분석학회의 초대 회장으로 임명되었으나 프로이트와 계속 마찰이 일어나자 1911년 물러났다. 1912년에 아들러는 '개인심리학회'로 명칭을 변경하고 저널을 발간하기 시작하였고 『신경증체제(The Neurotic Constitution)』란 책에서 자신의 개념 중 가장 중요한 우월성 추구와 열등감이라는 개념을 정신건강에 도입했다. 1932년부터 1937년까지 뉴욕의 롱아일랜드 의과대학의 교수로 임명되었고 1937년 순회강연 중 심장마비로 사망하였다.

2) 주요 개념

(1) 생활양식

아들러 심리학의 기본 개념은 생활양식(lifestyle) 개념이다. 사람들은 자신에게 의미를 주는 삶의 목표를 추구하기 위해 각기 독특한 생활양식을 발달시킨다. 생활양식이란 한 개인만의 독특한 특징으로 한 개인이 어떻게 그의 인생의 장애물을 극복하고 문제의 해결점을 찾아내며, 어떠한 방법으로 목표를 추구하는지를 결정하는 방식을 말한다. 개인이 생각하고 느끼고 행하는 모든 것은 개인의 독특한 생활양식에 기반한다. 일단 형성된 생활양식은 외부세계에 대한 개인의 전반적인 태도를 결정할 뿐 아니라 기본 성격구조를 일생에 걸쳐 일관성 있게 유지하게 한다. 아들러의 견해에 따르면, 생활양식은 만 5세경에 형성되며, 이 시기 이후 개인의 생활양식은 거의 변하지 않는다.

아들러는 생활양식을 지배형(the ruling), 기생형(the getting type), 회피형(the avoiding type), 사회적 유용형(the socially useful type)으로 유형화하였다. 이는 개인의 사회적 관심과 활동 수준이라는 두 가지 차원을 중심으로 개인의 삶에 대한 태도에 따라 구분한 것이다.

- 지배형: 사회적 인식이나 관심이 거의 없으면서 독단적 · 공격적 · 활동적이고, 생활과제에 대해 공격적 · 반사회적 태도를 지닌다.

- 기생형: 기생적인 방법으로 외부세계와 관계를 맺으며 다른 사람에게 의존하여 자신의 욕구를 충족하는 사람이다. 의존성을 가진 사람으로서 부모가 자녀를 지나치게 과잉보호할 때 이러한 생활양식이 나타난다.
- 회피형: 회피형 생활양식을 가진 사람은 사회적 관심도 적고 인생에 참여하는 활동도 하지 않는 사람으로서 자신감이 없기 때문에 실패를 두려워하고 문제를 회피하려는 현실도피주의자인 경우가 많다.
- 사회적 유용형: 높은 사회적 관심과 높은 활동성을 가지고 있는 심리적으로 건강한 유형이다. 자신의 욕구는 물론 타인의 복지를 위해서 협력하려는 의지가 높다.

(2) 우월성 추구와 열등감

우월감을 추구하는 것은 출생에서 사망에 이르기까지 인간의 떼려야 뗄 수 없는 기본적인 성향으로서, 우월감은 모든 인간이 갖는 기본적이고 선천적인 동기이다. 개인이 열등감을 극복하고 완성에 도달하기 위해 우월성을 추구하는 것은 건설적 생활양식을 갖고 심리적 건강을 달성하게 하는 주요 동력이다. 우월성 추구의 본질과 기능은 다음과 같다. 첫째, 우월성 추구는 하나의 기본 동기이며 유아기 때 주위 사람들보다 무력하고 열등하다는 것을 인식함으로써 생겨난다. 둘째, 우월성 추구는 정상인, 신경증 환자 모두 소유하고 있다. 셋째, 우월성 추구는 부정적 경향이나 긍정적 경향을 취할 수 있다. 넷째, 우월성 추구는 상당한 정력과 노력을 요구한다. 다섯째, 우월성 추구는 개인과 사회 수준에서 일어난다. 프로이트와 달리 아들러는 개인과 사회가 근본적으로 조화를 이룬 것으로 보고 있다.

아들러는 열등감을 긍정적인 측면에서 보았는데, 그 이유는 열등감이 자기완성을 위한 필수요인이기 때문이다. 하지만 열등감에 사로잡혀 열등감의 노예가 된다면 열등감이 우리를 지배하게 되고 우리의 삶은 열등감 콤플렉스에 빠져 버리게 된다. 아들러는 열등감 콤플렉스의 세 가지 원천으로서

기관열등감(organ inferiority), 과잉보호(spoiling), 양육태만(neglect)을 제시하였다.

　기관열등감은 개인의 신체에서 유래한다. 부모에게서 물려받은 자신의 신체에 대하여 개인이 어떻게 생각하는가에 따라 이 열등감에 빠질 수 있다. 외모에 대해서 어떻게 생각하는지, 신체적으로 건강한지 아니면 자주 아픈지 하는 것들이 이와 관련이 있다. 신체적으로 불완전하거나 만성적으로 아픈 아이들은 성공적으로 경쟁할 수 없기 때문에 이런 아이는 열등감 속에 움츠러든다.

　과잉보호로 인한 열등감은 부모의 자녀교육으로부터 발생한다. 자녀를 얼마나 독립적으로 키우느냐, 의존적으로 키우느냐는 부모의 교육방식에 따라 결정되며, 여기에서 열등감이 생겨날 수 있다. 오늘날 가족이 핵가족화됨으로써 자녀 위주의 사고를 가진 부모들이 많아지고, 아이가 학교나 사회에서 어떤 문제를 일으켰을 때 아이 스스로 해결할 수 있도록 기회를 주기보다는 부모들이 먼저 나서서 일을 해결해 버리는 경우가 많아졌다.

　또한 양육태만에 의한 열등감은 아이들의 성장에 있어서 매우 중요한 요소인 부모의 사랑과 관심을 받지 못한 채 방임된 아동들은 자신이 필요하지 않다고 느끼고 있기 때문에 열등감을 극복하기보다는 오히려 문제에 대해 회피하거나 도피하려고 하고, 자신감을 잃고 세상을 살아간다.

(3) 출생 순위와 성격의 특징

　아들러 학파의 치료에서 중요한 것 중 하나가 가족 내 형제간의 관계이다. 아들러가 강조한 것은 가족구조와 출생 순위인데, 이것이 우리의 생활양식 형성에 중요한 역할을 하는 것으로 보았다. 특히, 자녀의 태어난 순서는 성격형성에 매우 중요한데, 그가 분석한 출생 순위에 따른 성격의 특징을 요약해 보면 다음과 같다.

　첫째 아이는 첫 번째 아이로서 부모의 사랑과 관심을 받지만, 둘째 아이가 태어나면 '폐위된 왕'이 된다. 아들러는 가끔 첫아이를 폐위된 왕에 비유했고,

이것이 마음의 상처가 될 수도 있다고 했다. 맏이로서 넘치는 사랑과 과잉보호를 받았으나 동생의 출생으로 모든 것을 양보해야 한다(이종복 외, 2007: 209). 아들러에 따르면 첫째 아이는 사회적 유용형이 되지 않으면 지배형이 될 가능성이 높다. 또한 권위적이고 규칙과 법을 중시하는 경향이 있다.

둘째 아이는 항상 손위 형제에 대하여 자극과 도전을 받아 경쟁심이 강하고 야망을 가진다. 그러므로 그의 생활양식은 항상 형보다 낫다는 것을 증명하기 위해 노력하게 되므로 경쟁 지향적이다(이희세 외, 2015: 60). '경쟁'이 둘째 아이의 가장 큰 특성으로, 이들은 달리는 꿈을 자주 꾼다고 보았다.

막내 아이는 부모가 과잉보호할 가능성이 크고, 과잉보호로 인해 과도하게 의존적이 되기 때문에 문제아가 될 소지가 크다. 그러나 막내는 경쟁할 형제가 있으므로 둘째 아이와 비슷하게 경쟁심이 강할 수 있다. 그 결과, 막내는 가끔 가장 빠른 수영선수, 훌륭한 음악가, 재능 있는 예술가 또는 가족 중에 가장 야망 있는 구성원이 된다. 아들러는 때때로 도전적 막내가 혁명가로 성장할 가능성이 많다고 했다(이종복 외, 2007: 210).

독자는 응석받이로 보호받기를 원하고, 경쟁할 형제가 없고, 노력 없이도 관심의 초점이 되기 때문에 자신의 중요성에 대해 과장된 견해를 가질 수 있고 자기중심적이 되기 쉽다.

3) 아들러 이론의 평가

아들러 이론에서의 성격발달은 인간이 자신의 운명을 개척하고 어려운 환경을 극복하여 완전한 삶을 추구하는 자아인식을 통해 자신과 주위 환경을 개선하는 능력에 의한 것이라 할 수 있다(이희세 외, 2015: 62).

가족구성원의 생활양식, 가족의 서열순위 등에 초점을 두고 있는 아들러의 개인심리학은 사회복지실천의 가족치유에 유용한 기반을 마련해 주고 있다. 그의 이론에 의하면 인간은 어린 시절 열등의식을 경험하고 이를 보상하려는 노력으로 동기화되고 사람들은 우월성 추구로 보다 나은 삶을 살기 위해 일생 노력하게 된다. 그러나 그의 이론적 개념은 경험적 검증이 빈약한 단점이 있다(Hjelle & Ziegler, 1992).

또한 개인을 정형화하는 것은 바람직한 방법은 아니지만 출생 순위와 가족 내 위치를 사회심리적으로 파악하는 것은 개인의 성격발달을 이해하는 데 도움이 된다(조흥식 외, 2010a: 85).

 연습문제

1. 아들러의 창조적 자아에 관한 설명으로 옳은 것은? (2012년 기출)

  ① 성격형성에서 개인의 자유와 선택을 강조하는 개념이다.

  ② 성격형성에서 자아의 중요성을 강조하는 개념이다.

  ③ 인간행동에서 초기 경험의 중요성을 강조하는 개념이다.

  ④ 인간행동에서 유전보다 환경의 영향력을 강조하는 개념이다.

2. 아들러의 이론에 관한 설명으로 옳지 <u>않은</u> 것은? (2015년 기출)

  ① 인간행동의 객관성과 보편성을 강조한다.

  ② 인간을 하나의 통합된 유기체로 인식한다.

  ③ 출생 순위는 생활양식 형성에 영향을 미친다.

  ④ 개인의 성장과 발달은 열등감을 극복하려는 시도에서 나온다.

3. 아들러의 이론에 관한 설명으로 옳지 <u>않은</u> 것은?

  ① 창조적 자아는 인간은 자신의 삶을 스스로 만들어 갈 수 있는 능력이 있다는 개념이다.

  ② 아들러는 열등감과 보상, 우월성 추구, 사회적 관심, 생활양식, 출생 순위에 관심을 두었다.

  ③ 우월의 목표의 긍정적 경향은 사회적 관심이나 다른 사람의 행복을 추구하는 이타적 목적이고 부정적 경향은 개인적인 우월성을 추구하는 이기적 목적이다.

  ④ 아들러는 인간행동의 객관성과 보편성을 강조한다.

4. 아들러가 인간생활의 궁극적인 목적을 강조한 것은?

　① 우월에 대한 추구　　② 창조적 자아　　③ 사회적 관심　　④ 생활양식

5. 아들러의 개인심리이론의 주요 개념은?

가. 우월성 추구　　나. 음영　　다. 생활양식　　라. 아니마와 아니무스

　① 가, 나, 다　　② 가, 다　　③ 나, 라　　④ 가, 나, 다, 라

6. 다음 중 연결이 바르게 된 것을 <u>모두</u> 고르시오.

가. 프로이트-오이디푸스 콤플렉스 나. 에릭슨-점성원리 다. 아들러-열등감과 보상 라. 프로이트-페르소나

　① 가, 나, 다　　② 가, 다　　③ 나, 라　　④ 가, 나, 다, 라

7. 아들러가 출생 순위에서 혁명가로 성장할 가능성이 많다고 한 자녀는 누구인가?

　① 맏이　　　　　　　　② 둘째 자녀
　③ 셋째 자녀　　　　　　④ 막내 자녀

답) 1 ①　2 ①　3 ④　4 ①　5 ②　6 ①　7 ④

4. 융의 분석심리이론

칼 융(Carl Gustav Jung, 1875~1961)은 프로이트와 마찬가지로 인간의 정신이나 마음속에 무의식이 존재하며, 이러한 무의식을 통찰함으로써 인간의 성숙이 이루어질 수 있다고 보았다.

프로이트의 심리성적 이론을 거부한 융은 프로이트와 결별한 후 분석심리학을 만들었다. 분석심리학은 무의식과 의식의 변증법적 관계에 초점을 둔 상징적 이론으로, 고고학, 연금술, 점성술, 신화, 동서양철학, 천문학, 종교에 이르기까지 광범위한 관심을 반영하고 있다.

프로이트는 유아기의 원인을 강조했다면 융은 종족의 근원을 강조한다. 융에 의하면 인간은 선조에게서 물려받은 많은 소인을 갖고 태어나고, 이 소인이 인간의 행동을 이끌며, 경험의 세계를 의식하고 반응하는 역할을 한다.

1) 융의 생애

칼 융은 1875년 스위스의 케스빌이라는 작은 마을에서 태어난 정신분석학자이며 분석심리이론(Analytical psychology theory)의 창시자이다. 그는 주로 혼자서 지내며 많은 시간을 초자연적인 환상을 다루는 신비주의나 정신주의에 관심이 많은 내성적인 아이였다.

융의 가계에는 아버지, 친사촌 2명, 외조부와 외삼촌 6명 모두가 목사였다. 어머니와 외조부, 외삼촌이 초자연적인 것에 대한 믿음을 가지고 있었으며, 특히 융의 사촌 중 1명은 자신이 영매라고 주장하였다. 융의 아버지는 목사였지만 그는 기독교를 싫어했으며 대신 종교, 초자연, 신, 역사, 철학, 고고학, 심령현상 따위에 깊은 관심을 보여 후에 이러한 것들이 그의 분석심리학의 토대가 되었다. 융은 외사촌 헬레나를 따라 강신술 모임에 참여하기도 했고, 자신의 꿈을 통해 무의식이 자신에게 전하는 메시지에 귀를 기울였다.

1900년에 바젤 대학교에서 의학학위를 받았고 1905년에는 동 대학교에서 정신병리학을 강연했다. 융은 1900년에 프로이트의『꿈의 해석』을 읽고 프로이트와 서신왕래를 시작하였고, 1902년 박사학위 논문「심령 현상의 심리학과 정신병리」를 썼으며, 1911년에 프로이트가 설립한 국제정신분석학회의 초대회장으로 선출되었다. 그러나 융이『무의식의 심리학(Psychology of Unconscious)』을 발간하게 되고, 1913년에 국제정신분석학회의 회장 자리를 그만두게 되면서 아쉽게도 융과 프로이트는 결별하게 된다. 그 후 융의 이론은 분석심리학으로 알려지게 되었다(장수한 외, 2008: 161 참조).

2) 심리적 유형

(1) 외향성과 내향성

융은 인간을 성격에 따라 둘로 나눈다. 그는 리비도가 외부로 향하는 사람을 외향적이라고 하고, 내면의 자아로 향하는 사람을 내향적이라고 분류한다.

- 외향성(extraversion): 객관적 현실인 외부세계에 가치를 두는 외부세계 지향적인 성격 경향을 말한다. 그러한 성격의 사람들은 객체를 중요시하고 외부세계의 변화에 관심을 두며 이를 추구하는 경향이 강하고 주체보다는 객관적 상황을 보다 중요시한다.
- 내향성(introversion): 내부의 주관적인 것에 삶의 방향과 가치를 두고, 내적으로 충실을 기하려고 하는 성격 경향을 말한다. 내향적인 사람은 객체의 인상을 주체적으로 해석하는 경향이 강하여 외적인 조건을 고려하면서도 이에 대한 판단과 행동의 결정적인 단서는 자신의 주관성에 둔다.

(2) 기능과 태도

융은 인간이 세상을 살아가면서 갖게 되는 삶의 기능이 네 가지 있다고 한다. 그는 이 기능 가운데 가장 발달된 기능을 주기능이라고 부르고, 발달이 안 된 기능을 열등기능이라고 하였다. 그 네 가지 기능을 간략하게 설명하면 다음과 같다.

- 사고(thinking): 관념적이며 지적인 기능으로 이를 통해 인간은 세계와 자신과의 본질을 이해한다.
- 감정(feeling): 평가를 하는 기능으로 감정이 있다는 것은 주체의 입장에서 긍정적이든 부정적이든 사물의 가치를 평가한다는 것을 의미한다. 이 기능을 통해서 인간은 유쾌, 고통, 분노, 공포, 비애, 즐거움 및 사랑과 같은 주관적인 경험들을 체험한다.
- 감각(sensing): 지각적 또는 현실적 기능으로 이것을 통해 외계의 구체

〈표 8-4〉 융의 성격유형

	외향성	내향성
일반적 경향	관심이 밖으로 향하고 객관적이다. 사교적이고, 쉽게 자신의 생각을 표현하고, 자신감이 강하며, 타인이 자신처럼 행동하기를 요구한다.	관심이 안으로 향하고 주관적이다. 고독하고, 외부세계로부터 몸을 지킨다. 자신의 생각을 표현하는 것이 쉽지 않고, 자신감이 약하며, 타인의 일에 무관심하다.
사고	독선적이고, 고집이 세고, 허세가 많다(예: 과학자).	자기 자신의 현실을 이해하고, 완고하고, 고집이 세다(예: 실존심리학자).
감정	변덕이 심하고, 감정적이며, 기분파이다.	자신의 감정을 남들에게 숨긴다. 말수가 적고 접근하기 어렵다.
감각	현실주의적이고 실제적이다.	외적 대상에 관심이 없고, 자신의 정신적 감각에 몰두한다.
직관	경솔함과 불안정이 특징이다. 싫증을 잘 내며 사고기능의 결함으로 항상 새로운 직관만 좇는다.	예술가형이다. 외적 현실이나 관습의 접촉을 유지하지 않기에 고립되어 있다.

적인 사실이나 표상을 갖는다.

• 직관(intuition): 무의식적 과정과 잠재적 내용에 의한 지각을 말한다. 직
관적인 사람은 현실의 본질을 추구함에 있어서 사물을 가능한 모습으
로 본다.

융은 두 가지 태도와 네 가지 기능을 조합하여 여덟 가지 심리적 유형인
외향적 사고형, 외향적 감정형, 외향적 감각형, 외향적 직관형, 내향적 사고
형, 내향적 감정형, 내향적 감각형, 내향적 직관형으로 성격유형을 구분하고
있다(이부영, 2006).

3) 주요 개념

융은 성격이란 세 가지의 분리된 그러나 상호작용하는 체제인 자아, 개인
무의식, 집단무의식으로 이루어진 것이라고 보았다. 융은 집단무의식의 요
소를 원형이라고 칭하고 잘 알려진 대표적인 원형으로 페르소나, 아니마, 아
니무스, 그림자 등의 개념을 체계적으로 정립하였다(장수한 외, 2015).

(1) 자아

의식적인 마음을 의미하는 자아(ego)는 의식적인 지각, 기억, 사고와 감정
으로 구성되어 있다. 이것은 자신에 대한 의식뿐만 아니라 외계에 대한 지각
을 통합하는 기능을 갖는다. 이 자아는 자신이 의식하는 세계에 대한 태도가
합리적이냐 혹은 비합리적이냐를 결정한다. 합리적인 기능은 사고와 감정
이, 비합리적 기능은 감각과 직관이 담당한다.

(2) 개인무의식

개인무의식(personal unconscious)은 프로이트의 전의식과 유사한 것으로,
본질적으로 의식에 남아 있지는 않지만 쉽게 의식부로 떠오를 수 있는 저장

고이다. 여기에는 상실된 기억이나 억압된 불쾌한 여러 표상 등 의식에 머물 수 없는 내용들이 들어 있고, 개인무의식과 자아 사이에는 빈번한 교류가 있다.

(3) 집단무의식

집단무의식(collective unconscious)은 우리 조상의 과거에서 나온 기억흔적들로 구성되며, 개인의 성격이란 선조의 역사적 산물이다. 융의 성격이론 가운데 가장 독창적이고 논쟁을 불러일으킨 것은 집단적 또는 전승된 무의식의 개념이다. 그 개념은 정신의 가장 유력하고 영향력이 있는 체계이며, 병리학적인 측면에서 볼 때는 자아와 개인무의식을 약화시키는 개념이다.

집단무의식은 융이 제안한 독창적 개념으로 분석심리학의 이론체계에서 가장 핵심적인 개념이다. 집단무의식은 개인의 지각·정서·행동에 영향을 주는, 인류 조상 대대로 과거부터 물려받은 정신적 소인이다(오창순 외, 2015).

집단무의식이란 조상 대대로 과거로부터 물려받은 잠재적 기억흔적의 저장소라는 것이다. 그 과거에는 개별 종족으로서의 인간의 종족적 역사뿐만 아니라 또한 인간 이전의 동물 조상으로서의 종족적인 역사도 포함된다. 역사적 무의식은 인간의 진화발달의 정신적 잔재(殘滓)이며, 이 잔재는 많은 세대를 거쳐 반복된 경험들의 결과가 축적된 것이다. 모든 인간은 태어날 때 선천적으로 정신의 심층에 존재하는 집단무의식을 가지고 있다.

이 집단무의식의 구성요소로는 원형(原型, archetypes)이 있다. 원형이란 보편적인 경험들이 우리 내부에서 나타나는데 집단무의식을 구성하고 있는 인류역사를 통해 물려받은 정신적 소인을 말한다. 즉, 원형은 그 어떤 대상에 대한 근원적 심상(primondial image)이다. 원형은 인간이 갖는 보편적·집단적·선험적 심상들로 성격의 주요한 구성요소이다. 융은 대표적인 원형으로 페르소나, 아니마와 아니무스, 그림자를 제시한다.

(4) 페르소나

페르소나(persona)는 그리스어로 '가면'을 의미하고, 개인이 사회적 요구들에 대한 반응으로 내놓는 공적인 얼굴이다. 페르소나란 우리가 자신을 다른 어떤 것으로 표현하기 위해서 쓰는 가면인 것이다. 우리는 페르소나를 통해 연기할 때와 마찬가지로 상황에 따라 적절한 행동이나 태도를 취한다. 가면은 남에게 뚜렷한 인상을 주려는 것이며, 때로는 그 사람의 본성을 감추기도 한다. 페르소나는 개인이 외부세계에 보여 주는 이미지이며 사회가 개인에게 담당하기를 기대하는 역할이다.

(5) 아니마와 아니무스

융은 인간이 태어날 때 본질적으로 양성을 가지고 태어났다는 양성론적 입장을 취했다. 그래서 인간의 양성적 본능을 보여 주는 원형으로서 아니마와 아니무스라는 개념은 이러한 이론적 입장을 반영한 것이다. 아니마(anima)는 남성 속의 여성적 원형을 말하고, 아니무스(animus)는 여성 속의 남성적 원형을 말한다. 이러한 원형들은 비록 그것이 성염색체와 성선(性腺)에 의해 결정되지만 남성이 여성과 그리고 여성이 남성과 가졌던 종족적 경험의 소산들이다. 이러한 원형은 각 성에게 이성의 특징을 나타나게 할 뿐 아니라 이성에게 반응하고 이성을 이해하도록 동기화시키는 집단적 심상으로서 작용한다. 남성성의 속성은 이성(logos)이고, 여성성의 속성은 사랑(eros)이므로, 성숙한 인간이 되기 위하여 남성은 이성을 바탕으로 내부에 잠재해 있는 사랑을, 그리고 여성은 사랑을 바탕으로 내부에 잠재해 있는 이성을 개발할 필요가 있다(노안영, 2011). 남자는 아니마 덕택으로 여성의 성질을 이해할 수 있고, 여성은 그녀의 아니무스 덕택으로 남성의 성질을 이해한다고 보는 것이 융의 입장이다. 그러므로 심리적 건강을 위해서 남자는 내부에 부드러움과 같은 여성적인 성격을 표현해야 하며, 여성은 남성의 공격적인 성격과 같은 남성적인 성격을 표현할 수 있어야 한다.

(6) 그림자

그림자(음영)는 인간이 가진 본성의 어두운 면이며 반드시 나쁜 것만은 아니다. 어떤 면에서는 생명력, 창조성의 원천이 되기도 한다.

가장 강력하면서도 잠재적으로는 해로운 원형이 바로 그림자이고, 그것은 동물 본능을 포함하고 있고, 인간적이고 원초적인 동물적 욕망에 기여한다. 그림자 원형은 또한 의식과 행동에 불쾌하고 사회적으로 비난받는 생각, 감정 그리고 행동을 일으키는 원인이 된다. 그러므로 이것들은 페르소나에 의해서 겉으로 가려지거나 개인무의식 속에 억압된다. 만약 이런 충동을 억압하지 못한다면 우리는 사회적 관습이나 법률과 충돌하기 쉽다.

(7) 자기

자기(self)는 의식과 무의식을 포함하는 전 인력의 중심이며 인간 정신 전체에 조화와 통일을 보장해 주는 통합원리를 지향한다(Jung, 1977). 자기란 성격의 모든 국면의 통일성, 통합성 및 전체성을 향해 노력하는 것을 말한다. 완전한 자기실현은 어렵고도 힘들며 시간이 많이 걸리는 과업으로서 우리 모두는 그것에 완전히 도달할 수는 없지만 그것을 향해 끊임없이 노력해야 하는 생의 목표이다. 융에 따르면, 자기 자신에 대한 지식을 갖기 위해서는 훈련, 인내, 지속성 및 여러 해 동안의 고된 작업이 필요하며 이러한 자기인식은 중년기에 가서야 비로소 이루어진다.

예를 들면, 융은 만다라에 대해 원을 중심으로 중심점을 가지며, 심리학적 측면에서 자아가 자기를 찾아가는 과정으로 묘사하고 있다. 그래서 만다라를 그리는 것은

[그림 8-3] 만다라

출처: 최태진 교수.
ROBERT HUFFSTUTTER. https://www.flickr.com/
photos/huffstutterrobertl/6888951554/in/photolist-
buKFhN-bHF4bn-bJi1KD

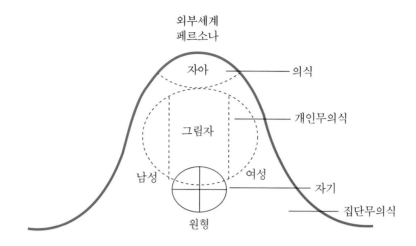

[그림 8-4] 융 이론의 성격구조

출처: 이종복 외(2007: 218); 표갑수 외(2012: 190) 재인용; Crain(1983).

자기에 도달하기 위한 과정으로 해석한다.

(8) 원형

원형(archetype)은 인간들의 보편적인 경험들이 우리 내부의 심상으로 나
타나거나 표현되어 집단적 · 조직적으로 구성된 무의식의 형태이다. 융은 어
떠한 것이 만들어지게 되는 기본 모형으로 설명하였다. 여러 개의 원형 중에
몇몇 원형은 매우 발달되어 있고 세력도 강한데, 그중에는 페르소나, 아니
마, 아니무스, 그림자와 자기가 포함된다(구혜영, 2010: 65).

4) 융의 발달단계

융은 발달단계를 아동기, 청소년기와 성인초기, 중년기, 그리고 노년기의
4단계로 구분하였다. 발달에 있어 아동기, 청소년기와 성인초기보다 중년기
와 노년기의 발달을 더 강조한 것이 융 이론의 독특한 특징이다.

(1) 아동기: 출생~사춘기

융은 발달단계에 있어 아동기에는 아직 자아가 형성되지 않았기 때문에 그 시기가 성격형성에 특히 중요하다고 믿지는 않았다. 아동의 성격은 독특한 자기의식 형성에 이르지 못하고 단지 그 부모의 성격을 반영한 것에 불과한 것으로 보았다.

(2) 청소년기와 성인초기: 사춘기~40세경

융이 '심리적 탄생기(psychic birth)'로 불렸던 사춘기로 시작하는 청소년기에 비로소 성격은 일정한 형태와 내용으로 발달하기 시작한다. 청년기로부터 성인초기 단계에서 직면하게 되는 과제는 직업에 대한 준비와 가정을 이루는 것이다. 이 기간 중에는 보통 외향적이고 자신의 인생 위치를 확고하게 다지려는 태도를 갖는다. 따라서 이 시기에 사회적 경력을 쌓고 가정을 이루며 사회적 성공을 위해 노력한다.

(3) 중년기

융이 인생의 발달단계 중 가장 중요한 시기로 여긴 것은 바로 중년기이다. 중년기의 남녀는 모두 정신적 변화를 겪고, 청년기 때에 가치 있어 보였던 돈, 명예 혹은 지위에 의해서 더 이상 지배를 받지 않는다. 이러한 가치들은 이미 의미를 상실하였고, 따라서 새로운 가치와 신선한 적응 및 삶에 대한 안목이 있어야만 절망에 빠지지 않는다. 그래서 융은 전 인생주기를 통한 지속적 성장 · 발달과 자아실현을 강조하였으며, 독특한 개인이 되어 가는 과정인 '개별화(individualization)'를 통해 중년기 심리적 발달을 설명하였다(김진원, 2009: 288-289 참조). 중년이 중요한 이유는 바로 이 개별화 때문이다. 이러한 개별화 기간 중에 페르소나, 그림자, 아니마와 아니무스에 변화가 생긴다. 인간은 사회생활을 하면서 때로 자기의 사악한 면을 드러내지 않을 수도 있지만 개별화가 이루어지면 페르소나가 덮고 있는 자기 국면을 인식하게 된다. 개별화가 이루어지면 그림자에 변화가 생기지만 또한 개별화가 성

공적으로 이루어지기 위해서는 이러한 그림자의 측면을 인식해야 한다. 그
림자를 더 많이 인식하면 인식할수록 개별화가 더 많이 이루어진다.

(4) 노년기

노년기가 되면 인간은 죽음 앞에서 생의 본질을 이해하려고 애쓰게 되고
자신의 인생을 되돌아보게 된다. 융은 내세에 대한 긍정적 이미지를 갖고 자
신이 안전하다고 느낀다면 노년기에 편안하고 죽음에 대해 건전한 방식으로
직면할 수 있다고 했다(이명재 외, 2005: 245). 노인은 명상과 반성을 많이 하
게 됨에 따라 자연적으로 내적 이미지를 갖게 되며, 자기 자신에 대해 진지
하게 생각하게 된다. 노인은 죽음의 불가피성을 받아들여야 하며 인간적인
온정을 베풀고 보람 있는 삶을 위해 최선을 다하는 자세를 보여야 하는데,
융의 관점에서는 사후의 삶도 인생의 연속인 것이다(이근홍, 2007: 201-202
참조). 노년기에도 미래를 향한 목표는 필요하며, 죽음의 불가피성은 어느 정
도 죽음 자체가 하나의 목표로 간주되어야 함을 시사한다.

5) 융 이론의 평가

융의 분석심리이론은 현대 심리학과 사회적 사고에 영향을 미쳤으며, 발전
에도 기여를 하였다. 또한 그의 이론은 중년기의 사람이 심리적 위기를 긍정
적으로 다룰 수 있도록 하는 데 기여했을 뿐 아니라 자신의 현실을 극복하고
새로운 사고와 대처방안을 발견, 수용하도록 돕기 위한 이론적 배경을 제공하
였으나, 개념이 너무 난해해서 이해하기가 쉽지 않고 체계적이지 못하며 초자
연적이고 신비주의와 깊이 연관되어서 모호한 점이 많다고 비판을 받았다.

융 이론은 프로이트와 마찬가지로 환자의 치료과정에서 나타난 경험적 자
료를 바탕으로 연구한 것이기 때문에 과학적인 검증이 어렵다. 또한 그의 이
론은 문화, 신화, 상징, 연금술 등과 관련된 자료를 활용하여 연구한 것이기
때문에 실증적인 검증이나 설명이 어렵다고 평가된다(Engler, 1991).

연습문제

1. 융의 이론에 관한 설명으로 옳지 <u>않은</u> 것은?

　① 개인의 성격형성은 과거와 무관함을 주장하였다.

　② 네 가지 정신기능으로 사고, 감정, 직관, 감각을 주장하였다.

　③ 자기는 성격의 모든 요소들 간 통일성, 전체성, 조화성을 이루려는 무의식적으로 추구하는 원형이다.

　④ 융은 생애주기에서 중년기를 강조하였다.

2. 정신역동이론가에 해당되지 <u>않는</u> 학자는? (2015년 기출)

　① 안나 프로이트(A. Freud)

　② 반두라(A. Bandura)

　③ 융(C. G. Jung)

　④ 에릭슨(E. H. Erikson)

3. 융의 이론의 주요 개념으로 옳지 <u>않은</u> 것은? (2014년 기출)

　① 페르소나는 자아의 가면으로 개인의 외부에 보이는 이미지이다.

　② 음영은 인간의 정신에 존재하는 보편적이고 근원적인 핵이다.

　③ 아니무스는 무의식 속에 존재하는 여성의 남성적 측면이다.

　④ 리비도는 인생 전반에 작동하는 생활 에너지이다.

4. 융의 이론에 관한 설명으로 옳은 것을 <u>모두</u> 고른 것은?

> ㄱ. 성격의 발달은 자기실현의 과정이다.
> ㄴ. 자기는 유아기에 발현되는 원형으로 성격의 조화와 동일을 관장한다.
> ㄷ. 그림자는 인간의 어둡거나 사악한 측면을 일컫는다.
> ㄹ. 아니마는 여성 속의 남성적 원형, 아니무스는 남성 속의 여성적 원형을 의미한다.

① ㄱ, ㄴ, ㄷ   ② ㄱ, ㄷ   ③ ㄴ, ㄹ   ④ ㄹ

5. 다음 보기가 설명하는 것은 무엇인가?

> 타인과의 관계가 있어 대중적 얼굴을 말하며 '적응 원형'이라고 부른다.

① 아니무스   ② 원형   ③ 페르소나   ④ 음영

답) 1 ①   2 ②   3 ②   4 ②   5 ③

제9장
행동주의이론

행동주의적 접근방법은 학습에 초점을 두고 있다. 이 이론은 인간의 기본적인 생물학적이고 심리적인 동기가 환경에 의해 좌우되는 것으로 간주한다. 그럼으로써 인간의 신체적·심리적 발달에 있어 환경의 중요성을 강조하여 사회복지실천을 위한 지식기반을 마련하였다.

현대 행동주의의 뿌리는 러시아의 심리학자인 파블로프(Ivan P. Pavlov, 1849~1936)의 연구에서 찾을 수 있다. 그러나 현대 행동주의의 아버지로 불리는 것은 왓슨(John Watson, 1878~1958)[1]인데, 그는 심리학이 행동의 이해, 예측, 조절에 초점을 두어야 한다고 하면서 행동이 어떻게 환경적 조건에 의하여 영향을 받거나 통제되는가에 초점을 맞춘다(손병덕 외, 2012: 36-37). 행동주의자 왓슨은 미국의 심리학자이며 행동주의의 주창자이다. 인간은 백지화 상태에서 태어나며 인간의 성격은 살면서 겪게 되는 경험의 차이에 의해서 조직화되어 결정된다고 주장하였다(김귀환 외, 2008: 103-104). 왓슨은 교육과 훈련으로 인간을 얼마든지 바꿀 수 있다고 보았다. 왓슨은 "나에게 12명의 건강한 아이들과 내 자신이 그들을 키울 수 있는 세계를 제공해 준다

---

1) 급진적인 환경적 입장을 취함.

면, 나는 그들 중 한 아이를 택하여 내가 원하는 유형의 인간, 즉 의사, 변호사, 마술사, 상인, 두목 혹은 거지나 도둑으로까지 훈련시킬 수 있다"라고 하였다(이종복, 최경화 외, 2014: 85-86). 그리고 대표적 행동주의 이론가인 스키너, 반두라는 다른 사람의 행동을 관찰하고 모방한 결과에서 성격이 발달된다고 보았다. 이 장에서는 관찰 가능한 것만을 대상으로 과학적 연구를 하자고 주장하였던 행동주의이론의 고전적 조건형성과 조작적 조건형성 그리고 사회학습이론을 살펴보고자 한다.

1. 고전적 조건형성이론

1) 파블로프의 고전적 조건화

파블로프의 조건화된 반응이론은 심리학에 지대한 영향을 끼쳤고 그가 반응을 만들어 내기에 충분하지 않은 환경적인 자극을 충분한 자극과 연결시킴으로써 반응을 이끌어 낼 수 있다는 것을 보여 주었다(이종복 외, 2014: 88).

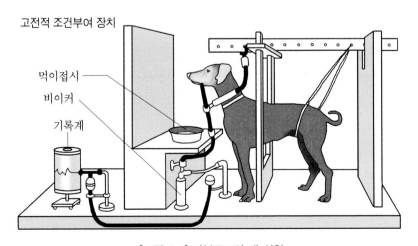

[그림 9-1] 파블로프의 개 실험

출처: 신종우 외(2010: 263).

고전적 조건형성(classical conditioning)은 중성자극이 다른 자극과 반복적으로 연합을 이루게 되는 학습 과정이다. 처음 고전적 조건형성 실험이 이루어진 것은 러시아의 생리학자 파블로프에 의해서인데, 1920년대에 개의 소화기관을 연구하던 중 개에게 먹이를 주면 타액이 분비되는 반응이 생긴다는 것을 알게 되었다. 여러 번 반복하여 먹이를 주는 실험을 하는 동안 개는 음식만 보아도 타액을 분비하였고, 나중에는 음식을 가져오는 사람의 발소리만 들어도 타액을 분비한다는 사실을 알게 된 것이다.

파블로프에 의하면 음식에 침을 흘리는 것, 무릎반사, 눈깜박거림 등과 같은 선천적인 반응을 무조건반응이라고 하였다. 반면에 외부의 주어진 조건자극에 대해 새롭게 학습된 반응을 조건반응이라고 하였다(엄태완 외, 2012: 99).

〈표 9-1〉 자극과 반응

자극/반응	정의
무조건자극	자동적으로 반응을 유발하는 자극
무조건반응	무조건자극에 대한 반응. 중성자극에 대한 조건반응을 형성
조건자극	중성자극이었던 것이 무조건자극과의 연합을 통해 조건반응을 유발하는 자극
조건반응	반응을 촉발하지 않았던 자극(조건자극)에 대한 학습되거나 획득된 반응

이 실험에서 먹이는 무조건자극(unconditioned stimulus)이고 타액 분비는 무조건반응(unconditioned response)이다. 다음에는 개에게 중성자극(neutral stimulus)인 종소리를 들려준 직후 무조건자극인 먹이를 주는 것을 반복하였더니 개는 종소리만 들려주어도 타액을 분비하게 되었다. 이때 종소리는 중성자극이지만 나중에 종소리만 울려도 타액을 분비하면 종소리는 조건자극(conditioned stimulus)이 되고, 타액의 분비는 조건반응(conditioned response)이라고 한다. 즉, 먹이와 타액 사이에는 무조건적인 관계성이 형성되지만 종소리와 타액 사이에는 조건화(conditioning)가 형성된다. 이러한 일련의 조건

형성과정을 고전적 조건형성이라고 부른다(이종복 외, 2014: 90).

- 조건형성 이전
  - 중성자극(종소리) → 무반응
  - 무조건자극(음식) → 무조건반응(침)

- 조건형성 후
  - 조건자극(종소리) → 조건반응(침)

(1) 일반화

일반화(generalization)는 변별과 대립되는 개념으로, 특정한 자극에 조건화가 형성된 후에 이 조건자극과 유사한 다른 자극에 대해서도 반응을 나타내는 것을 자극 '일반화'라고 하며, 자극 간의 유사성이 클수록 자극 사이의 일반화 가능성이 높다. 예를 들어, 일반화는 종소리로 침을 흘리게 된 개가 유사한 소리를 들으면 침을 흘리게 되는 것을 말한다.

(2) 변별

변별(discrimination)은 자극에 대한 반응에 차이를 두는 실험을 반복하면 동물이 자극을 구분하여 반응하는 것을 말한다. 자극을 자극의 일반화 상태에서 강화를 계속하면 최초의 조건자극 이외의 다른 유사한 자극에는 반응이 일어나지 않게 되는 것이다. 변별은 차이에 대한 반작용이고, 이는 조건자극을 완전히 학습한 후 차이점을 변별하여 반응하는 것이다.

(3) 소거

소거(extinction)는 무조건자극이 중지되고 조건자극만 제시될 경우 획득된 조건반응이 일어나는 강도가 점차 사라지는 현상을 말한다. 고기는 주지 않고 종소리만 울리게 되면 개는 점차 침을 흘리지 않게 된다는 것이다. 적절한 보상이 주어지지 않으면 학습된 것이 소멸되는 것을 말한다(강세현 외, 2012: 199). 즉, 무조건자극이 없이 조건자극만 계속 주면 획득된 조건반응이 사라지는 소거현상이 나타난다(전남련 외, 2012: 265).

2) 왓슨의 이론

파블로프에게 조건화 과정은 단순히 대뇌피질의 생리를 연구하는 방편에 불과한 것이었지만, 왓슨에게 조건화의 원리는 모든 인간행동을 설명하는 원리로 활용된다. 왓슨은 파블로프의 고전적 조건형성의 원리를 아동에게 적용시켜 발달의 문제를 학습 원리와 연관시켰다. 왓슨은 인간을 이해하기 위해서는 내적인 마음 상태보다는 관찰 가능한 외적 조건의 연구에 초점을 두어야 한다고 보았고, 그의 주요 관심사 중의 하나는 정서적 조건형성이었다.

왓슨은 알버트(Albert)와 흰쥐 실험을 통해 학습과정을 설명하고 있다. 실험은 처음에는 흰쥐에 대해 아무런 공포도 갖고 있지 않은 알버트에게, 그가 흰쥐를 만질 때 큰 소리를 들려 주어 그를 놀라게 하는 것으로 진행되었다. 실험 결과, 알버트는 큰 소리가 나지 않아도 흰쥐만 보면 두려워하게 되었다. 즉, 흰쥐와 큰 소리를 연합함으로써 조건형성을 이룬 것이다. 왓슨은 알버트의 정서적 반응이 이와 같은 고전적 조건형성과정을 통해 획득된다고 믿게 되었으며 인간의 모든 학습과 행동을 통제할 수 있다고 결론 내리게 되었다.

이처럼 왓슨은 예측 가능한 한 사건의 관계를 강조하며, 인간의 의식, 느낌, 사고 등의 용어들이 심리학에 사용되어서는 안 되고, 행동의 예언과 통제가 심리학의 목표가 되어야 한다고 주장하였다. 그의 이론은 전통심리학에서 행동주의 심리학으로 전환하는 계기를 만들었다.

2. 스키너의 행동주의이론

1) 스키너의 생애

행동주의의 가장 대표적 인물은 스키너(B. F. Skinner, 1904~1990)이다. 그는 1904년 펜실베이니아주 서스케하나(Susquehanna)에서 두 명의 아들 중 첫째로 출생하였다. 그는 변호사인 아버지 슬하에서 안정된 가정생활을 영위하였으며, 부모로부터 적절한 훈육을 받으면서 성장했다. 이러한 성장 환경이 학습을 중시하는 스키너 이론의 배경이 된다.

스키너는 1928년 하버드 대학교 대학원에 입학하여 심리학을 공부하면서 1931년에 박사학위를 받았고, 쥐나 비둘기 등의 하등동물을 연구하다가 점차 그 원리를 성인과 자폐증 아동 연구 등에 확장하여 적용하였다. 스키너는 1947년 하버드 대학교 심리학과 교수가 되었으며, 1990년 86세로 사망했다.

저서로는 『유기체의 행동』(1938), 『강화계획』(1957), 『행동주의에 관하여』(1974) 등이 있으며 '스키너 상자(Skinner Box)'라 불리는 실험장치를 개발하

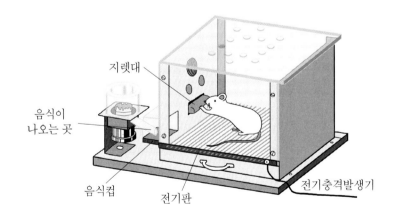

[그림 9-2] 스키너 상자

출처: 이종복 외(2014: 95).

여 동물의 조작적 행동에 대해 연구하였다(조흥식 외, 2010).

2) 주요 개념

(1) 조작적 조건형성(operant conditioning)

스키너는 인간의 행동을 결정하는 것은 인간의 내적인 힘이 아니라 오랜 과거 경험에서 비롯된 강화의 산물이고, 보상과 처벌에 의해서라고 보았다. 이 이론에 따르면 보상을 받은 행동은 지속될 것이고, 보상받지 못한 행동 혹은 처벌받은 행동은 사라지게 된다. 스키너는 반응행동과 조작행동을 구분하였다. 반응행동이란 음식 냄새를 맡은 배고픈 사람이 입에 침이 고이는 것처럼 외부자극에 대하여 자연적·직접적으로 발생하는 행동을 말하고, 조작행동이란 외부의 자극 없이 의도적·의식적·자발적으로 조작되어 나타난 반응을 말한다. 그는 어떤 동물이나 사람은 외적 자극을 받지 않고도 조작적 행동의 결과로 학습이 이루어진다고 보았다. 스키너의 이러한 입장을 뒷받침해 주는 실험이 바로 흰쥐를 이용한 '스키너 상자'이다.

스키너(1953)는 배고픈 쥐를 상자에 넣고 쥐가 지렛대를 누를 때만 음식이 나오는 실험을 고안했다. 실험 결과, 쥐가 상자 안에서 이리저리 돌아다니다가 한쪽에 있는 지렛대를 우연히 눌렀을 때 먹이나 물을 보상받게 되면 쥐는 점점 지렛대를 누르는 비율이 증가하였다. 이때 먹이는 강화물이 된다. 실험자가 불이 켜져 있는 동안에 지렛대를 누르면 먹이를 주고, 불이 켜져 있지 않을 때 지렛대를 누르면 먹이를 주지 않았더니, 쥐는 불을 켤 때만 지렛대를 누르게 되었다. 이때 불은 반응을 조절하는 변별 자극이 된다.

① 강화와 처벌

강화(reinforcement)란 어떤 행동의 강도와 발생 빈도를 증가시키는 것을 의미하며, '정적 강화(positive reinforcement)'와 '부적 강화(negative reinforcement)'가 있다. '정적 강화'란 바람직한 반응을 했을 경우에, 반응자가 좋아하는 강화물을 제공하면 바람직한 행동의 강도와 빈도가 증가하는 것을 말한다. '부적 강화'란 반응자가 바람직한 반응을 나타냈을 때 반응자가 싫어하는 것을 제거 혹은 감소시켜 주는 것을 말한다. 예를 들어, 안전벨트를 매지 않으면 소리가 나서 안전벨트를 매게 하는 것이다.

처벌(punishment)은 어떤 행동 뒤에 즉각적으로 벌칙(혹은 혐오자극)이 제시되어 똑같은 행동을 반복할 가능성을 감소시키는 것이다. 소거는 어떤 반응에 대한 강화를 중지함으로써 그 행동의 발생빈도를 줄이거나 아예 없애는 것이다(손병덕 외, 2014).

〈표 9-2〉 강화와 처벌의 유형

유형	정의	효과
정적 강화	반응에 쾌락 또는 만족자극이 뒤따른다.	반응 가능성 증가
부적 강화	반응으로 불쾌 또는 혐오자극이 제거된다.	반응 가능성 증가
처벌	반응에 불쾌 또는 혐오자극이 뒤따른다.	반응 가능성 감소
소거	반응으로 쾌락 또는 만족자극이 제거된다.	반응 가능성 감소

② 강화계획(행동의 유지)

강화계획(schedules of reinforcement)은 조작적 행동이 습득되고 유지될 수 있도록 강화물을 제시하는 빈도와 간격의 조건을 나타내는 규칙이다(이영실 외, 2014: 113). 강화계획은 지속적 강화와 간헐적 강화로 구분되고, 행동에 대한 강화의 제시나 중단을 지시하는 규칙 및 절차를 말한다. 이러한 강화계획은 행동의 소멸을 방지하고 행동이 지속적으로 나타나게 하기 위하여 시간적 차원과 반응 수의 차원을 고려해서 구성된다. 비율강화로는 고정비율 강화계획, 변수비율 강화계획이 있으며, 간격강화로는 고정간격 강화계획, 변수간격 강화계획이 있다.

〈표 9-3〉 강화계획

계획		방법
비율계획	고정비율(FR)	고정된 반응 횟수 후에 강화가 주어진다.
	변수비율(VR)	특정한 반응 횟수 후에 강화가 주어지나, 그 숫자는 예측할 수 없게 변한다.
간격계획	고정간격(FI)	일정한 시간 간격마다 강화물이 주어진다(예: 딸에게 한 시간에 한 번씩 규칙적으로 간식을 주는 것).
	변수간격(VI)	마지막 강화 후에 특정한 시간이 경과해야만 강화가 주어지나, 그 간격이 예측할 수 없게 변한다(예: 도박장의 슬롯머신).

• 고정비율계획(fixed-ratio schedule): 일정한 반응비율에 따라 강화물이 주어지는 것으로, 시간과는 관계없이 반응의 수에 근거한 강화계획이다. 즉, 이것은 특정한 횟수의 행동이 일어난 후에 강화가 주어지는 강화계획이다.

• 변수비율계획(variable-ratio schedule): 변동된 반응비율에 따라 강화물이 불규칙적으로 주어지지만, 평균적으로는 일정한 횟수의 반응 뒤에 강화가 주어지는 강화계획이다. 예를 들면, 도박꾼이 카지노의 슬롯머신에 동전을 넣는 경우가 이에 해당한다.

• 고정간격계획(fixed-interval schedule): 일정한 시간 간격마다 강화물이 주어지는 경우로, 반응의 수는 관계가 없다. 즉, 유기체의 반응비율과 관계없이 특정한 시간 간격을 정해 놓고 그 기간이 경과한 후에 강화가 주어지는 강화계획이다.

• 변수간격계획(variable-interval schedule): 일정한 시간 간격 없이 우선적으로 강화물이 주어지는 것으로, 반응비율과는 관계없이 변동된 시간

에 따라 강화물이 제공된다. 즉, 이것은 강화를 주는 평균 시간 간격은 일정하지만 실제 강화가 주어지는 시간 간격은 다른 경우를 말한다.

이 네 가지의 강화계획 중 변수비율계획이 가장 높은 반응을 지속적으로 유지시키며 그다음으로는 고정비율계획, 변수간격계획, 고정간격계획의 순으로 반응을 지속시킨다.

(2) 일반화와 변별

일반화란 특정한 상황에서만 보이던 반응을 그와 유사한 다른 상황에서도 보이는 것을 말하는 것으로, 이것은 강화된 행위가 다양한 관련 상황으로 확장되는 경향을 말한다. 이것은 자극일반화(stimulus generalization)와 반응일반화(response generalization)로 구분할 수 있다. 자극일반화란 하나의 반응이 단 하나의 자극에만 조건형성이 될지라도 그러한 특정 자극에만 반응을 하는 것이 아니라 그와 유사한 다른 자극들에 대해서도 반응을 보이는 것을 말한다. 반응일반화란 어떤 특정한 반응이 강화되면 그와 유사한 다른 상황에서도 반응을 보이는 것을 말한다.

변별은 주어지는 자극에 대해서 선택적으로 반응을 보이는 것으로서 사회적 반응에 있어 반응을 일반화하는 능력도 중요하지만 각기 다른 상황에서 변별을 잘하는 능력도 중요하다.

3) 스키너 이론의 평가

스키너는 조작적 조건형성의 원리를 적용하여 부적응적인 행동이 부적응적 학습의 결과라고 생각하면서 보다 바람직한 학습을 통해 부적응 행동을 수정하려는 시도를 하였다고 볼 수 있다(이영실 외, 2014: 117). 스키너의 이론은 과학적 실험연구를 통하여 구체적이고 유용한 지식을 제공하였다는 것과 사회복지실천의 초점을 정신 내적 갈등으로부터 외현적 행동으로 바꾼

것에 의의가 있다.

그러나 스키너 이론은 인간을 조작이 가능한 대상으로 취급하고 있기 때문에 인간의 자유와 존엄성을 무시할 수 있고, 동물실험의 결과를 그대로 인간에게 적용하고 있는 것이 비판받고 있다.

그리고 인간의 단편적인 행동은 설명되나 실험실 밖의 일상생활에서의 이해에는 한계가 있고, 모든 인간의 행동이 조작을 통해서 변화될 수 있다고 보았기 때문에 인간을 지나치게 단순화, 객관화, 과학화하고 있다는 비판을 받고 있다. 또한 스키너의 접근은 인간행동의 전체적인 복합성을 잘 설명해 주지 못한다는 비판을 받고 있다.

 **연습문제**

1. 파블로프의 이론에 관한 설명으로 옳은 것은?

   ① 환경적 자극에 능동적으로 반응하여 나타나는 행동에 관심을 보인다.

   ② 인간행동은 학습되거나 학습에 의해 수정된다고 가정한다.

   ③ 관찰학습의 중요성을 강조한다.

   ④ 개인의 사고와 인지적 역할을 강조한다.

2. 파블로프의 실험에서 음식을 벨소리와 연합하여 여러 번 제시하자 개는 음식 없이 벨소리만 듣고도 타액을 분비하였다. 고전적 조건화 실험의 연결이 옳은 것을 <u>모두</u> 고르시오. (2012년 기출)

   가. 무조건자극 – 음식 제시
   나. 무조건반응 – 음식 제시 후 타액 분비
   다. 조건자극 – 벨소리
   라. 조건반응 – 벨소리만으로도 타액 분비

   ① 가, 나, 다   ② 가, 다   ③ 나, 라   ④ 가, 나, 다, 라

3. 고정비율강화 스케줄의 사례로 옳은 것은? (2013년 기출)

   ① 공부하는 자녀에게 1시간 간격으로 간식을 제공한다.

   ② 공부하는 자녀에게 처음에는 2과목 문제풀이를 끝낸 후에, 두 번째는 5과목을 끝낸 후에 간식을 제공한다.

   ③ 공부하는 자녀에게 매주 정기적으로 용돈을 준다.

   ④ 공부하는 자녀에게 한 과목 문제풀이를 끝낼 때마다 한 번의 간식을 제공한다.

4. 스키너의 강화에 관한 설명으로 옳은 것은? (2012년 기출)

① 부적 강화의 예로 처벌을 들 수 있다.

② 일차적 강화물은 미소, 칭찬, 점수 등이다.

③ 가변비율 강화계획의 예로 월급을 들 수 있다.

④ 고정간격 강화계획은 반응에 대해 일정한 시간이 지난 후 강화를 주는 것이다.

5. 스키너 이론의 설명 중에서 옳은 것은?

> 가. 처벌은 특정 행동의 빈도를 증가시키기 위해 불쾌한 자극을 제거하는 것이다.
> 나. 부적 강화는 어떤 행동의 발생을 감소시키는 것이다.
> 다. 일차적 강화물은 음식, 칭찬, 돈과 같은 것이다.
> 라. 강화물은 특정 행동을 다시 할 수 있는 가능성을 높이는 역할을 한다.

① 가, 나, 다   ② 가, 다   ③ 나, 라   ④ 라

6. 스키너의 주요 개념에 대한 설명으로 옳은 것은?

> 가. 변별자극: 어떤 반응이 보상받거나 혹은 보상받지 못할 것이라는 단서로 작용하는 자극
> 나. 부적 강화: 혐오스러운 자극을 제거함으로써 바람직한 행동 재현을 유도
> 다. 강화계획: 강화물을 제시하는 빈도와 간격을 계획하는 것
> 라. 정적 처벌: 특정 행동을 강화하는 자극을 제시함으로써 행동의 빈도를 증가시키는 것

① 가, 나, 다   ② 가, 다   ③ 나, 라   ④ 가, 나, 다, 라

답) 1 ②   2 ④   3 ④   4 ④   5 ④ 일차적 강화물은 음식, 물 등이다.   6 ①

3. 반두라의 사회학습이론

사회학습이론이란 앨버트 반두라(Albert Bandura, 1925~)가 제안한 인간의 행동이 사회적 상황 속에서 개인의 내적 과정과 환경적 영향력 간의 상호작용으로 결정된다는 성격이론이다. 그리고 사회학습이론이란 사람의 행동은 타인의 행동이나 상황을 관찰하거나 모방한 결과로 이루어진다는 이론이다. 반두라(1977)의 입장을 사회학습이론, 관찰학습 또는 모방학습이라고도 하며 인간의 내적 사건이나 외부환경 자극만으로 인간의 행동을 설명하는 데는 한계가 있다고 보고 상호 결정론적 입장을 취한다.

또한 처벌이나 보상과 같은 외적 강화물이 우리 행동에 미치는 직접적인 역할은 크지 않기 때문에 직접적인 강화가 없어도 행동 습득이 가능하며 관찰을 통해 학습이 이루어지는 것이 가능하다고 보며, 그의 사회학습이론에서는 인간은 환경에 새로운 의미를 부여하고 재배치하는 등의 창조적이며

[그림 9-3] 반두라의 보보 인형 실험

출처: Bandura, Ross, & Ross (1963).

자기 생성적인 모습을 가진다는 것을 강조한다.

반두라에 의하면 사회학습은 크게 모델링 학습, 대리학습, 관찰학습 등의 세 가지 유형으로 구분된다.

모델링 학습(modeling learning) 또는 모방학습은 인지적 개입 없이 자동적으로 이루어지는 가장 단순한 형태의 사회학습이다. 반두라와 그의 동료들(Bandura, Rose, & Rose, 1963)은 모방이 공격행동의 학습에 미치는 영향을 연구하였다. 그들은 두 집단의 어린이들 중 한 집단에게는 성인 또는 만화 주인공이 인형을 격렬하게 공격하는 모습을 보여 주었고, 다른 한 집단의 어린이들에게는 인형을 공격하지 않는 모습을 보여 주었다. 그 후 인형이 있는 방에서 어린이들을 놀게 하고 행동을 관찰한 결과, 공격적인 모습을 본 아이들만이 인형을 격렬하게 공격하였고, 많은 공격행동 유형은 모습에서 관찰했던 것과 동일하였다.

대리학습(vicarious learning)은 다른 사람들이 새로운 행동을 시도할 때 어떤 결과가 나타나는지를 관찰함으로써 자신이 그러한 행동을 했을 경우에 초래될 결과를 예상하는 학습방법이고, 관찰학습(observation learning)은 사회적 상황에서 다른 사람의 행동을 관찰해 두었다가 유사한 행동을 나타내는 학습과정을 의미한다. 특히, 가정에서의 부모의 행동은 관찰학습의 대상이 된다. 가정폭력의 경우를 보면 자녀는 부모가 폭력을 행하는 장면을 관찰하게 되고, 모방학습이 되어 후에 폭력을 행사하게 된다는 것이다. 반두라는 이러한 관찰학습에 네 가지 인지적 과정이 개입된다고 주장하고 있다(Bandura, 1977).

1) 반두라의 생애

반두라는 캐나다 앨버타(Alberta)의 작은 농촌지역에서 태어나 그 지역에 하나밖에 없는 학교를 다녔는데 그 학교는 초등학교부터 고등학교까지의 통합과정으로 되어 있었다. 1949년에 반두라는 브리티시 컬럼비아 대학교에서 학사학위를 받았으며, 1952년 미국 아이오와 대학교에서 박사학위를 받았다. 1972년 미국심리학회로부터 우수과학자상을 수상했으며, 1973년에는 미국심리학회 회장을 역임했고, 미국 스탠퍼드 대학교 심리학과 교수로 재직하였다. 그의 대표적인 저서로는『청소년의 공격성』(1959),『사회학습과 성격발달』(1963),『행동수정의 원칙』(1969), 그리고 그의 이론들을 요약한『사회학습이론』(1977) 등이 있다.

2) 주요 개념

(1) 상호결정론

반두라는 인간의 성격은 세 가지 요소, 즉 개인, 행동, 환경 간 상호작용에 의해 발달한다고 보았다. 이를 상호결정론(reciprocal determinism)이라고 명명하였다(Bandura, 1977). 환경요인과 개인 요인을 각각 독립적인 것으로 보고, 인간의 행동은 양자에 의해 규정된다고 보는 이론이다. 반두라는 개인, 행동, 환경은 동일 차원에 있으며 개인, 행동, 환경 모두가 상호적으로 인간의 행동방식에 대해 작용한다는 상호결정론을 주장하고 있다. 그의 상호결정론은 환경 자극이 인간행동에 영향을 주지만, 신념, 기대와 같은 요인 역시 인간의 행동방식에 영향을 준다고 전제한다. 사람들은 단순히 환경 사건에 반응하는 존재가 아니고, 적극적으로 자신의 환경을 창조하고 변화시키기 위해 행동하는 존재이다. 환경(E), 사람(P), 행동(B) 이 세 가지 요소는 서로에게 영향을 주며 상호 의존적이다(최옥채 외, 2015).

(2) 관찰학습

반두라의 사회학습이론은 관찰을 통해 이루어지는 학습이라고 하여 관찰학습이라고 하며 학습과정은 직접적인 강화에 의해 제공되는 경험을 통하여 학습되는 행동도 있지만, 타인의 행동을 관찰하고 이를 모방함으로써 학습되는 새로운 행동도 있다. 또한 자신의 행동에 대해서 직접적인 강화를 받지 않더라도, 다른 아동이 보상이나 벌을 받는 것을 관찰함으로써 간접적으로 강화받기 때문에 학습이 이루어지기도 한다. 관찰학습은 주의집중과정, 보존과정, 운동재생과정, 동기유발과정 등 네 과정을 거쳐서 이루어진다.

① 주의집중과정(지각)

관찰자의 주의를 끌 만한 행동만이 관찰을 통한 학습의 대상이 될 수 있다. 관찰학습 과정에서는 단순히 모델과 모델의 행동을 보는 것만으로는 불충분하다. 학습이 이루어지려면 모델을 모방하는 데 이용할 적절한 관련 정보를 이끌어 낼 수 있도록 충분한 지각적 정확성을 가지고 모델에 주의를 기울여야 한다. 주의집중과정(attentional processes)에서 모델의 행동에 주의를 기울이는 만큼 그것을 모방할 가능성은 더욱 높아진다. 특히, 청소년들은 대중매체를 통해 나타난 매력적인 모델을 모방할 가능성이 매우 높다.

② 보존과정(기억과정, 파지과정)

보존과정(retention processes)을 기억과정, 파지과정, 유지과정 등으로 부르기도 한다. 보존과정이란 모델로부터 받은 내용을 장기간 기억하는 것을 말한다. 모델을 관찰한 후 일정 기간 동안 모델의 행동을 상징적인 형태로 기억하는 것이다. 따라서 관찰자는 장기기억 속에 모델의 행동 중 주의를 집중한 내용을 문자나 부호 등으로 표상화해야 한다. 반두라는 모델의 행동을 기억하여 다음의 행동으로 전환되도록 하는 수단으로서 자극의 이미지화와 언어적 부호화를 제시했다. 정보가 인지적으로 저장되면, 관찰학습이 일어난 후 오랫동안 보존될 수 있다.

③ 운동재생과정(기억을 행동으로 전환)

관찰자가 새로 획득한 행동을 실제의 행동으로 재연하는 과정이 운동재생과정(motor reproduction processes)이며, 이 과정에서 관찰자의 기억 속에 담긴 심상이나 언어적 부호들은 중요한 기능을 발휘한다(Swan & Henderson,

1977). 관찰한 행동은 많은 연습을 통해서 잘 재생할 수 있다. 여기서 자신의 행동을 관찰하고 자신의 행동과 모방하고자 하는 모델의 행동과의 비교를 통해서 자기 행동을 수정하며, 관찰자가 정확하게 모방하지 못한 부분은 즉각적인 피드백을 해 주는 과정이 필요하다.

④ 동기유발과정(관찰에서 행동으로)

동기유발과정(motivational processes)은 관찰한 것을 적절하게 수행하도록 동기유발을 시켜 행동을 통제하는 과정이다(이영실 외, 2014). 관찰학습에서 강화 없이 관찰만으로도 학습은 가능하며 관찰한 것을 재현할 수 있다. 하지만 강화가 관찰학습을 위해 필수적이지는 않지만 학습된 행동을 수행할 가능성을 증가시키는 효과는 가지고 있다. 그러나 그 반응들은 충분한 자극이나 동기가 없이는 행동을 수행하지 않는다. 반두라는 반응의 강도를 증가시키는 것은 동기부여라고 하였다(Bandura, 1977).

(3) 자기강화와 자기효능감

① 자기강화

자기강화(self-reinforcement)란 자신이 스스로 통제할 수 있는 보상과 처벌을 스스로에게 제공함으로써 자신의 행동을 바꾸어 나가거나 유지하는 과정을 말한다. 자기강화는 각 개인에 의해 의식적으로 이루어진다. 개인들은 그들 자신의 내적 기준을 설정하고 이에 따라 스스로에게 보상과 벌을 준다. 개인들은 자기 스스로 정한 표준에 도달할 때 성취감을 느끼지만 성공할 가능성이 거의 없는 일에 실패한 경우에도 자책하지 않는다.

② 자기효능감

자기효능감(self-efficacy)이란 어떤 행동을 성공적으로 수행할 수 있다는 신념과 자신의 능력에 대한 판단을 말한다. 자기효능감은 사람들이 자신의 행동을 결정하는 토대가 되고, 사회적 모델링을 통해 획득되기도 한다. 높은 자기효능감을 가진 사람은 성공적 인생각본을 연출하여 문제점들에 대해서 스스로 해결책을 연습한다. 자기효능감이 낮은 사람은 어려움에 직면했을 때 쉽게 포기하는 경향이 있고, 자기비판적이어서 결과적으로 실패할 가능성이 높다.

3) 반두라 이론의 평가

반두라 이론의 의의는 모방학습의 중요성을 다시 한 번 보여 주고, 사회환경이 인간에게 얼마나 많은 영향을 미치는가에 대한 인식을 새롭게 했다는 점에 있다. 그리고 그는 많은 인간행동이 자기조정에 의해 규제된다고 간주했고, 어떤 행동을 성공적으로 수행할 수 있다는 자기효율성이 성격발달에 중요한 영향을 미친다고 보았다.

그러나 반두라 이론은 인간행동에서 외부환경의 중요성을 너무 강조한 나머지 내적인 측면을 과소평가하고 있는 한계점이 있다. 그것은 인간의 행동에서 외적 강화가 행동을 증가시키는 중요한 요인이기는 하지만, 인간은 모델의 강화 없이도 내적 흥미에 의해 행동을 자발적으로 학습할 수 있기 때문이다.

또한 관찰학습은 단순한 행동을 신속하고 쉽게 학습할 수 있다는 장점을 가지고 있지만, 다양하고 복잡한 기능을 필요로 하는 행동의 학습을 설명하는 데는 한계가 있다.

반두라의 사회학습이론은 행동에만 기반을 둔 행동이론가들과는 달리 기대, 사고와 같은 내적인 요소가 중요한 역할을 하며, 한 사람의 행동은 개인적 변인들과 환경적 변인들 사이의 상호작용의 결과로 보고 행동, 개인의 특성, 환경 등 세 가지 변수가 서로에게 영향을 미친다는 중요성을 강조했다. 이 점은 개인 변인과 환경 변인들의 역동성이 많은 영향을 미치고 있는 현장에서 낙관성과 미래의 변화를 강조하고 있다는 점에서 시사하는 바가 크다 (이명재 외, 2005: 275 참조).

4. 행동주의이론의 평가

행동주의이론이 공헌한 점들 중의 하나는 행동기법들의 다양성이다. 행동주의 접근에서는 단지 문제에 대해 이야기하거나 통찰을 얻도록 하는 것과는 달리, 행동하는 것을 강조하기에 행동을 바꾸는 데 도움을 주는 행동적 기법 또는 전략을 다양하게 가지고 있다. 따라서 행동주의이론은 윤리적으로 중립적이며 누구의 행동이 바뀌어야 한다거나 무슨 행동이 변해야 한다는 것을 명령하지 않는다. 그리고 환경 내에 존재하는 여러 가지 제약을 어떻게 제거할 수 있으며, 효율적인 행동의 학습을 위한 환경적 조건을 어떻게 조성할 수 있는가 하는 구체적인 방안을 밝혔다.

그러나 행동주의이론은 인간의 고차원적 기능과 창조성, 자율성을 무시하고, 너무 많은 교육과 경험이 필요하다는 단점을 가지고 있다.

또한 행동주의이론이 근거하는 학습이론에 문제가 있는데 이 이론이 실험실에서 동물을 대상으로 한 연구에서 나왔기 때문에 실험실 밖의 일상생활에서나 동물이 아닌 인간에게는 적절하지 않을 수 있다고 비판받고 있다. 그러므로 행동주의이론은 인간을 외부에서 통제 가능한 기계와 같은 존재로 간주함으로써 주어진 환경에 적절히 대처해 나가는 개인의 능동적이며 주체적인 노력과 그 결과로 이루어지는 변화를 무시하는 한계점이 있다.

연습문제

1. 반두라 이론을 설명하는 개념으로 옳은 것은?

    ① 고전적 조건형성   ② 소거

    ③ 자발적 회복   ④ 모방

2. 중간고사에서 나쁜 성적을 받은 학생이 기말고사를 치를 때까지 스스로 인터넷 게임을 중단하고 학업에 매진하기로 결심했다. 이러한 행동을 설명하는 개념은? (2012년 기출)

    ① 행동 조성   ② 자기강화

    ③ 처벌   ④ 정적 강화

3. 반두라의 관찰학습의 과정에 해당되지 않는 것은? (2013년 기출)

    ① 주의집중   ② 자기효능 평가

    ③ 운동재생   ④ 기억

4. 반두라의 이론에 대한 설명 중 가장 거리가 먼 것은 무엇인가? (2015년 기출)

    ① 개인 자신의 주관적 경험이 중요하다.

    ② 인간은 인지적 능력이 있다.

    ③ 인간행동은 개인과 환경 간의 상호작용의 결과이다.

    ④ 새로운 행동의 학습은 외적 강화 없이도 이루어질 수 있다.

5. 사회학습이론에 대한 설명으로 옳은 것을 <u>모두</u> 고르시오.

가. 성격 또는 행동의 결정요인으로 심리적 기제를 중요하게 여긴다.
나. 인간은 행동을 모방하거나 사회학습 경험으로 성격을 형성한다.
다. 비합리적 사고와 신념체계에 초점을 둔다.
라. 새로운 행동의 학습은 외적 강화 없이도 이루어질 수 있다.

---

① 가, 나, 다   ② 가, 다   ③ 나, 라   ④ 가, 나, 다, 라

제10장

인본주의이론

인간을 무의식적 결정론과 환경결정론 입장으로 보는 것에 반대하여 나온 이론이 인간적이고 실존적인 철학 전통을 기반으로 한 인본주의이론 (humanistic theory)이다. 이 이론은 인간을 자율적 존재로 보고 인간의 주관적 가치를 더 중요하게 여기며 존재론적 입장에서 인간의 변화 가능성과 인간의 자유의지를 강조한다. 인본주의이론에는 로저스의 현상학이론과 매슬로우의 욕구이론, 머레이의 성격욕구이론 등이 있다.

1. 로저스의 현상학이론

인본주의 이론가 중에서 로저스는 사회복지실천에 가장 큰 영향을 끼쳤으며, 로저스의 이론을 인간 중심 접근 이론이라고 한다. 이러한 로저스의 현상학이론(phenomenilogical theory)은 1940년대 상담 및 심리치료의 주요한 추세에 도전하면서 탄생했다. 로저스가 반대한 것은 첫째로는 정신분석 상담이었는데, 당시의 정신분석 상담은 인간의 본능적 욕구를 과도하게 강조하면서 상담자가 진단적이고 해석적이며 지시적인 태도를 취했다. 둘째로는 행동주의이론에도 반대했는데, 이 이론은 인간의 행동을 자극에 대한 반응으로 지나치게 단순화하였다.

로저스에 의하면 인간은 기본적으로 자유로우며 자신의 행동에 책임을 지고, 합리적이고 건설적인 방향으로 지속적으로 성장해 나가는 미래 지향적 존재이다. 인간은 자아실현 경향을 성취하기 위하여 항상 노력하고 도전하고 어려움을 극복함으로써 진정한 한 개인이 되어 가는 존재이다. 또한 이러한 자아실현은 완전히 최종적인 것이 아니라 항상 발전하는 것이기 때문에 인간은 성장할 수 있는 창조성이 있으며 그럴 수 있는 가능성이 무한히 잠재되어 있는 존재이다. 로저스의 이론은 인간을 이해하는 데 있어 문제의 역사보다 '지금 여기'를 강조하므로 현상학적 성격이론이라고 한다.

1) 로저스의 생애

로저스
(Carl R. Rogers, 1902~1987)

로저스(Carl R. Rogers, 1902~1987)는 1902년 미국 일리노이주 오크파크(Oak Park)에서 5남 1녀 중 네 번째로 태어났다. 그는 기독교 가정에서 비교적 사회의 영향을 많이 받지 못한 채 외롭게 자랐고, 공부를 잘하는 학생이었으나 학교 결석이 잦아 그의 별명은 '결석한 교수님'이라고 불리기도 했다. 로저스는 1931년에 컬럼비아 대학교에서 심리학 박사학위를 받은 후, 뉴욕주 로체스터에 있는 아동생활지도 클리닉에서 일을 했다. 1940년에 그는 오하이오 주립대학교 심리학과 교수가 되었다.

1945년부터 1957년까지 시카고 대학교에서 가르치면서 카운셀링 센터를 운영하다가, 1957년에 위스콘신 대학교로 돌아와서 1963년까지 머물렀다. 로저스는 1987년 2월 갑작스럽게 부러진 허리를 수술 받던 중 사망하였다. 그는 생전에 심리학의 발전에 크게 기여하였다(이영실 외, 2014).

로저스의 저서로는『상담과 심리치료』(1942),『클라이언트 중심치료』(1951),『심리요법과 성격변화』(1954) 등이 있다.

2) 주요 개념

(1) 현상학적 장

로저스의 현상학적 이론에서 '현상학적 장(phenomenal field)'이란 경험적 세계 또는 주관적 경험이라고 불리는 개념으로 특정한 순간에 개인이 지각하고 경험하는 모든 것을 의미한다. 현상학적 이론에서는 인간이란 본래 특정한 성격유형을 갖고 태어나는 것이 아니라 다양한 주관적인 경험들을 통해서 성격이 형성되는 것으로 본다. 과거 그 자체가 현재 행동을 결정하는 것이 아니라 과거에 대한 각 개인에 대한 현재의 해석이 현재의 행동을 결정한다는 로저스의 주장은 그가 현상학적 장을 얼마나 중요시하는지를 보여 준다.

프로이트가 인간의 행동을 결정하는 요인은 과거의 경험이라고 본 점에 대하여, 로저스는 과거 그 자체가 아니라 과거에 대한 각 개인의 현재의 해석이라고 할 정도로 현재의 현상학적 장을 중시하였다. 그리고 자아의 발달은 자신이 세상에서 경험하는 것을 어떻게 지각하는가를 바탕으로 하여 변화하는 역동적인 과정이라고 볼 수 있다.

로저스는 자아가 현재 자신의 모습에 대한 인식인 '현실자아'와 앞으로 자신이 어떤 존재가 되어야 하며, 어떤 존재가 되기를 원하고 있는지에 대한 인식인 '이상적 자아'로 구성되어 있다고 본다(이종복 외, 2014: 157). 그는 인간이 자아개념과 경험 사이에 불일치가 생기면 긴장, 불안, 내적 갈등을 경험하게 되며 이 상태가 심해지면 정신병리의 원인이 된다고 보았다.

유기체는 유기체를 실현하고 유지하고 향상시키려는 하나의 기본적 경향성과 추구하려는 욕구를 가지고 있는데, 그것을 실현화 경향성이라고 한다. 유기체가 가진 실현화 경향성은 타고난 것이며 인간에게는 누구나 밖으로 표현하려는 성장 잠재력이 있고, 각자는 그 잠재력을 실현하려는 경향성을 가지고 태어난다. 로저스는 이러한 자기실현 욕구가 기본적인 행동 동기라고 보았고, 자아실현은 인간의 모든 잠재능력을 개발하는 것, 즉 자기실현이고, 계속 진행되는 것으로서 완료되었거나 정체된 상태가 아니다. 미래 지향적인 이 목표는 인간으로 하여금 자꾸 앞을 내다보게 하여 자아의 모든 국면이 더욱 변별되고 개발되게 한다.

그리고 실현화 과정은 사람의 모든 능력에 대한 끊임없는 시험과 긴장 및 자극이 수반되기에 어렵고, 때로는 고통스럽기도 하다. 자아실현을 하고 있는 사람들은 진정한 자기 자신이 되기에 방향 선택이나 행동표현 여부가 전적으로 자기 자신에 의해 결정된다.

(2) 가치 조건화

로저스가 "경험은 나에게 최고의 권위이다."라고 말한 것처럼 경험을 통해 가치를 형성하는 것은 중요하다(이영실 외, 2014). 가치 조건화(condition of worth)는 로저스의 성격형성을 이해하는 데 중요한 개념이다. 가치의 조건이란 다른 사람들로부터 거절당할 행동이나 태도를 삼가고 바람직한 행동과 태도를 표현할 때 인정해야 하고 수용해야 할 어떤 가치가 있다는 믿음을 말한다. 가치의 조건은 다른 사람의 가치를 취하는 데에서 비롯되는데, 인간은 자신의 행동이 어떤 조건에 따라 판단되면서 그 조건에서 자신의 가치를 느꼈을 때, 가치의 조건을 알게 된다. 그러나 가치의 조건은 다른 사람의 행동을 제한하고 현실을 왜곡할 수 있기 때문에 가치의 조건과는 무관하게 무조건적이고 긍정적인 관심을 주거나 받는 것이 필요하다. 예를 들면, 어린 아이들은 자라면서 다른 사람들로부터 긍정적인 존중을 점점 더 받고 싶어 하지만, 긍정적인 존중은 어떤 조건들을 충족시킬 때에만 주어지는 것이다.

(3) 충분히 기능하는 사람

로저스가 생각하는 이상적인 인간은 자기실현을 하는 사람이라고 할 수 있다. 현재 진행되는 자신의 자아를 완전히 지각하는 사람을 충분히 기능하는 사람(fully functioning person)이라고 한다. 로저스는 충분히 기능하는 사람을 최적의 심리적응, 최적의 심리성숙, 완전한 일치, 경험에 완전히 개방되어 있는 사람으로 보았다. 또한 충분히 기능하는 사람은 계속적으로 변화하는 사람으로 과정 중에 있는 사람이라고 지적하면서 이들이 삶의 과정에서 공통적으로 갖는 다섯 가지 특징을 다음과 같이 말한다(Hjelle & Ziegler, 1981).

① 경험에 대한 개방성(an openness to experience)
가치의 조건에 아무런 제재를 받지 않는 사람은 모든 감정과 태도를 자유로이 경험할 수 있다. 그러한 사람은 생활이 주는 경험을 잘 받아들일 뿐만 아니라 지각과 표현의 새로운 길을 얻기 위해 그 경험들을 활용하는 데도 융통성이 있다. 그러한 사람은 경험에 대해 완전히 개방적이기에 자신의 내면에서 무엇이 일어나고 있는지 체험할 수 있고 자신의 내면의 소리를 들을 수 있다.

② 자신의 유기체에 대한 신뢰(a trust in one's own organism)
자신의 유기체에 대해 신뢰한다는 것은 유기체 전체로 하여금 한 상황의 모든 측면을 고려할 수 있게 한다는 것을 뜻한다. 이렇게 신뢰를 하는 사람은 현재 상황에서 욕구를 최대한 만족시키는 행동을 한다. 그런 사람은 감정에 민감하되 충분하게 합리적으로 자신의 감정을 은닉하며 사리 판단을 하여 상황에 적절하게 반응할 줄 안다.

③ 실존적인 삶(existential living)
실존적인 삶이란 인간이 존재의 매 순간을 충분히 만끽하며 사는 것을 뜻한다. 현재의 자기나 미래의 자기는 그 순간으로부터 나오는 것이며, 개인의 자아와 성격은 경험으로부터 형성된다(최옥채 외, 2015: 136). 실존적인 삶을

영위하며 충분히 기능하는 사람은 자아구조가 새로운 경험에 대해 언제나 개방적이기 때문에 융통성이 있고 거기에는 어떤 경직성도 없다. 그런 사람은 순간에 일어나는 모든 것을 쉽게 받아들이며 각각의 경험 속에서 변화를 쉽게 받아들일 줄 알아 유동적이고 적응적이며 관용적이고 자발적이다.

④ 자유의식(a sense of freedom)

충분히 기능하는 사람은 선택과 행동에 대한 자유의식을 가지고 있다. 그에게서 개인의 미래는 자기가 결정할 수 있으며 자신은 삶에 대해 지배적이다. 또한 미래는 일시적인 생각이나 환경 또는 과거의 사건들에 의해 결정되는 것이 아니라 자기 자신에게 달려 있다고 믿는다.

⑤ 창조성(creativity)

충분히 기능하는 사람들은 그들이 존재하는 모든 영역에서 창의적인 삶으로 스스로를 표현한다. 이들은 자신의 깊은 곳에 있는 욕구를 만족시키며, 사회 속에서 살아가고 있지만 사회에 얽매여서 살아가지 않는다. 그들은 전쟁이나 충격적인 변화라 할지라도 충분히 대처할 수 있는 창조성을 갖고 있다.

3) 성격발달

인간 중심 또는 내담자 중심 치료는 로저스의 비지시적 상담이론에 근거를 두고 있다. 인본주의 접근에서는 클라이언트가 스스로를 치료하도록 돕는다. 클라이언트 중심 치료는 주의 깊은 경청과 비지시적 원조과정을 통해서 클라이언트의 자기가치감과 자기이해를 증진시켜 사회적 기능을 향상시키는 심리치료이다. 로저스는 내담자 중심의 치료를 촉진시키는 요소는 진실성, 무조건적인 긍정적 관심, 공감적 이해 등이라고 하였다.

① 일치성 혹은 진실성

상담자는 클라이언트와의 관계에 있어서 자기 일치성(congruence) 또는 진실성(genuineness)을 가져야 한다. 클라이언트와의 관계에서 일관된 자세로 개방적이며 진솔해야 한다.

② 무조건적인 긍정적 관심

로저스는 건강한 성격의 발달을 위한 중요한 요소가 무조건적인 긍정적 관심(unconditional positive regard)이라고 하였다. 무조건적인 긍정적 관심이란 어떤 상황에서 어떻게 행동하든 있는 그대로 조건 없이 수용해 주거나 존중해 주는 것을 의미한다. 무조건적인 긍정적 관심은 다른 사람에게 무조건적인 가치를 부여한다는 것이다. 이것을 실제로 수행하기는 매우 어렵지만 타인에 대한 관심과 수용의 자세를 항상 유지하는 것은 중요하다.

③ 공감적 이해

공감적 이해란 내담자의 감정을 자신의 감정인 것처럼 느끼는 것을 의미한다(이종복 외, 2014: 165). 상담자가 자신이 상담자라는 것을 잃지 않으면서도 마치 내담자인 것처럼 내담자의 내적 참조 틀에 의해서 파악한 내담자의 주관적 가치나 감정을 내담자에게 되돌려 주는 것을 의미한다. 내담자의 경험을 지각하는 상담자의 능력과 그 순간이 내담자의 의미가 됨으로써 공감적 이해가 성립하게 된다.

4) 로저스 이론의 평가

로저스의 이론은 이론보다는 치료기법에 영향을 많이 끼쳤으며, 심리치료와 상담 영역에서 상당한 공헌을 하였다. 특히 클라이언트 중심 치료는 정서적 장애를 가진 사람들의 치료에 유용한 것으로 평가되었다. 그는 치료라는 단어보다는 '원조'를 사용하였고, 클라이언트에 대한 원조과정은 지시적인 것이 아니라 지지적이다.

　로저스의 이론은 지나치게 현상학에 근거하고 있고 상담자는 개인에 의하여 지각되고 있는 경험의 장, 즉 현상학적 장을 그 개인의 실제 세계로 보고 내담자가 표현하는 주관적인 경험의 세계를 전적으로 신뢰하려고 한다. 하지만 인간의 행동은 의식할 수 없는 요인에 많은 영향을 받을 수 있다.

　또한 로저스의 이론은 인간의 본성에 대한 선한 측면만을 지나치게 강조하고 있으며, 부정적인 측면에 대한 설명이 부족하다. 인간의 행동은 본성에 의해서만 좌우된다고 볼 수 없으며, 다양한 관련 요소들을 통해서 설명되어야 한다.

　이 밖에도 인간은 생활에 있어서 적절한 발전을 지향하게 하는 확고한 기제가 있다고 하였지만 이러한 것에 대한 명백한 증거가 없으며 학습을 통한 인간행동의 발달을 무시하고 있다. 또한 로저스의 이론 중 유기체적 경험, 자기개념, 완전한 기능 등은 개념이 모호하고 난해하여 이해에 어려움이 있다(Nye, 1992). 그리고 상담자는 클라이언트에게 진실해야 한다는 점을 강조하고 있지만 현실적으로 클라이언트에 대해 자신의 진실된 감정을 표현한다는 게 쉽지는 않다(Zastrow, 1995).

2. 매슬로우의 욕구이론

매슬로우
(Abraharm Maslow, 1908~1970)

　매슬로우도 로저스와 마찬가지로 결정론적인 입장을 취하는 정신분석과 기계론적 입장을 취하는 행동주의를 강하게 비판하면서 자신의 입장을 프로이트 학파와 행동주의 학파에 대한 반동으로 '제3세력 심리학'이라 하였다. 매슬로우는 욕구위계(hierarchy of needs)에서 인간 각자는 자신의 잠재력을 발달·성장시키고, 완성시킬 수 있는 본능적 욕구를 가지고 태어난다고 보았다. 매슬로우의 주요 공헌은 동기가 어떻게 위계적으로 조직되는가에 대한 분석과 건강한 성격에 대한 기술을 바탕으로 인간의 자아실현 중요성을 강조한 점이다.

1) 매슬로우의 생애

매슬로우(Abraharm Maslow, 1908~1970)는 뉴욕시 브루클린에서 러시아에서 이주한 유대인 부모의 일곱 자녀 중 장남으로 태어났다. 가난한 유대인이었던 그는 외로움 속에서 친구도 없이 도서관에 파묻혀 지냈고 위스콘신 대학교에서 심리학을 전공하였고 20세에 결혼했다. 1934년에 위스콘신 대학교에서 박사학위를 받은 후, 매슬로우는 뉴욕시에 있는 브루클린 대학교로 돌아와 1951년까지 머물렀다. 1951년부터 1969년까지 매슬로우는 브랜다이스 대학교에서 강의했고, 상을 받았으며, 1967년에 미국심리학회 회장으로 선출되었다.

또한 그는 사회문제라는 심리학회의 평의회에 재직했으며, 여러 정기간행물 자문편집장을 지냈다. 건강한 삶을 추구하며 인간을 존중했던 매슬로우는 62세가 되던 1970년, 지병인 심장병으로 운명했다(생각의 마을 기획, 2017). 그의 『인간의 동기와 성격(Motivation and Personality)』이라는 책에 소개된 욕구계층이론이 가장 유명하다.

2) 욕구에 대한 이해

매슬로우는 인간의 본능적 욕구를 결핍욕구와 자아실현욕구라는 인간 동기의 두 가지 주요 형태로 설명하였다. 그는 결핍욕구는 결핍으로 인한 극도의 긴장을 유발시키기 때문에 동기의 부정적 형태이다. 자아실현욕구는 잠재능력, 기능, 재능을 발휘하려는 욕구이다. 매슬로우는 자아실현욕구도 결핍욕구와 마찬가지로 선천적인 것이라고 보았다. 그에 의하면 사람들은 자기의 결핍욕구가 충족되면 성장욕구를 가지게 되고 따라서 성장으로 동기유발 되어 간다고 했다.

매슬로우가 제안한 욕구위계에서 하위에 있는 욕구가 더 강하고 우선적이어서 생존에 필요하고, 상위에 있는 욕구는 성장에 필요함을 알 수 있다. 매슬로우는 인간의 행동을 활성화시키고 이끄는 생리적 욕구, 안전 욕구, 소속감과 사랑 욕구, 자아존중의 욕구, 자아실현욕구의 다섯 가지 타고난 욕구를 제안했다. 욕구위계에서 하위에 있는 욕구는 그 위의 욕구가 충족되기 전에 충족되어야 하며, 이러한 욕구를 충족시키기 위해서 우리가 하는 행동은 선천적인 것이 아니라 학습에 의한 것이다.

(1) 결핍욕구

모든 결핍욕구들(deficiency needs)은 공통적으로 우리로 하여금 현실을 제대로 인식하지 못하게 한다(손병덕 외, 2014). 결핍욕구는 동기의 부정적 형태로서 결핍으로 인한 극도의 긴장을 유발시킨다. 이런 욕구는 다음의 객관적 특징을 지니고 있다.

- 결핍되면 병이 생긴다.
- 충족되어 있으면 병이 예방된다.
- 충족시키면 병이 회복된다.
- 자유롭게 선택할 수 있는 상황이라면 충족이 결핍된 사람은 우선적으로 그것을 충족하려고 한다.
- 건전한 사람에게는 결핍욕구가 기능적으로 존재하지 않는다.
- 의식적 또는 무의식적 바람이다.
- 부족감 혹은 결핍감으로 느껴지게 된다.

(2) 자아실현욕구

매슬로우는 인구의 1% 정도가 자아실현에 근접한다고 하였다(최옥채 외,

2008: 145). 자아실현욕구(self-actualizing needs)는 잠재능력, 기능, 재능을 발휘하려는 욕구이며, 결핍욕구와 마찬가지로 선천적인 것이다. 사람들은 자기의 결핍욕구가 충족되면 성장욕구를 가지게 되고 따라서 성장으로 동기유발 되어 간다.

3) 욕구체계

매슬로우는 인간의 행동을 활성화시키고 이끄는 다섯 가지 타고난 욕구를 제안했다. 그것은 생리적 욕구, 안전 욕구, 소속감과 사랑 욕구, 자아존중의 욕구, 자아실현욕구이다. 이 욕구들은 위계를 형성하며 욕구위계에서 아래에 있는 욕구는 그 위의 욕구가 충족되기 전에 충족되어야 하며, 이러한 욕구를 충족시키기 위해서 우리가 하는 행동은 선천적인 것이 아니며 학습에 의한 것이다.

매슬로우는 하위에 있는 욕구는 생존에 필요하고, 상위에 있는 욕구는 성장에 필요하며, 하위 욕구가 상위 욕구보다 더 강하고 우선적이라고 한다. 하위의 네 가지 욕구가 어느 정도 충족되어야 자기실현욕구에 도달할 수 있다. 매슬로우의 욕구위계의 특징을 살펴보면 다음과 같다.

첫째, 욕구위계에서 하위에 있는 욕구가 더 강하다. 즉, 하위에 있는 욕구일수록 강도와 힘이 세고, 우선순위가 높다. 상위에 있는 욕구일수록 반대로 강도와 힘이 약하고, 우선순위가 낮다.

둘째, 욕구위계에서 상위의 욕구는 인생의 나중에 나타난다. 즉, 생리적 욕구와 안전 욕구는 유년기에, 소속감과 사랑 욕구, 존중 욕구는 청년기에 나타나며 자아실현욕구는 인생의 중반에 접어들기 전까지는 나타나지 않는다.

셋째, 욕구위계에서 상위의 욕구는 생존을 위해 덜 필요하기 때문에 그러한 욕구의 만족은 지연될 수 있다. 즉, 상위의 욕구를 만족시키지 못하더라도 하위의 욕구를 충족시키지 못했을 때처럼 즉각적인 비상사태나 위급한 반응은 일어나지 않는다. 이런 점에서 하위의 욕구를 결핍욕구(deficit or deficiency needs)라고 부른다.

넷째, 욕구위계에서 상위의 욕구는 생존을 위해 덜 필요하지만, 그러한 욕구는 생존과 성장에 기여한다. 상위의 욕구가 충족되었을 때 갖게 되는 성취감은 보다 건강한 삶을 만들 수 있으며, 생명도 연장할 수 있고, 생물학적인 효율성도 증가시킬 수 있기 때문에 상위의 욕구를 성장욕구(growth or being needs)라고 한다.

다섯째, 욕구위계에서 상위의 욕구 만족은 생리적 · 심리적으로 생산적이고 유용하다. 왜냐하면 그것은 보다 심오한 행복감과 마음의 평화, 그리고 인생의 내적인 성취감을 제공하기 때문이다.

여섯째, 욕구위계에서 상위의 욕구 만족은 하위의 욕구 만족보다 더 좋은 사회적 · 경제적 · 정치적 환경을 요구한다.

일곱째, 어떤 욕구는 위계의 다음 욕구가 중요하게 되기 이전에 충분히 만족될 필요가 없다. 매슬로우는 욕구위계에서 위로 올라갈수록 각 욕구의 만족 비율이 낮아진다고 보았다.

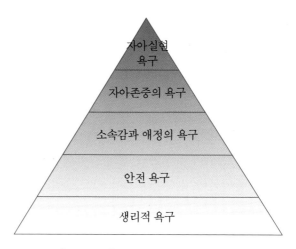

[그림 10-1] 매슬로우의 욕구위계구조

출처: 이종복 외(2007: 291).

(1) 생리적 욕구

모든 욕구들 중 가장 강력한 생리적 욕구(physiological needs)는 음식, 물, 공기, 수면 등과 같이 인간의 가장 기본적인 욕구로 모든 욕구 중에서 가장 기본적이고 강하고 분명한 것이다. 생리적 욕구는 인간행동을 이해하는 데 매우 중요하고, 이것은 인간의 욕망을 지배하고 있으며, 만일 이것이 제대로 충족되지 못하면 사회의 안전망이 위협받을 수 있다. 예를 들어, 노인이 거주하고자 하는 주택문제 등이 해당된다.

(2) 안전 욕구

생리적 욕구가 충족되면 재정적으로 안정되고 싶은 욕구와 같은 안전 욕구(safety needs)에 관심을 갖게 된다(김동배 외, 1998). 질서 있고 안정적이며, 예측할 수 있는 세계에 대한 유기체의 요구가 안전 욕구이다. 안전 욕구의 만족을 위해 안전, 안정성, 보호, 질서, 그리고 공포와 불안으로부터의 자유가 요구된다.

매슬로우는 조직과 질서가 전혀 없는 완전한 허용과 자유는 오히려 아이의 안전 욕구를 위협하고 근심과 불안감을 일으킨다고 생각했다.

(3) 소속감과 애정의 욕구

생리적 욕구 및 안전 욕구가 적절하게 충족되면, 소속감과 애정의 욕구(belongingness and love needs)가 생겨난다. 개인은 다른 사람과의 친밀한 관계, 특별한 친구관계, 연인관계를 맺기 원하며 특별한 집단에 소속되기를 바란다. 한마디로 집단을 만들고 싶고, 동료들로부터 받아들여지고 싶다는 욕구이다. 인간은 사랑을 주고받음으로써 자신이 가치 있는 존재라는 감정을 가지게 된다.

(4) 자아존중의 욕구

자존감에 대한 욕구는 자아존중과 다른 사람으로부터의 존경을 모두 포함하는 것이다(손병덕, 2014: 128). 자존감의 욕구(자아존중의 욕구, self-esteem needs)는 소속감과 사랑 욕구가 충족된 이후에 나타나는 욕구로 자기 자신과 다른 사람으로부터 존경받고 싶은 욕구이다. 자아존중의 욕구는 자기존중과 다른 사람으로부터의 존경을 모두 포함하고 자아존중의 욕구를 충족시킨 사람은 능력, 신뢰감, 자신의 힘, 가치, 적절함에 대해 확신을 갖는다. 그런데 가장 건전한 자존감은 외부 요소에 의존해서 얻어 내는 것이 아니라 개인의 능력과 끊임없는 노력을 통해서 다른 사람으로부터 좋게 인식되고 평가받음으로써 자신이 가치 있는 사람이라고 느끼게 한다. 건전한 자존감이란 타인으로부터 받는 존경보다는 자신에 대한 자존감이 더욱 중요하다고 했다.

(5) 자아실현욕구

자아실현이란 자아증진을 위한 개인의 갈망이며, 자신이 잠재적으로 지닌 것을 실현하려는 욕망이라 할 수 있다. 자아실현욕구(self-actualization needs)는 발달의 마지막 단계이며 최고의 단계는 자신의 잠재력을 성취하고 싶은 욕구이다. 인간 욕구의 마지막 단계는 자기가 원하는 그 어떤 종류의 사람이 되려는 것이고 자기가 성취할 수 있는 모든 것을 성취하려는 욕구이다. 예를 들어, 노인의 발달단계에 따라 자아를 통합하려는 문제 등이 해당된다. 욕구위계에서 상위욕구일수록 충족의 비율이 상대적으로 낮다.

자아실현을 위해서는 다음의 몇 가지 조건이 필요하다.

- 우리는 사회나 자기 자신에 의해서 부과된 강요로부터 자유로워야 한다.
- 생리적 욕구나 안전 욕구와 같은 낮은 수준의 욕구에 의해서 정신적으로 혼란스러워해서는 안 된다.
- 자신의 이미지와 다른 사람들과의 관계에 대해 확신이 있어야 하며 사랑을 주거나 받아야 한다.
- 자신의 장점과 약점, 미덕과 악덕 등에 관한 실제적인 지식을 소유해야 한다.

그런데 이러한 자아실현욕구를 성취하는 사람은 소수에 불과하며 자아실현욕구는 자신이 이룰 수 있는 것 혹은 될 수 있는 것을 성취하려는 욕구로서 계속적인 자기발전을 통하여 성장하고, 자신의 잠재력을 극대화하여 자아를 완성시키려는 욕구이다.

4) 자아실현욕구를 충족한 사람의 특징

많은 사람이 자아실현을 하고자 노력하나 자아실현을 성취한 사람은 극히 소수에 불과하다. 매슬로우는 자아실현을 성취한 사람들에게서 발견되는 공통된 특성을 다음과 같이 설명하였다(김용준 외, 2014: 299-302; Maslow, 1970; 153-172).

① 현실의 효율적 자각
자아실현자는 현실에 대하여 효과적인 지각을 하며 편안해한다. 자기 주변의 세계 및 사람들을 명확하고 객관적으로 지각할 능력을 가진다. 이러한 지각은 고도로 객관적이며 어느 한 쪽으로 치우치지 않은 성장인지에 근거한다. 자아실현자는 세계를 있는 그대로 보며 선입관에 치우쳐 상황을 파악하지 않는다.

② 자신, 타인, 자연의 수용
자아실현자는 자아, 타인 및 자연을 수용한다. 자아실현자는 자신의 강점뿐만 아니라 약점까지도 왜곡하지 않고 있는 그대로 받아들이며, 실패한 일에 대해서도 지나친 부끄러움이나 죄책감을 갖지 않는다. 또한 다른 사람이나 일반적인 사회의 약점에 대해서도 있는 그대로 수용한다.

③ 자발성, 단순성, 자연성
자아실현자의 행동은 지극히 개방적이고 솔직하고 자연스럽다. 그는 생각과 이상에 있어 주관이 뚜렷하며, 그의 행동은 인습에 사로잡혀 있지 않다. 그리고 자신의 일상적인 삶에 대하여 감사할 줄 알며 자율적으로 개인적인 윤리규정을 가지고 있다.

④ 자기 자신 이외의 문제에 대한 몰두와 적극적 문제해결

자아중심적이지 않고 문제중심적이며, 자기 자신보다 외부의 문제들에 관심을 가진다. 자아실현자는 자신의 인생에 대한 사명감을 가지며, 자신 밖의 일이나 자신의 범위를 벗어나는 일에 많은 에너지를 쏟는다. 자아실현자는 열심히 일하면서 큰 기쁨과 흥분을 경험하고, 자신이 하는 일이나 방향이 성장 가치에 집중되어 있다.

⑤ 초연함 및 사적 자유 욕구

자아실현자는 개인생활을 위한 욕구를 가진다. 그는 때로는 고독을 느끼지만 그러한 고독에 압도되지 않으면서 사적인 자유를 느낀다. 자아실현자는 독립적이고 자율적이기 때문에 때론 홀로 자신만의 시간을 가지면서 사색하며, 타인의 지지 및 애정에 매달리지 않는다.

⑥ 인식의 신선함

자아실현자는 자연이나 어린아이와 같이 주위의 세계를 새로움, 놀라움, 경외심을 갖고 받아들이고 경험하는 능력이 있다.

⑦ 신비함의 절정경험

자아실현자는 강렬한 무아경, 놀라움, 경외심, 즐거움을 경험한다. 이러한 경험을 하는 동안 그는 극도로 확신에 차고, 명확하고 강력한 힘을 느끼며, 경험은 강화되고 그 강도가 절정에 달하게 된다. 자아실현자는 보통 사람보다 훨씬 더 자주 절정경험을 하게 되며, 이것은 최고의 심리적 건강상태라고 할 수 있다.

⑧ 사회적 관심

자아실현자는 전 인류를 사랑하며, 인류를 돕고자 하는 욕망은 물론, 모든 인간에 대하여 강하고 열렬한 형제애를 느끼고 있다. 그래서 그들은 다른 사람들 행동에 우울해지거나 화를 내는 경우도 있지만, 곧 이해하고 용서해 준다.

⑨ 소수의 깊은 대인관계

대인관계는 심오하고 매우 순수하며, 정열, 애정 그리고 동일시를 수반하며 자기경계선이 크게 축소되어 있다. 타인과 사적으로 깊은 관계를 맺는다. 자아실현자의 우정은 보통 사람들의 우정보다 매우 강하며 심오하다. 또한 자아실현자 주위에는 종종 찬양자나 제자들이 모여든다.

⑩ 민주적인 성격구조

자아실현자는 지극히 관대하여 모든 사람들을 받아들이며, 사회계층, 교육수준, 종교, 문화, 인종, 피부색, 정치이념 등에 사회적 편견을 갖지 않는다.

⑪ 자율적 기능

자아실현자는 사회환경으로부터 비교적 독립되어 있고, 사회적·물리적 환경에 자율적으로 기능할 수 있다. 강한 자제력을 가지고 있으며, 고도의 자율성으로 인하여 위기나 결핍에도 당황하지 않고 큰 재앙 속에서도 기본적인 침착성을 유지한다.

⑫ 수단과 목적 및 선과 악의 구별

자아실현자는 수단과 목적을 분명히 구별하며, 목적에 도달하기 위한 수단보다 목적 자체를 훨씬 더 중요시한다. 또한 자아실현자는 선과 악 및 옳고 그름을 구분할 수 있으며, 어느 상황에서나 뚜렷한 윤리적이고 도덕적인 기준을 가지고 있다.

⑬ 철학적인 유머감각

자아실현자는 철학적이고 사려 깊은 유머감각이 있다. 그러나 그 유머감각은 일반적으로 생각하는 유머가 아니라 고차원적인 유머이다.

⑭ 창조성

자아실현자의 창조성은 어린이의 순진무구한 창조성에 가깝다. 자아실현자의 창조성은 예술가나 과학자가 아니더라도 독창적이며 발명의 재능을 가지고 있고 현실적이다. 창조성은 심리적으로 매우 건강하다는 하나의 표현이며 태도이다.

⑮ 문화의 내면화에 대한 저항

자아실현자는 자아충족적이고 자율적이며 문화적응에 저항하고 특정 문화를 초월한다. 따라서 스스로 방향을 정하고 문화로부터 내적으로 이탈하여 초연함을 유지한다.

매슬로우는 자아실현자를 완벽한 인간이라고 보지 않았으며, 오히려 현실 속에서 분노할 줄 알고 다른 사람으로부터 배우고자 하는 겸허한 자세를 가진 사람이라고 설명한다(김진원, 2009: 414).

5) 매슬로우 이론의 평가

매슬로우의 이론은 인본주의이론의 기틀을 마련하는 데 공헌했고, 인간 본성에 대해 긍정적으로 바라보는 것은 인간을 이해하는 데 있어 의미 있는 결과를 가져온다. 그러한 관점은 인간을 전체로 다루고 환경과 상호작용하는 존재로 보며, 클라이언트 중심의 개입을 가능하게 하는데, 이는 사회복지실천의 기본적 원칙에 잘 부응한다. 그리고 그의 욕구단계이론은 사회복지사가 클라이언트의 욕구평가를 하는 데 유용하게 활용하고 있고 인간이 추구해야 할 진실한 삶의 형태를 잘 제시해 주고 있다. 그러나 그의 이러한 공헌에도 불구하고 다음의 사항들에서 비판을 받고 있다.

첫째, 매슬로우의 이론은 연구방법에서 과학적 방법이 취약하다. 자아실현에 관한 정보를 수집하는 방법에서 자료를 이끌어 내기 위한 표본이 모집단에 비해 너무 적기 때문에 일반화하기에 어려움이 있다. 또 그의 이론은 관찰하거나 검증될 수 없는 부분이 많다고 지적한다.

둘째, 매슬로우의 이론은 건전하고 창조적인 인간을 너무 강조한 나머지 인간행동에서의 내적인 측면과 환경에 의한 영향을 무시하고 있다. 또한 인간욕구의 우선순위가 사람에 따라 다양성을 보이기 때문에, 둘 이상의 단계욕구를 함께 느끼기도 하고 상황에 따라서는 욕구위계들의 순서가 바뀌기도 한다.

3. 머레이의 성격욕구이론

1) 머레이의 생애

머레이(Henry Alexander Murray, 1893~1988)는 1893년 미국 뉴욕의 부유한 가정에서 태어났다. 그는 어렸을 적 말더듬이를 앓았는데, 어른이 되어 정신분석을 받고 나서도 없어지지 않았다가 후에 나아졌다. 또한 1902년 사시교정 실패로 평생 시각 결함을 가졌다. 그는 심리학과 많은 분야의 학문을 연구하였고, 하버드 대학교에서는 1915년 역사학 학사학위를 취득하고, 1919년 컬럼비아 의과대학을 수석으로 졸업하고 생물학 석사학위를 받았으며, 1927년 캠브리지 대학교에서 생화학 연구로 박사학위를 받았다. 이 시기에 그는 스위스의 취리히에서 칼 융을 만나, 심층 심리학에 관심을 갖게 되

[그림 10-2] 주제통각검사의 예

었다. 그는 1938년『성격 탐색』을 발간하였고 투사검사인 주제통각검사(TAT)를 발달시켰다. 이후 하버드 대학교에서 사회관계분야 연구소를 설립하였고, 심리학에 관한 연구를 시작하게 되었다.

2) 이론의 특성

머레이는 성격의 본질과 그것의 습득 등에 대해서 연구하였고 성격발달은 곧 콤플렉스의 발달과도 같다고 보았다. 또한 그는 성격은 변화하고 발달한다고 보았고 발생학적 · 성숙적 과정이 개인의 전 생애를 통해서 순서를 결정짓는다고 생각했다. 첫 시기인 아동기, 청년기 그리고 성인초기에는 새로운 구조가 나타나고, 중년기에는 이미 이루어진 구조와 기능이 보존적으로 재구조화되고, 마지막 시기인 노년기에는 존재하는 형태와 기능의 위축이 증대된다고 보았다.

머레이가 고안한 성격 측정 도구 가운데 하나인 유명한 주제통각검사는 투시법을 활용한 것으로 인간행동의 궁극적 이해를 인간행동의 보다 복잡한 연구를 통해서 얻을 수 있다는 생각을 나타내고 있다. 머레이는 '욕구는 명백하고 잠재적이다.'라고 가정했으며 강한 잠재적 욕구를 '원하는 것'으로 인식하기 쉽다고 보았다(안범희, 2000: 173-174).

머레이의 여러 가지 욕구들은 1차적 욕구와 2차적 욕구가 있다. 1차적 욕구(viscerogenic needs)는 전형적으로 신체적 만족과 관계되어 있고 특정의 유기적 사상과 관련되어 있다. 그 예로는 공기, 물, 음식, 성, 배뇨, 배변 등의 욕구를 들 수 있다. 2차적 또는 심리발생적 욕구(psychogenic needs)는 1차적 욕구에서 유래되는 것이며, 어떤 특정한 조직의 과정이나 신체적 만족과의 결합이 없는 것이 특징이다. 이것의 예는 취득, 건설, 성취, 인지, 현시, 지배, 자율 및 경의의 욕구 등이다.

또한 욕구는 외적 욕구와 내적 욕구, 즉 표현된 욕구와 잠재된 욕구로 구분된다. 외적 욕구는 전형적으로 직접 행동으로 나타나는 욕구이며, 내적 욕구는 보통 공상이나 꿈의 세계에 속하는 것이라 볼 수 있다. 그의 욕구 및 동기이론은 생리적 욕구를 살펴보는 것이 도움이 되며, 인간의 행동은 그가 지닌 욕구가 반영된 것이다. 비록 머레이의 이론은 모자이크식이라는 비판을 받기는 하나 인간 탐구에 대한 그의 진지한 열정만은 높게 평가받고 있다.

4. 인본주의이론의 평가

인본주의이론은 인간에 대한 일치성(진실성), 무조건적인 긍정적 존중, 공감적 이해에 기초한 효과적인 상담방법을 모든 사람이 이해하고 활용할 수 있는 방향으로 발전시키는 데 많은 공헌을 하였다. 그래서 이 치유방법은 오늘날 다양하게 적용되고 있다.

또한 인본주의이론은 사회복지분야와 상담분야, 교육학 등의 전문가들을 훈련하는 데 경청, 배려, 이해의 중요성을 강조하였으며, 로저스의 영향으로 경청, 반영, 관계기술 등이 상담자 양성 과정의 훈련 프로그램에 포함되게 되었다.

그러나 인본주의 이론은 개인에 의하여 지각되고 있는 경험의 장, 즉 현상학적 장을 그 개인의 실제 세계로 보고 내담자가 표현하는 주관적인 경험의 세계를 전적으로 신뢰하는 것에 문제가 있을 수 있다. 우리는 인간의 행동이 의식할 수 없는 요인에 많은 영향을 받으며, 어떤 사람이 자신에 관해서 말하는 것은 왜곡될 수도 있기 때문이다.

또한 이 이론은 내담자의 내면세계, 즉 감정의 표현을 강조하는 반면에 지적 및 인지적 요인을 무시하는 경향이 있고, 상담자는 내담자와 상담과정에서 가치중립적이어야 하나, 사람이 대인관계에서 전적으로 가치를 배제한다는 것이 과연 가능할 것인가에 대해서 의문을 제기할 수 있다.

이 밖에도 클라이언트 자신의 문제해결에 초점을 두기보다는 클라이언트 자신의 이해인식에 더 초점을 두기 때문에 문제에 대한 대안제시가 어렵고 개인의 효과성을 파악하기 어렵지만, 오늘날 인본주의이론은 다양한 분야에서 인간의 문제를 해결하고 인간의 성장을 돕기 위한 접근방법으로 성격심리학을 정착시켰다.

연습문제

1. 로저스의 인간관에 관한 설명으로 옳은 것은? (2014년 기출)

 ① 인간의 병리적 관점을 강조한다.

 ② 인간의 주관적 경험을 강조한다.

 ③ 인간을 비합리적 존재로 규정한다.

 ④ 인간을 무의식적 결정론의 존재로 규정한다.

2. 로저스의 이론에 관한 설명으로 옳은 것을 <u>모두</u> 고른 것은? (2013년 기출)

가. 주관적 경험을 존중하고 존경과 긍정적 관심을 통해 성장을 고양할 수 있다.
나. 원조관계에서 클라이언트가 자신의 세계를 다룰 수 있도록 지지한다.
다. 인간은 능력이 있고 자기이해와 자아실현을 위한 잠재력을 가지고 있다.
라. 치료과정은 지시적이며 치료자는 능동적 참여자이다.

 ① 가, 나, 다   ② 가, 다   ③ 나, 라   ④ 라

3. 로저스의 인간관에 관한 설명으로 옳지 <u>않은</u> 것은? (2012년 기출)

 ① 성격발달은 주로 자아를 중심으로 이루어진다.

 ② 로저스가 주장한 원조관계의 본질은 상담치료의 기본이 된다.

 ③ 인간은 통합적 유기체이므로 전체론적 관점에서 접근해야 한다.

 ④ 인간행동은 인간이 세계를 어떻게 지각하느냐에 따라 달라진다.

4. 매슬로우의 자아실현자의 특성에 관한 설명으로 옳은 것을 <u>모두</u> 고른 것은? (2015년 기출)

가. 관대하고 타인을 수용한다.
나. 개방적이고 솔직하며 자연스럽다.
다. 자율적이고 실수를 두려워하지 않는다.
라. 사람과 주변 환경을 객관적이고 명확하게 지각한다.

① 가, 나, 다   ② 가, 다   ③ 나, 라   ④ 가, 나, 다, 라

5. 인본주의이론의 주요 개념으로 옳은 것을 <u>모두</u> 고른 것은? (2014년 기출)

가. 자아실현의 욕구
나. 무조건적인 긍정적 관심
다. 소속과 애정의 욕구
라. 열등감과 보상

① 가, 나, 다   ② 가, 다   ③ 나, 라   ④ 가, 나, 다, 라

6. 매슬로우의 이론에 관한 설명으로 옳지 <u>않은</u> 것은? (2013년 기출)
  ① 인간의 본성은 본질적으로 선하다고 전제한다.
  ② 다섯 가지 욕구는 동시에 일어날 수 없다고 전제한다.
  ③ 위계서열이 낮은 욕구일수록 강도와 우선순위가 높다.
  ④ 연령에 따른 욕구 발달단계를 구체적으로 제시하였다.

7. 매슬로우의 인본주의에 관한 비판으로 옳지 <u>않은</u> 것은? (2012년 기출)
  ① 연령에 따른 욕구의 발달단계를 구체적으로 설명하지 않았다.
  ② 지나친 획일성으로 인해 개인 차이나 상황을 고려하지 않았다.
  ③ 사회의 가치에 따라 욕구계층의 순서가 바뀔 수도 있음을 간과하였다.
  ④ 유기체적 평가과정, 완전히 기능하는 인간 등의 개념이 추상적이고 모호하다는
     비판을 받았다.

8. 성격이론이 사회복지실천에 미친 영향으로 옳지 <u>않은</u> 것은? (2014년 기출)

　① 로저스 이론의 감정이입, 진실성 등은 원조관계에 매우 유용하다.

　② 반두라 이론은 자아규제와 자아효능감 증진 개입의 중요성을 강조한다.

　③ 피아제 이론은 아동의 인지발달을 위한 프로그램 개발 및 적용을 가능하게 한다.

　④ 에릭슨 이론은 과거의 정신적 외상이 현재 어떤 영향을 주는지에 대한 통찰력을
　　갖게 한다.

9. 학자가 주장한 이론의 설명으로 옳은 것은? (2014 기출)

　① 에릭슨-의사결정 과정에서 의식적인 사고과정을 중요시한다.

　② 반두라-인간행동은 관찰학습을 통해 습득될 수 있다.

　③ 피아제-인간은 환경적 자극이 없어도 동기화가 가능한 자율적인 존재이다.

　④ 스키너-인간행동의 결정인자는 개인이 현실을 보는 방식에 기초한다.

10. 학자와 인간관의 연결이 옳지 <u>않은</u> 것은? (2013년 기출)

　① 에릭슨-인간은 합리적이고 창조적인 존재이다.

　② 아들러-개인이 지닌 창조적 힘이 인간의 본성을 결정한다.

　③ 피아제-인간은 환경과 상호작용을 통하여 변화하고 발달하는 능동적 존재이다.

　④ 스키너-인간은 환경적 자극이 없어도 동기화가 가능한 자율적인 존재이다.

답) 1 ②　2 ①　3 ①　4 ④　5 ①　6 ④　7 ④　8 ④　9 ②　10 ④

제11장

인지이론

인지(cognition)는 새로운 정보를 획득하고 해석하며 저장하고 활용하는 정신과정을 의미하며, 그 결과로 생겨난 사고와 신념을 포함하는 개념이다(김윤정, 2012). 그러므로 인지란 일반적으로 사고의 능력을 의미하는데, 넓은 의미로는 사고 외의 지각, 기억, 지능, 언어 등을 포함하는 정신과정으로 본다. 따라서 인지발달은 다양한 인지기능의 복합적 발달과정으로 지식, 의식, 지능, 사고, 상상력, 창의력, 계획과 처리, 추론, 문제해결, 개념화, 상징화 등과 같은 고등정신과정에 속하는 모든 심리적 실체들이 포함된다고 할 수 있다(Flavell, 1983). 즉, 인지의 개념 속에는 지적 과정, 지각, 기억, 지능학습, 회상, 상상, 추리, 판단능력 그리고 문제해결 등 일련의 정신과정들이 포함된다. 인지이론(cognitive theory)은 사고의 획득과 기능에 초점을 두는 이론으로서 한 개인이 무엇을 어떻게 알게 되고 생각하게 되는지, 그리고 무엇을 느끼고 행동하는지에 초점을 두기 때문에, 인간의 잠재력과 행동을 이해하고 이를 변화시키는 데 있어 필수불가결한 이론적 기반이 된다(김진원, 2009; 최옥채 외, 2008; 한덕웅 외, 2001).

인지이론은 인간의 의지와 사고과정에서 인지구조가 형성되는 과정을 설명하는 이론이다. 인지이론에는 인간의 지적 능력뿐 아니라 인간의 사고, 태도, 동기 따위의 비지적 능력의 발달에 관한 인지발달이론과 클라이언트의 왜곡된 인지구조를 변화시켜 새로운 인지구조로 재구조화하여 문제해결을 돕는 인지치료이론이 포함된다(표갑수 외, 2012: 198).

이 장에서는 대표적인 피아제(Piaget)의 인지발달이론과 콜버그(Kohlberg)의 도덕성발달이론 그리고 엘리스(Ellis)와 벡(Beck)의 인지행동치료이론의 주요개념들을 살펴보기로 한다.

1. 피아제의 인지발달이론

피아제의 인지발달이론은 인간의 발달에 관한 인지발달(cognitive development) 측면에 초점을 둔 이론으로서, 유전과 환경의 상호작용에 의한 인지구조를 조정해 가는 적응과정이라고 하였다. 인간은 인간 특유의 능력을 선천적으로 갖고 태어나지만 이 능력은 독립적으로 존재하는 것이 아니라 환경으로부터 받아들인 정보를 처리하는 방식에 따라 결정된다고 본다.

1) 피아제의 생애

피아제(Jean Piaget, 1896~1980)는 1896년 스위스의 뉴사텔에서 태어나 쉼 없이 관찰하고 노력한 천재였다. 그는 중세학자인 아버지 밑에서 매우 엄격한 가정교육을 받으며 성장하였고 21세에 자연과학 분야에서 박사학위를 받았지만 아동심리에 관한 연구로 일생을 보내게 되었다. 그는 1920년 실험실에서 아동용 지능검사를 만드는 과정에서 아동들의 사고가 나름대로 독특한 특성을 가지고 있으며, 어른보다 우둔한 것이 아니라 아동들은 전혀 다른 방식으로 사고한다고 생각하게 되었다. 이것이 그의 인지발달이론을 형성하는 계기가 되었다. 1925년 피아제의 첫딸 재클린의 출생을 계기로 아동의 인지적 행동에 관한 중요한 연구가 시삭되었고, 1980년에 84세로 사망했다.

그의 대표적인 저서로는 『아동의 언어와 사고』(1923), 『아동의 판단과 추론』(1924), 『수에 대한 아동의 이해』(1952) 등이 있고 전 생애 동안 번역물이나 생물학 관련한 것을 제외하고도 540편 이상의 저서와 100편 이상의 논문을 발표하였다.

2) 주요 개념

인간의 지적 능력은 타고난 것으로, 주어진 환경에 적응하는 것이 인지발달이며, 이 발달이론을 설명하기 위해 적응과 도식이라는 개념을 설정했다.

(1) 적응

피아제는 인지발달이 유기체가 환경과 상호작용하는 적응(adaptation)을 통하여 이루어진다고 하였다. 적응과정(adaptional process)은 '동화'와 '조절'이라는 두 개의 하위과정으로 구분되고 인간의 인지는 이러한 동화와 조절의 과정을 통하여 점점 발달한다고 보았다.

① 동화

동화(assimilation)는 이미 학습이나 경험으로 형성된 기존의 도식에 맞게 자기 나름으로 이해의 틀을 변화시켜 외계의 대상을 이해하고 해석하는 것이다. 예를 들면, 어떤 아동이 '네발 달린 짐승은 개다'라고 하는 자기 나름대로의 '이해의 틀'을 가지고 있다면, 이 아동은 네발 달린 짐승을 보면 '개'라고 인지하는데, 이것이 인지적 동화이다(이명재 외, 2005: 280). 그들은 낯선 동물을 보고 기존 도식에 그 경험을 조화시키려고 노력한 것이다. 새로운 딸랑이를 빨려고 노력하는 아기도 기존의 도식에 의해 동화하려고 시도하는 것이다.

② 조절

조절(accommodation)은 외계의 대상이 기존의 틀로 이해되지 않을 때 그 틀을 변화시키는 것으로 기존의 도식을 수정하는 과정이다. 만약 어떤 자료가 기존 도식에 맞지 않을 때는 더 적절한 구조가 발달될 것이 요구된다.

개를 고양이라고 생각하고 '야옹이'라고 외쳤는데, 개가 '멍멍' 하면서 짖었다. 이는 새로운 대상인 개가 아이의 이해의 틀과 부합되지 않음을 의미한다. 그래서 아이가 새로운 대상은 고양이가 아니라 개라고 이해하면 이는 기존의 도식을 조절하는 것이다.

(2) 도식

도식(schema)은 인간이 자신의 인지발달 수준에 따라 아이디어와 개념을 생각하고 이를 조직화하는 방식이다. 즉, 인간이 태어날 때부터 빨기, 보기, 잡기, 쥐기, 때리기 등 반사적 잠재력을 갖고 외부환경에 대처하기 위해 반복하는 행동과 경험을 의미한다(Crain, 1983: 129). 도식이란 인간이 환경을 이해하는 틀로 인간의 반복하는 행동과 경험에 의해 형성된다. 예를 들어, 빨기 도식을 갖고 태어난 갓난아기는 젖을 빪으로써 빤다는 것에 대한 도식을 지니게 되고, 이것이 계속 기억 속에 남아서 반복하게 된다. 이 과정을 통해 도식은 분화되고 더 발전한다.

(3) 인지발달단계

피아제는 인지발달을 출생에서 2세까지의 감각운동기, 2~7세까지의 전조작기, 7~12세까지의 구체적 조작기, 12세에서 성인기까지의 형식적 조작기의 네 단계로 발달한다고 했으며, 각 단계의 연령은 약간의 차이가 있지만 누구나 일정하다고 했다.

① 감각운동기

감각운동기(sensory motor period)는 출생해서 약 2세까지를 말하고, 이 시기의 영아는 주로 사물을 만져 보고, 조작해 보고, 환경을 직접 탐색해서 학습을 한다. 이것은 영아의 행동이 자극에 대한 반응에 의한 것임을 말해 주는 것이다. 이 시기 동안 영아는 감각과 신체운동 간의 관계를 발견하게 된다. 감각운동기의 가장 큰 특징은 대상영속성의 개념이 발달하기 시작한다는 것이다. 대상영속성 개념이 형성되었다는 것은 엄마가 눈에 보이지 않더라도 엄마가 존재한다는 사실을 알게 되는 것이다(손병덕 외, 2010: 115).

피아제는 감각운동기를 다음과 같은 여섯 단계로 나누어 설명하고 있다.

- 반사기(reflex activity, 출생~약 1개월): 신생아는 타고난 선천적 반사를 사용하여 환경과 접촉하고, 환경과 접촉함으로써 동화와 조절이 이루어져 적응 행동으로 발달한다. 이 단순한 반사는 환경과 접촉해 나가면서 점차 적응적이고 적절한 것이 되어 간다. 이들 반사 중의 하나가 빠는 반사이며, 손에 닿는 것을 잡고 소리가 나는 쪽으로 고개를 돌리는 등 일련의 반사활동을 반복한다.
- 1차 순환반응(primary circular reactions, 1~4개월): 순환반응이란 우연히 새로운 경험을 하고 그러한 경험을 하기 위해 행동을 반복하는 것이고, 1차적이란 이러한 행동이 생물학적인 반사에 그 근원이 있다는 의미이다. 따라서 이 단계에서 영아의 행동은 더 이상 단순하고 자동적인 반사행동이 아니다. 환경적 요구에 대한 반응으로 자신의 행동을 변화시킨다. 예를 들어, 아기들은 젖꼭지일 경우와 숟가락일 경우 입을 다르게 벌린다(이숙 외, 2013).
- 2차 순환반응(secondary circular reactions, 4~8개월): 순환반응이 유아 자신의 신체에 한정된 것이 아니라 주위 환경에 존재하는 물체에까지 확대된다는 것이 이 단계의 특징이다. 다시 말해, 1차 순환반응의 관심이 자기 내부에서 일어나는 것이라면 이 단계에서는 자신이 아닌 외부에서 흥미로운 사건을 발견하여 반복하게 된다는 것이다. 이 2차 순환반응은 환경에 대해 인식하기 위해 우연히 했던 행위가 재미있었다면

똑같은 결과를 얻기 위해 행동을 반복하는 것이다. 이 단계의 유아는 행동하기 전에 마음속에 어떤 목표를 갖고 행동하는 것이 아니라 행동을 하다가 우연히 새로운 사물을 발견하고, 이것이 흥미를 끌면 반복하는 것이다.

- 2차 순환반응의 협응(coordination of secondary reactions, 8∼12개월): 이 시기에는 특별한 목적을 달성하기 위해 획득된 여러 가지 도식을 새로운 상황에도 사용한다. 이 단계에서 영아는 사물을 이해하는 데 상당한 진전을 보인다. 영아의 목표행동에서 물체가 직접 눈에 보여야만 한다는 것이 점차 중요하지 않게 된다. 감추어진 물건을 쉽게 찾아내는 것이다. 따라서 이 단계의 영아는 대상영속성을 이해하는 데 있어서 전 단계에 비하여 상당히 발달하나 아직 완전하지는 않다.

- 3차 순환반응(tertiary circular reactions, 12∼18개월): 이 시기의 영아는 외부세계에 대해 명백히 실험적이며 탐색적인 접근을 하게 된다. 1차 순환반응이 흥미를 끄는 단순한 행동을 반복하는 단계라고 한다면, 2차 순환반응은 이전에 만족을 주었던 행위를 목적을 갖고 계속 반복하는 단계이고, 3차 순환반응은 단순한 목적을 지닌 반복이 아니라 새로운 행동이 어떤 결과를 가져올 것인가를 알아보기 위해 다양하게 실험해 보는 것이다. 따라서 영아가 어떤 장애에 부딪쳤을 때 이 단계 전까지는 자기가 갖고 있는 도식에 의해서만 해결하려고 했으나, 이 시기에서는 그 장애물을 없애는 새로운 수단을 발견하게 되고 미지의 세계에서의 새로운 적응도 어느 정도 가능해진다.

- 정신적 표상(mental combination, 18∼24개월): 감각운동기의 마지막 단계에서 영아는 문제를 해결하기 위해 실제의 물체뿐 아니라 상징이나 이미지를 인지적으로 조합하고 조정하기도 하며, 단순히 과거의 생각들을 재구성하는 것을 넘어서 새로운 생각을 고안해 내기 시작한다. 따라서 이 단계에 이르면 완전한 대상영속성이 나타나고, 상징을 통해 새로운 인지구조를 생각하기도 하며, 이러한 인지구조들을 결합시켜 새

로운 수단을 알아내는 사고를 시작한다.

② 전조작기

전조작기(preoperational period)는 2~7세까지의 나이에 해당하는 시기로 아동들은 급격한 언어습득과 함께 사물이나 사건을 내재화할 수 있는 능력이 생기고, 보이지 않는 것을 기억하는 표상이 나타난다. 뿐만 아니라 상징적으로 사고하는 능력도 증가한다. 그럼에도 불구하고 사고의 논리적인 조작이 가능하지 않기 때문에 '전조작기'라 부른다. 전조작기 사고의 특징에는 상징적 사고, 자기중심적 사고(egocentrism), 물활론적 사고, 보존개념 미형성, 타율적 도덕성 등이 있다.

- 상징적 사고: 가상놀이로 드러나는데, 가상놀이란 가상의 사물이나 상황을 실제 사물이나 상황으로 상징화하는 놀이를 말한다. 소꿉놀이, 병원놀이, 학교놀이 등이 가상놀이의 예이다(강세현 외, 2012: 176). 이러한 상징놀이는 물리적으로 현실에 존재하는 대상보다 아동의 내부에 정신적 표상으로 만들어 낸 현실과 다른 대상을 갖고 노는 놀이이다. 이때 각각의 물건들은 아동의 마음속에 있는 어떤 것을 표상화한다.
- 자기중심성: 유아가 자신의 입장에서만 사물을 보고, 타인의 관점을 추론하지 못하는 것을 일컫는다. 자기중심적으로 사고하면 현재의 자기입장 이외의 입장에서 생각해 보는 것이 어렵고 타인과 자기 자신을 명확하게 구별하지도 못한다. 그러므로 전조작기 아동은 자기중심적 언어로 말한다. 예를 들어, 엄마의 생일 선물로 자신이 좋아하는 모형 자동차를 사거나 자신이 배고프면 인형도 배고플 것이라 생각하는 것이다.
　　피아제는 유아끼리 서로 번갈아 가며 말을 하기는 하나 서로 의미의 전달 없이 단어의 단순한 반복, 혼잣말 등을 하는 유아의 언어형태를 집단적 독백이라고 하고, 이것을 모두 자기중심적 언어로 보았다. 유아는 다른 사람과 대등한 사회적 관계를 갖고 여러 가지 의견의 대립과 이해의 조정을 경험해 봄으로써 전조작기의 자기중심성을 점차 벗어나게 된다.

- 물활론적 사고: 생명이 없는 대상에게 생명과 감정을 부여하는 것이다. 물활론적 사고는 전조작기 아동의 자연관을 보여 준다. 모든 사물은 생명이 있다고 생각하고 감정이 있다고 믿는다(Looft, 1971). 피아제와 전조작기 아동의 다음과 같은 대화는 물활론적 사고 특징을 보인다.

피아제: 해는 움직이니?
아 동: 예, 사람이 걸어가면 해는 따라가고, 사람이 돌아가면 해도 돌아가요.
피아제: 왜 해가 움직이니?
아 동: 왜냐하면 사람이 걸어가니까 그래요.
피아제: 해는 살아 있니?
아 동: 물론이죠. 그렇지 않으면 해는 우리들을 따라올 수도 없고, 빛나지도 않아요.

- 보존개념의 결여: 보존개념은 어떤 물체의 겉모양이 바뀌어도 그 양적 속성이나 실체가 변화하지 않는다는 사실을 이해하는 것을 말한다. 전조작기에는 보존개념이 아직 형성되지 않는다. 똑같은 컵에 같은 양의 주스를 부어서 어린이에게 보여 준 뒤, 길쭉한 컵과 납작한 컵에 주스를 부으면 길쭉한 컵에 든 주스가 많다고 대답한다(신종우 외, 2010: 238-239).

[그림 11-1] 보존개념 실험

• 타율적 도덕성: 타율적 도덕성은 유아가 성인들이 만들어 놓은 규칙과 제도에 무조건 따르는 것을 뜻한다. 이 시기는 유아들이 따라야 하는 규칙이 있으며 이 규칙을 지키지 않으면 벌을 받기 때문에 유아들은 절대적으로 지켜야 한다고 생각한다. 따라서 이 시기의 유아는 동화 속의 이야기를 실제인 양 믿어서 피노키오처럼 코가 길어진다고 믿고, 산타 클로스의 신화도 그대로 믿는다.

③ 구체적 조작기

구체적 조작기(concrete operational period)의 아동들은 구체적인 사물과 사건에 대하여 올바르게 추론해 낼 수 있다. 7~11세경까지의 시기를 '구체적 조작기'라 하며, 이 시기에는 전조작기에서보다 더 성숙한 인지구조가 형성된다. 이 시기의 아동은 비논리적 사고에서 벗어나 논리적 사고로 전환된다(표갑수 외, 2012). 그러나 이 단계의 논리적 사고는 다음 단계인 형식적 조작기에서만큼 추상적이거나 복잡한 수준에 도달하지는 못한다. 구체적 조작기의 인지구조는 관찰될 수 있는 구체적 사물을 다루는 데는 논리적이나, 가설적이고 추상적인 또는 언어적인 문제를 다루는 데는 아직 미숙하다.

• 보존(conservation)개념 획득: 구체적 조작기의 아동들은 눈에 보이는 지각적 특성에 의해서가 아니라 논리적 조작에 근거하여 보존문제를 이해한다. 예를 들어, 동일성으로서 모양이 변화했더라도 변화하기 이전과 같은 대상이기 때문에 질량이 변화하지 않는다거나, 가역성으로서 머릿속에서 거꾸로 조작할 수 있어 양의 변화가 없다는 것을 발견하거나, 보상으로서 어떤 물체가 형태 변형으로 높이가 줄어들면 넓어진 면적에 의해 보상될 수 있다는 것을 인식하게 된다.

같은 크기와 모양의 컵 두 개에다 같은 양의 물을 넣어서 유아들에게 그 양이 같다는 것을 확인시킨 후, 유아가 보고 있는 데서 한쪽 컵의 물을 형태가 다른 컵으로 옮겨 담아 물의 높이가 다르게 만든다. 그리고 어느 쪽 컵의 물이 더 많은지 물어보면 4~5세 된 어린이는 물의 높이가 높은 것이 많다고 하거나, 옆으로 넓어 보이는 컵의 물이 많다고 대답하여 물의 양에 대한 보존개념이 없다는 것을 말해 준다.

전조작기의 사고수준에서는 유아들이 그때그때의 정지된 상태에 주의를 집중하여 보기 때문에, 바뀌는 상태를 고려하여 전체로서 이해하지 못하고, 한 상태와 다른 상태를 서로 변화시켜 보지 못한 데 있다. 이러한 현상은 어떤 변화가 일어나면 이것을 먼저 상태로 되돌려 볼 수 있는 가역성이 없기 때문이다.

• 분류화(유목화, classification): 전조작기 수준에서는 논리적 사고에 있어서 불가결한 분류를 충분히 해내지 못한다. 분류화는 여러 사물과 현상들을 그 속성의 유사성에 따라 분류하여 이들의 공통적인 범주를 찾아내는 것을 말한다. 피아제와 인헬더(Piaget & Inhelder, 1964)는 기본적인 분류조작이 성립되기 위해서는 세 가지 단계를 거친다고 본다(이정서, 2010; 최경숙, 2008).

첫 단계(2.5~5세)에서 유아의 분류기준은 무계획적이고 기준은 언제라도 변화할 수 있다. 따라서 이때 유아들의 분류는 논리적 분류라고 볼 수가 없다. 제2단계(5~7세)에 있는 유아는 분류할 대상이 지닌 속성에 따라서 분류하고, 또 이것을 하위집단으로 분류할 수도 있기 때문에 분류가 되는 것처럼 보이나, 분류범주 속에 포함되는 관계를 진정으로 이해하지 못하고 있다는 것을 알 수 있다. 예를 들어, 10개의 나무토막이 있고 그중의 2개는 빨간색이고 8개가 노란색일 때, 유아에게 나무토막과 노란색 나무토막 중에서 어느 쪽이 더 많으냐고 물어보면, 유아는 노란색 나무토막이 많다고 대답한다. 전체와 부분이라는 기본적인 논리관계를 이해하지 못하는 것이다. 제3단계인 8세 이후가 되면, 이러한 논리적 관계 또는 전체와 부분 또는 유와 종의 구분이 잘 이해되어 있어서 조작적인 분류가 가능해진다.

• 서열화(seriation): 어떤 특정의 속성이나 특징을 기준으로 하여 항목 순

서대로 나누는 것을 말한다. 구체적 조작기의 아동은 사물 간의 관련성을 이해할 수 있기 때문에 대상이나 사물을 차례대로 나열할 수 있다.

유아에게 길이가 다른 3개의 나무막대기를 주고 길이가 짧은 것부터 차례로 나열하라는 과제를 주면, 처음에는 전혀 차례대로 나열하지 못한다. 다음에는 몇 개는 차례대로 나열하나 전체를 하나의 서열로 통일하지는 못하는 단계에 이른다. 그다음 단계에서는 많은 시행착오를 거치기는 하나 결과적으로는 서열이 완성된다. 마지막으로 구체적 조작기에 이르러서는 전환적 추론이 가능하여 서열화를 할 수 있다. 전체 막대기 중에서 가장 작은 것을 먼저 끄집어내고, 다음에는 나머지 중에서 가장 작은 것을 골라내는 식의 조직적인 방법에 의해서 차례를 구성한다.

- 탈중심화: 구체적 조작기는 다양한 변수를 고려하여 상황과 사건을 파악하고 조사하는 등 더 복잡한 사고를 할 수 있다. 이 시기는 다른 사람과의 상호작용 과정에서 아동들이 자신의 사고가 모순이 된다든지 또는 한 차원만 보고 다른 차원을 고려하지 못하였다든지 등을 발견하게 된다. 또 자신의 생각 외에 여러 생각이 가능하다는 것도 알게 된다. 이와 같이 구체적 조작기에서는 자기중심성을 극복함으로써 탈중심화가 일어나게 된다.
- 인과관계: 피아제는 구체적 조작단계의 후기인 9~10세경이 되어야 전환적 추론 이상의 인과관계를 이해할 수 있다는 것을 발견하였다. 이 시기의 아동은 점차 어떤 사물의 물리적 · 기계적 인과성을 찾고 사물을 합리적 인과관계 속에서 재구성하려고 했다.
- 공간개념: 피아제와 인헬더(Piaget & Inhelder, 1956)는 수평 · 수직이 공간개념 획득에 중요한 중심 개념으로 사용되기 때문에 수평 · 수직개념의 발달을 중요시하여서 수평 · 수직개념을 획득하는 발달단계를 분석 · 제시하였다.
- 가역적 사고(reversibility thinking): 사고가 진행되어 온 과정을 역방향으

로 사고하는 것이다. 즉, 사고의 비가역성을 극복하였다.

④ 형식적 조작기

피아제에 의하면 인지적 성숙은 형식적 조작기(formal operation period)에 이르러서야 이루어진다. 특히, 이 시기에 뚜렷하게 나타나는 것은 가설 연역적 추리를 할 수 있는 사고능력이다. 가설 연역적 추리는 전제로부터 결론을 유도해 낼 수 있는 추리이며, 언어에 의존하는 정도가 크다.

- 추상적 사고(abstract thinking): 실제적으로 경험할 수 없는 사물이나 사건을 머릿속으로 생각하는 것이다. 형식적 조작기에는 어떤 사물에 대해 다양한 요인을 함께 고려할 수 있을 뿐만 아니라 사물이 존재하는 방식과 기능하는 방식에 대해 창의적으로 사고할 수 있다.
- 가설 연역적 추론(hypothetical-deductive reasoning): 제시된 문제에 내포된 정보로부터 하나의 가설을 설정하여 만들어 낸 일반적인 원리를 바탕으로 특수한 원리를 논리적으로 이끌어 내는 것을 말한다. 즉, 구체적 조작기에는 어떤 문제 상황에 놓이게 되면 과거의 문제해결 경험을 바탕으로 문제를 해결하려고 하지만, 형식적 조작기에는 문제해결 방안과 관련된 가설을 설정하고 체계적인 검증을 통하여 하나의 문제해결의 원리를 도출해 낼 수 있다.
- 조합적 사고(combination thinking): 하나의 문제를 해결하기 위해 여러 가지 가능한 해결책을 논리적으로 구성하여 문제해결에 이르는 것이다. 구체적 조작기에는 문제해결을 위한 가능한 방법을 체계적으로 조합하여 생각하지 못하지만 형식적 조작기에는 문제해결을 위해서 사전에 모든 가능한 방법을 생각하고 체계적으로 조합할 수 있는 능력을 갖게 된다(김남순, 2003; 조복희 외, 2010).

3) 피아제 이론의 평가

인지발달 분야를 확립한 피아제 이론은 아동의 과학적·수학적 추리능력이 어떻게 발달하는지를 설명하고 아동의 사고가 어른의 사고보다 부족한 것이 아니라 다른 것이라는 것을 잘 밝혀 주고 있다. 특히, 아동의 인지발달에 대해서는 새로운 시각을 정립하였다. 아동의 발달이 자발적이라는 피아제의 주장이 강한 비판을 받았으나 그의 이론은 아동의 인지발달 과정을 이해하는 이론적 틀을 제공했다. 성인의 가르침 없이도 아동들은 스스로 인지구조를 발달시킨다는 이 주장은, 특히 훈련의 효과를 제시하며 부모와 교사의 교육의 중요성을 강조하는 학습론자들의 반발을 샀다. 또한 발달단계에 관한 비판도 있다. 각 단계에 도달하는 연령은 개인의 경험과 문화에 따라 매우 다를 뿐만 아니라(Rogers, 1980), 각 단계에서의 행동특성의 유사성이 결여되어 있고 행동을 예측하기 힘든 것으로 지적받고 있다.

피아제의 과학적·수학적 사고의 발달이론은 인정받을 만하지만 사회적 발달 부분, 즉 자아중심성, 도덕 판단과 관련된 개념들은 정교하지 못하다는 지적을 받을 수 있다. 예를 들어, 전조작기의 아동이라 하여도 모두 자아중심적인 것은 아니며, 또한 모두 물활론적 사고를 가지고 있는 것도 아니다. 그리고 아동은 어른이 가르치는 대로 배우는 것이 아니라 스스로의 방법으로 배우며 아동의 사고방식은 어른의 사고방식과 다르다는 주장도 충분한 근거가 있는 것은 아니다(Miller, 1973).

 **연습문제**

1. 인지이론의 주요 개념에 관한 설명으로 옳은 것을 <u>모두</u> 고른 것은?

> 가. 동화: 기존의 틀(도식)에 맞게 새로운 경험을 이해하고 반응하는 것
> 나. 도식: 사물이나 사건에 대한 전체적인 윤곽이나 개념
> 다. 조절: 기존의 도식을 활용하여 새로운 자극을 이해하는 것
> 라. 평형화: 동화와 조절을 통해 균형 상태를 이루는 것

　① 가, 나, 다　　　　② 가, 나, 라
　③ 나, 라　　　　　④ 가, 나, 다, 라

2. 피아제의 인지발달에 관한 설명으로 옳지 <u>않은</u> 것은? (2015년 기출)
　① 2차 도식의 협응은 감각운동기에 나타난다.
　② 대상영속성 개념은 감각운동기에 나타난다.
　③ 보존개념의 획득은 전조작기의 특징이다.
　④ 서열화와 유목화 개념의 획득은 구체적 조작기의 특징이다.

3. 피아제의 인지발달이론 중 다음에서 설명하는 개념은? (2014년 기출)

> • 보존의 개념을 획득하게 되어 역조작성의 논리를 사용할 수 있다.
> • 유목화가 가능하여 동물과 식물이 생물보다 하위 개념임을 안다.
> • 탈중심화로 인해 또래들과의 관계 속에서 의사소통이 활발하게 이루어지는 시기이다.

　① 반사기　　　　　② 전조작기
　③ 구체적 조작기　　④ 형식적 조작기

4. 피아제의 이론에 관한 설명으로 옳은 것은? (2013년 기출)

① 발달에 순서가 있지만 단계를 뛰어넘을 수 있다.

② 단계별 성취연령에는 개인차가 존재하지 않는다.

③ 발달이 완성되면 낮은 단계의 사고로 전환하지 않는다.

④ 성인기 이후의 발달은 다루고 있지 않다.

5. 피아제가 제시한 자기중심성에 관한 설명으로 옳지 <u>않은</u> 것은? (2012년 기출)

① 구체적 조작기에는 놀이와 언어에서 외부의 관점을 고려하기 시작한다.

② 전조작기에는 자신만의 규칙을 가지고 있어서 타인을 고려하지 않는다.

③ 형식적 조작기에는 자기중심성이 다시 나타나지만 추상적, 합리적 사고가 가능하다.

④ 구체적 조작기에는 자기중심적 사고가 시작되며 사물을 분류하는 것이 가능하다.

6. 피아제는 아동기를 구체적 조작기로 구분한다. 이 시기의 특징으로 올바르지 <u>않은</u> 것은?

① 보존개념 획득   ② 추상적 사고 가능

③ 조합의 능력 발달   ④ 분류 및 서열 조작

7. 피아제의 인지발달단계로 맞는 것은?

가. 구체적 조작기   나. 전조작기   다. 감각운동기   라. 형식적 조작기

① 가 - 나 - 다 - 라   ② 다 - 나 - 가 - 라

③ 나 - 다 - 가 - 라   ④ 다 - 나 - 라 - 가

답) 1 ②   2 ③   3 ③   4 ④   5 ②   6 ②   7 ②

2. 콜버그의 도덕성발달이론

콜버그는 피아제의 전통을 이어받은 학자로서 도덕성발달이론(moral development theory)을 수립하였다. 콜버그는 피아제와 마찬가지로 아동의 인지구조 변화에 따라 도덕적 사고가 단계적 이동을 한다고 생각한다. 그러나 콜버그는 인간의 인지단계가 도덕성 문제에 관한 추론을 위한 필수조건이기는 하지만, 도덕적 사고의 다음 단계로 올라갔다는 것을 보증하는 것은 아니라고 믿는다. 콜버그의 도덕성발달이론은 피아제 이론을 확대하였다.

1) 콜버그의 생애

콜버그(Lawrence Kohlberg, 1927~1987)는 1927년에 태어나서 뉴욕의 브롱스빌(Bronxville)에서 성장하였고, 메사추세츠의 명문 사립 고등학교에서 공부했다. 그러나 대학에 진학하지 않고 이스라엘 건국운동에 참여하여, 유럽에서 오는 귀환자를 태우는 수송기의 부조종사로 일했다. 이후 시카고 대학교에 입학하여 심리학을 전공하였고, 피아제 이론을 접한 후 도덕성발달 연구를 시작하였다. 그는 1958년 시카고 대학교에서 박사학위를 취득하였으며 그의 유명한 도덕발달단계는 박사학위 논문의 주제였다.

콜버그는 허심탄회하고 겸손하며 나서기를 좋아하지 않는 진정한 학자였고, 도덕성을 중심으로 하여 철학과 심리학에 대하여 깊이 사고하였다. 그는 우울증을 앓았으며, 1987년 매사추세츠 병원에서 요양 중 자살로 추정되는 죽음을 맞았다. 그의 대표적인 저서로는 『도덕성발달의 의미와 측정』(1979), 『도덕성발달의 철학』(1981) 등이 있다.

2) 이론의 특성

콜버그가 아동의 도덕적 사고를 설명하려고 하는 시기는 4세부터 성인기까지이다. 그는 도덕성발달을 전 인습적 수준(4~10세), 인습적 수준(10~13세), 후 인습적 수준(13세 이상)의 세 가지 수준으로 제시한다. 이 세 가지의 수준은 각각 2개의 구체적 도덕성 단계를 포함하고 있다. 콜버그의 도덕성발달이론은 도덕적 딜레마나 가설적 상황에 처한 아동과 성인의 반응으로부터 도출되었다. 그가 연구에서 제시한 가상의 도덕적 딜레마 상황 중 가장 대표적으로 언급되는 사례가 다음의 '하인즈 딜레마'이다.

하인즈(Heinz)의 딜레마

유럽에서 어떤 부인이 암으로 죽어 가고 있다. 의사가 보기에 그녀를 구할 수 있는 약이 딱 하나 있다. 그 약은 같은 마을의 약제사가 최근 발견한 일종의 라듐이다. 약을 제조하는 데 비용이 많이 들기도 하였지만, 약제사는 약을 만드는 데 든 비용의 열 배 정도까지 약값을 높여 매겨 놓았다. 라듐을 만드는 데 400달러가 들었으나 값을 4,000달러로 책정한 것이다. 부인의 남편인 하인즈는 돈을 빌리기 위하여 아는 사람을 모두 만나 통사정해 보았고 모든 합법적 수단을 다 동원해 보았지만, 약값의 절반밖에 되지 않는 2,000달러 정도를 구했을 뿐이다. 그는 약제사를 찾아가 아내가 죽어 가고 있다고 말하고, 좀 싼 값에 약을 팔든지 아니면 약값에 모자라는 돈은 외상으로 해 달라고 간청하였다. 그러나 약제사는 이렇게 말하였다. "안 됩니다. 내가 그 약을 발견했습니다. 그 약으로 돈을 좀 벌어야겠습니다." 모든 합법적 수단을 다해 보았지만 별 수 없었던 하인즈는 절망에 빠진 나머지, 약을 훔치려 약제사의 점포를 털 궁리를 했다.

출처: 생각의 마을 기획(2017).

콜버그는 이런 상황에서 사람들이 서로 매우 다르게 반응하는 것을 발견했다. 이런 다양한 응답에 기초하여 3수준 6단계의 도덕성발달단계를 구분하였다.

〈표 11-1〉 콜버그의 도덕성발달단계

수준과 단계	설명
수준 I : 전 인습적 수준 • 1단계: 처벌과 복종의 지향 • 2단계: 욕구 충족(도구적 목적 지향)	• 자기중심적 윤리 • 10세 정도까지의 아동 • 아동은 규칙이 타인에 의해 주어진다는 것을 완전히 이해하지 못하므로 전 인습 수준이라고 부른다. • 행위의 결과로 선악을 결정 • 인간의 이익에 대한 관점에서 규칙에 대한 복종이나 도움을 주고받는 것을 판단
수준 II: 인습적 수준 • 3단계: 착한 아이 지향 • 4단계: 법과 질서	• 타인에 의한 윤리 • 10~12세 아동에 해당 • 사회 관습과 규칙을 지키려 함 • '착한 어린이'라 불리기도 함 • 의무를 다하고 법을 지켜 사회를 유지하는 것이 선
수준 III: 후 인습적 수준 • 5단계: 사회 계약의 지향 • 6단계: 보편적 윤리 원칙 지향	• 사회규칙에 기초한 원리를 중시 • 규칙은 정의와 공동선의 원리에 기초한 사회구성원들의 동의를 얻은 것 • 정의와 평등의 추상적 원리에 의한 개인 양심으로 결정되는 윤리

출처: Kohlberg(1984) 참조.

(1) 전 인습적 수준

전 인습적 수준에서 도덕성은 행동의 직접적 결과(보상이나 처벌)에 의해 판단한다. 이 수준의 도덕성은 행동 원인의 선악보다는 행동의 결과에 의해 결정된다. 이 수준은 처벌과 복종, 욕구 충족이라는 2개의 단계로 구성된다. 처벌과 복종 단계의 개인적 추론은 하인즈가 약을 훔치면 잘못이라고 하는 단계이다. 하인즈가 훔치지 않으면 옳은 것이다.

욕구 충족 단계에서 개인은 여전히 도덕적 결정을 할 때 행위의 결과에 의해 좌우된다. 그러나 상호관계에도 염두를 두어 규칙을 따른 결과가 긍정적인 것을 얻을 수 있는지를 고려한다. 이 쾌락주의 단계에서 고민하는 아동은 하인즈가 약사에게 부탁하는 약속증서를 남긴다면 약을 훔치는 것이 옳다고 이

야기할 수도 있다. 욕구 충족 단계의 아동은 하인즈는 아내가 아프지 않아야 마음이 편하기 때문에 약을 훔치는 것이 옳다고 생각할 수도 있다.

(2) 인습적 수준

전 인습적 수준을 통해 성장한 아동은 타인에 대해 '관심'이나 '고려'를 하며 판단하는 경향이 증가한다. 타인에 대한 배려가 증가하여 그는 하인즈가 약사에게 약속하는 증서를 남겨야만 한다고 판단하게 된다. 자기중심성이 계속 줄어들고 아동은 더욱 타인의 관점에서 도덕적 논쟁을 하게 된다. 당장 구체적 결론을 내려고 하기보다는 타인의 동의, 가족 신뢰, 법 지키기, 사회적 요구와 같은 사회적 요소를 고려하여 결정을 내리려 한다. 이 수준의 도덕적 사고는 '착한 아이 지향', 법과 질서라는 2개의 단계로 구성된다. 개인이 추구하는 사회규칙은 부모나 성인의 권위에 의해 형성된다. 대인관계 조화의 핵심은 타인, 즉 가족, 동료, 교사로부터 신뢰와 인정을 받는 것이다. 이 단계는 하인즈가 약을 훔치면 약사를 화나게 하므로 안 된다고 말할 수도 있다. 그러나 다른 사람은 똑같은 이유, 즉 죽어 가는 아내가 찬성하였기 때문에 약을 훔치는 것은 옳았다고 생각할 수도 있다.

발달이 계속됨에 따라, 타인의 관점으로부터 점점 성문화된 사회적 규칙과 법을 따르는 것이 일반화된다. 법과 질서 단계가 되면 성문화된 법과의 일치 여부에 따라 도덕적 결정을 하게 된다. 이 단계에서는 하인즈가 훔치는 것은 법을 어기는 것이므로 잘못되었다고 말할 수 있다.

(3) 후 인습적 수준

콜버그의 도덕성발달단계 중의 후 인습적 수준은 보편적 도덕원리에 따르고자 한다. 이 수준에서 개인은 구체적 규칙을 따르는 것을 넘어서 규칙 뒤에 숨은 원리에 초점을 두기 시작한다. 콜버그의 세 번째 수준까지 도달한 사람은 상대적으로 적다. 만일 있다고 해도 20대 초반까지는 이런 관점을 가지지 못한다. 이 수준은 사회 계약, 보편적 윤리 원칙이라는 2개의 단계로 구성된다. 사회 계약 단계에서는 정의와 공동선의 원리에 기초하여 서로 동의하는 규칙을 개념화시킨다. 규칙이 도덕적인 것은 성문화된 법이기 때문이 아니라 공동선을 반영하기 때문이라는 것이다. 5단계의 추론을 하는 사람들은 하인즈의 도둑질이라는 위법행위가 아내의 삶에 대한 권리를 지키는 것이라고 생각할 수 있다. 그러나 하인즈가 약사의 삶을 방해하고 그의 존엄을 잃게 되는 점에서는 옳지 않은 행위라고 말할 수도 있을 것이다.

6단계에서 인간은 사회법칙을 넘어서는 보편적·추상적 원리의 도덕성을 발휘한다. 구체적 법률은 추상적 원리를 반영할 때 타당성을 지니는 것이다. 이런 사람들은 잘 발달되고 내면화된 윤리적 원리에 기초하여 판단한다. 콜버그는 이 단계의 사람들은 거의 없다고 보았기 때문에, 주로 5단계에 중점을 두고 연구하였다(Kohlberg, 1984).

3) 콜버그 이론의 평가

콜버그의 이론은 도덕성발달단계의 대표적 이론으로 연령과 도덕적 추리의 상관관계를 입증하는 데 중요한 가치가 있다. 또한 피아제의 인지이론을 계승하고 발전시켜 전 생애를 통한 도덕성발달이론을 정립했다(최경숙, 2000; 최옥채 외, 2007).

그러나 콜버그의 단계이론은 여러 측면에서 비판을 받아 왔다. 단계가 서로 현실적으로 분리되거나 순서적이거나 일관성 있게만 보이지는 않으며, 도덕적 추론의 높은 단계에 이르기 전까지는 사회적 인습과 진정한 도덕적 쟁점을 구별하지 않으며, 도덕적 추론에서 5단계와 6단계는 서구적이고 개인주의를 강조하는 남성적 가치로 편향적인 면이 있다는 등의 비판을 받았다. 콜버그 자신도 6단계의 적용 가능성에 대해 의문을 제기하고 5단계와 6단계는 통합될 수 있다고 자신의 견해를 수정하였다.

개인의 가치와 권리를 높이 평가하는 콜버그의 이론은 서구사회의 문화적 편향성에 대한 비판으로, 실제 사회적 조화와 집단적 가치를 우선시하는 문

화에서는 후 인습적 수준을 발견할 수 없고 그들은 대부분 인습적 수준에 있
지만 그것이 결코 낮은 개념의 도덕이라고 할 수 없다.

또한 길리건(Gilligan)은 콜버그가 남성만을 대상으로 한 연구 결과를 제시
하였다고 비판하면서 실제 여성은 남성과 다른 도덕적 관점을 가지고 있다
고 하였다. 즉, 남성은 인간복지에 관한 관심이나 책임보다 법을 통한 정의
에 초점을 두는 '정의의 도덕성'을 가지는 반면, 여성은 법을 통한 정의보다
인간에 대한 책임이나 배려에 더 많은 초점을 두는 타인 '배려의 도덕성'을
가진다고 하였다.

이 밖에도 콜버그는 높은 단계의 도덕적 추리를 하는 사람이 낮은 단계의
도덕적 추리를 하는 사람보다 더 높은 도덕적 행동을 한다고 주장하였으나

〈표 11-2〉 발달이론들의 비교

단계	연령범위	성격발달 (Freud)	심리사회 발달 (Erikson)	인지발달 (Piaget)	도덕성발달 (Kohlberg)
영아기	0~2세	구강기	신뢰감 대 불신감	감각운동기 (0~2세)	
유아기	2~4세	항문기	자율성 대 수치심		
아동기 전기	4~6세 (유치원 시기)	남근기	주도성 대 죄의식	전조작기	1단계: 처벌과 복종 2단계: 욕구 충족
아동기	6~12세 (초등학교 시기)	잠복기	근면성 대 열등감	구체적 조작기	3단계: 착한 아이 지향 4단계: 법과 질서
청소년기	12~20세	생식기	자아정체감 대 자아정체감 혼란	형식적 조작기	5단계: 사회 계약의 지향 6단계: 보편적 윤리 원칙 지향
청년기 (성인초기)	20~34세		친밀감 대 고립감		
장년기 (중년기)	35~64세		생산성 대 침체		
노년기	65세~		자아통합 대 절망		

도덕적 추리단계가 어느 정도 도덕적 행동을 예측할 수 있는지 알기 어렵다. 왜냐하면 도덕적 행동은 일반적으로 도덕적 추리 이외에 개인의 특성과 많은 상황적 요인들에 의해 영향을 받기 때문이다.

 **연습문제**

1. 콜버그(L. Kohlberg) 이론의 평가로 옳지 않은 것은? (2014년 기출)

  ① 모든 문화권에 보편적으로 적용하기에는 한계가 있다.

  ② 여성이 남성보다 도덕 수준이 낮다는 성차별적 관점을 지닌다.

  ③ 인간의 자유의지를 부정하고 환경의 자극에 반응하는 존재로 본다.

  ④ 도덕적 행동에 영향을 미치는 여러 상황적 요인을 고려하지 않는다.

2. 콜버그의 이론에 관한 설명으로 옳지 않은 것은? (2013년 기출)

  ① 도덕발달은 개인의 인지구조와 환경 간 상호작용의 결과이다.

  ② 도덕적 판단에 위계적 단계가 있음을 강조한다.

  ③ 남성은 권리와 규칙, 여성은 책임감을 중시하는 형태로 도덕발달이 이루어진다.

  ④ 개인이 도달하는 최종 도덕발달단계는 다를 수 있다.

답) 1 ③   2 ③

3. 인지행동치료이론

인지행동치료이론(cognitive behavior therapy theory)은 사고를 중시하는 이론으로서 어떻게 사고를 하느냐에 따라 감정 또는 행동이 달라진다고 보았다. 인지행동 상담자는 문제를 일으키는 비합리적인 사고를 바꾸기 위한 다양한 방법을 사용하였다. 인지행동주의자들은 인간의 심리적인 문제를 일으키는 비합리적인 사고를 바꾸기 위해 다양한 방법을 사용하였는데 그 대표적인 이론이 엘리스(Ellis)의 합리적 정서행동치료(rational emotive behavior therapy: REBT)와 벡(Beck)의 인지치료(cognitive therapy: CT)이다.

1) 엘리스의 합리적 정서행동치료

엘리스(1958)는 정신분석치료에 불만을 갖고 보다 적극적인 치료기법으로서 신념의 변화를 강조하는 합리적 정서행동치료를 제안하였고, 인지행동치료의 개척자였다. 엘리스의 합리적 정서행동치료의 주요 개념은 '합리적 사고'와 '비합리적 사고'이다. 인간행동에 영향을 미치는 것은 외적 요인 그 자체가 아니라 그것을 이해하는 내적 인지방식이다. 사람들이 정서적 문제를 겪는 이유는 일상생활에서 겪는 구체적인 사건들 때문이 아니라 그 사건을 합리적이지 못한 방식으로 지각하고 받아들이기 때문이라는 것이다.

(1) 엘리스의 생애

엘리스(Albert Ellis, 1913~2007)는 1913년 미국 피츠버그에서 태어나서 뉴욕에서 성장하였다. 그는 여행이 잦은 아버지와 미성숙한 어머니로 인한 부모의 양육태만으로 거의 고아처럼 자랐으며, 아울러 신장염으로 어린 시절을 우울하게 보냈다. 백만장자의 꿈을 안고 상업고등학교에 진학했으나 대공황으로 좌절하였고, 대학에서 영문학을 전공하며 다양한 소설을 쓰기 시작했다. 소설의 주제가 되는 단서를 찾기 위해 친구들의 문제를 듣고 해결하다가 컬럼비아 대학교에서 박사학위를 받은 후 정신분석가로 비공식적인 훈련을 받았다. 1947년에서 1953년까지 심리치료를 실행하였고 1955년 초기에 인본주의 철학과 행동주의 치료를 결합하여 합리적 정서행동치료(REBT)를 고안했다.

(2) 주요 개념

비합리적 신념은 대부분 어린 시절부터 부모나 문화로부터 영향을 받아 형성된 것인데, 우리의 안정된 삶을 방해하고 많은 정서적·사회적 문제를 야기한다. 이러한 비합리적 신념에는 항상 남으로부터 사랑과 안정을 받아야 하고 자신은 언제나 성공적이어야 하며 어떤 위험과 위협도 있어서는 안 된다는 식의 신념들이 해당된다. 사람들은 비합리적 신념을 자기 스스로 계속 되뇌고 확인함으로써 느끼지 않아도 될 불쾌한 정서를 만들어 내고 유지한다(천성문 외, 2006: 177-178). 이러한 신념들은 대부분 깨어지기 쉽고 그에 따라 여러 가지 정서적·행동적 문제를 야기한다. 사람들이 가지고 있는 비합리적 사고와 신념은 다음과 같다(Ellis, 1989).

- 나는 내가 만나는 모든 사람에게 사랑이나 인정을 받아야 한다.
- 나는 완벽할 정도로 유능하고 합리적이며 가치 있고 성공한 사람으로 인식되어야 한다.
- 어떤 사람들은 나쁘고 사악하고 악랄하기 때문에 비난과 벌을 받아 마땅하다.
- 내가 원하는 대로 일이 되지 않는 것은 내 인생에서 큰 실패를 의미한다.
- 불행은 내가 통제할 수 없는 상황에 의해 발생한다.
- 위험하거나 두려운 일들이 내게 일어나 큰 해를 끼칠 것이 항상 걱정된다.
- 어떤 난관이나 책임은 부딪혀 해결하려 하기보다 피하는 게 더 쉽다.

- 나는 어느 정도는 다른 사람들에게 의존해야 하며, 나를 돌봐 줄 수 있는 사람이 주위에 있어야 한다.
- 과거의 영향은 결코 사라지지 않으며 과거의 경험과 사건은 현재 나의 행동을 결정한다.
- 나는 다른 사람의 문제나 고통을 나 자신의 일처럼 아파해야 한다.
- 모든 문제에는 완벽한 해결책이 있으므로 그 해결책을 찾아야 한다. 그렇지 않으면 결국 큰 혼란이 생길 것이다.

(3) 심리적 문제의 발생

인지행동 모델에 의한 개입은 개별, 집단 또는 가족을 대상으로 매우 다양하게 개발되어 있는데, 그중 대표적인 엘리스의 REBT의 개입과정에서 A는 선행사건(Activating event), B는 신념체계(Belief system), C는 정서적·행동적 결과(Consequence)를 각각 의미한다. 여기에서 정서적·행동적 결과인 C는 선행사건인 A 때문에 유발되는 것이 아니고 신념체계인 B 때문에 유발된다고 주장한다(양옥경 외, 2000; Corey, 1991).

이러한 ABCDE 모델을 통한 개입과정은 다음의 네 단계를 거친다. 이 과정은 상담자가 클라이언트에게 A-B-C 관계를 설명하고, B의 비합리적 생각을 D의 논박을 통해 재구조화(E)하도록 돕는 과정으로 구성된다.

즉, 1단계에서 사회복지사는 클라이언트가 어떠한 비합리적인 생각과 신념을 가지고 있는지(비합리적 신념 논박하기)를 재빨리 찾아내어 이를 클라이언트에게 보여 주고, 자신에게 비합리적 사고방식과 태도가 있다는 것을 자각하고 인식하도록 한다. 그리고 평소 무심코 취한 행동과 생각을 일일이 검토하여 그 속에서 비합리성을 발견할 수 있도록 관심을 촉구한다.

엘리스의 이론에 따르면 심리적 고통의 원인은 '반드시 어떻게 해야 하고, 어떻게 느껴야 하고, 특정한 유형의 사람이 되어야 하는 등' 우리 스스로가 만드는 비합리적 신념에 있다고 본다. 즉, 정서적 문제가 발생하는 것은 생활에서 일어나는 다양한 사건 자체가 아니라 사건에 대한 왜곡된 지각 때문

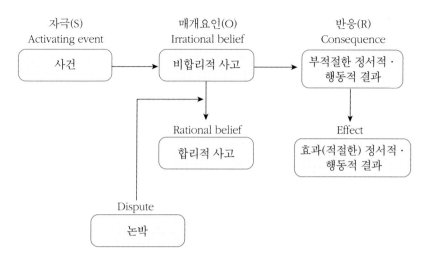

|자극(S)
Activating event|매개요인(O)
Irrational belief|반응(R)
Consequence|

[그림 11-2] ABCDE 모델

출처: 김향선 외(2015: 297 재인용).

이라는 것이다.

2단계에서 클라이언트의 신념이 어떻게 심리적 고민과 정서적 혼란의 원인이 되고 있는가를 보여 준다.

3단계에서 개인이 갖고 있는 비논리적인 상념들이 내면화된 자기 독백이나 자기 대화의 내용으로 어떻게 연결되고 있는가를 깨닫도록 인도하기 위해 머릿속의 상념을 구체적인 문장으로 정확하게 표현해 준다.

4단계에서 비합리적 신념을 논박해 보도록 자기의 사고방식을 분석하고 교정하는 시간을 가짐으로써 지금까지와는 다른 새로운 신념체계인 합리적이고 융통성 있고 효율적인 사고로 바꾸게 한다.

(4) 평가

엘리스의 합리적 정서행동치료의 공헌을 보면, 인지행동치료의 A-B-C 모델은 사람이 장애가 일어나는 방식과 문제 행동이 변화될 수 있는 방법을 간단하고 명료하게 보여 준다(손광훈, 2012: 158).

엘리스에 의하면 인간의 감정과 문제는 개인의 비합리적 사고의 산물이라는 것이다. 따라서 인지적 성격이론에서의 성격발달이란 합리적 신념에 영향 받는다. 비합리적 신념을 합리적 신념으로 변화시킨다면 인간은 누구나 성격발달을 이룰 수 있다(이희세 외, 2015: 129).

2) 벡의 인지치료

벡의 인지치료는 엘리스의 합리적 정서행동치료와 더불어 인지행동치료이론 중에서 가장 널리 알려진 보편적인 이론이다. 부적응 행동유형을 변화시키기 위해서는 사고를 변화시켜야 한다는 것이 인지치료이다. 벡과 그의 동료들(Beck, Ursh, Shaw, & Emery, 1979)은 우울증에 대한 정신분석이론을 과학적으로 검증하려고 노력하다가 그 한계를 절감하고 인지치료를 개발하게 되었다.

벡은 심리적 고통을 가지는 사람들이 추론을 할 때 '인지적 왜곡'이라고 부르는 체계적 오류가 있다고 한다. 그의 인지치료이론에서 가장 핵심이 되는 개념은 자동적 사고, 역기능적 인지도식, 인지적 오류 등이다.

(1) 벡의 생애

벡(Aaron T. Beck, 1921~)은 1921년 로드아일랜드의 프로비덴스에서 러시아계 유대인 가정의 막내아들로 태어났다. 그의 아동기는 불행했고 생명이 위험할 정도의 투병생활로 초기 학교생활을 중단하였지만 그는 이 문제를 극복하였다. 그는 예일 대학교 의과대학에서 박사학위를 취득하고, 1954년 펜실베이니아 대학 정신과 교수로 재직하면서 1960년대에 그 대학에서 현재 지향적인 심리치료 방법을 개발하였는데, 이것이 벡의 인지치료이론이다. 벡은 건강에 대한 불안, 대중 앞에서 말하는 것에 대한 불안 등 자신의 문제를 타인을 이해하고 자신의 이론을 발전시키는 토대로 이용하여 인지치료의 대가가 되었다(손광훈, 2010: 176 참조). 그의 인지치료는 초기에는 주로 우울증의 치료에 적용되어 오다가 최근에는 다양한 정신장애의 치료로 확대 적용되고 있다.

(2) 주요 개념

① 자동적 사고

자동적 사고(automatic thinking)는 한 개인이 어떤 상황에 대해 내리는 즉각적이고 자율적인 평가를 의미한다(이종복 외, 2014). 자동적 사고란 어떤 사건에 당면했을 때 자동적으로 떠오르는 생각이나 영상, 상황이나 사건에 대한 즉각적인 해석으로 어떤 의도나 의지에 의해서가 아니라 자발적으로 나타나는 사고를 말한다. 이러한 자동적 사고가 부정적일수록 심리적인 문제로 이어진다. 따라서 사람들이 경험하는 심리적인 문제는 어떤 사건 자체가 아니라 그 사건을 대하면서 자동적으로 떠올리게 되는 부정적인 생각 때문에 생겨난다. 예를 들어, 우울증을 경험하는 사람들의 자동적 사고를 살펴보면 자기에 대한 비관적인 생각, 미래에 대한 염세주의적인 생각, 세상에 대한 부정적인 생각 등이다.

② 역기능적 인지도식

인지도식이란 사람이 살아가면서 나름대로 발달시키는 자기와 세상을 이해하는 틀을 말한다. 일단 도식이 활성화되면 그것은 인지적 오류가 포함된 정보처리를 유발하며, 그 결과는 자동적 사고로 표현된다. 도식이 좀 더 강력해져서 사고의 체계적 오류와 현실에 대한 왜곡된 해석이 심해질 때, 개인은 자신의 부정적 해석이 잘못되었다는 생각을 받아들이기 어려워진다. 이때의 인지도식이 역기능적 인지도식(dysfunctional cognitive schema)이다. 역기능적 인지도식이란 한 개인의 기본적인 생각의 틀과 내용이 현실적응에 도움이 되지 않는 것을 의미한다. 한 개인이 오랜 경험을 통해서 가지게 된 믿음의 내용이 부정적인 성질의 것들로 채워진 경우, 그것을 역기능적 인지도식이라 한다. 부정적인 내용의 자동적 사고를 활성화하는 것은 바로 역기능적 인지도식의 내용들이다. 역기능적 인지도식을 가지고 있는 사람이 환경적 스트레스와 부정적 생활환경에 처하게 되면 자기도 모르게 부정적인 내용의 자동적 사고를 떠올리게 되어 심리적 문제가 발생한다. 예를 들어, '사람들을 믿을 수 없다.'라는 도식이 형성될 경우 부정적인 자동적 사고로 연결되며 부정적 정서상태에 빠지게 되는 것이다(표갑수 외, 2012: 212).

③ 인지적 오류

인지적 오류(cognitive errors)란 어떤 경험이나 사건을 해석하고 받아들이는 과정에서 잘못된 행동이나 판단을 하게 되는 경우, 즉 어떤 경험이나 사건을 해석하고 받아들이는 과정에서 왜곡해서 생기는 추론 혹은 판단의 오류를 말한다. 정서문제를 가지고 있는 사람은 논리적으로 오류가 있는 도식을 활용하여 정보를 처리하게 되고 결과적으로 현실을 부정적으로 왜곡한다.

벡은 정서문제를 생활사건에 대한 왜곡된 사고나 비현실적인 인지적 평가의 결과로 설명하면서 다음과 같은 인지적 오류를 제시했다(노안영, 2011 참조).

〈표 11-3〉 인지적 오류의 유형

임의적 추론 (arbitray inference)	충분하고 적절한 증거가 없는데도 결론에 도달하는 경우
선택적 추상 (selective abstraction)	상황이나 사건의 주된 내용은 무시하고 특정한 일부 정보에만 주의를 기울여 전체의 의미를 해석하는 오류
과잉 일반화 (overgeneralization)	한두 번의 사건에 근거하여 일반적인 결론을 내리고 무관한 상황에도 그 결론을 적용시키는 오류 (예: '여자들이 나 같은 사람을 좋아할 리 없어'라고 생각하는 경우)
확대와 축소 (magnification & minimization)	사건의 의미나 크기를 지나치게 과소평가하거나 과대평가하는 것
개인화 (personalization)	자신과 무관한 사건을 자신과 관련한 것으로 잘못 해석하는 오류

독심술 (mindreading)	충분한 근거 없이 다른 사람의 마음을 마음대로 추측하고 단정하는 것
예언자적 오류 (fortune-telling)	충분한 근거 없이 미래에 일어날 일을 단정하고 확신하는 오류
이분법적 사고 (dichotomous thinking)	흑백논리라 불리며 완벽주의의 바탕에서 흔히 발견되는 사고의 오류 (예: 모두가 흑색, 전부가 아니면 전무)

4. 인지이론의 평가

인지이론은 과학적인 방법론을 적용하여 정신장애를 유발하는 인지적 요인을 밝히는 데에 커다란 기여를 해 왔다. 그러나 인지이론은 몇 가지 한계를 지니고 있다.

첫째, 인간의 정서나 동기의 중요성을 간과하고 있으며 인지적 입장은 인간의 모든 심리적 현상을 인지적 요인만으로 설명하려는 인지적 환원주의에 빠지는 위험이 있다. 인간의 행동은 인지에 의하여 설명될 수 있는 그 이상으로 복잡하다.

둘째, 정신장애와 관련된 인지적 요인과 과정에 대한 설명일 뿐 정신장애의 궁극적 원인에 대한 설명이 아니라는 비판이 있다.

셋째, 일반적으로 지능이나 학력이 낮고 심리적인 내성 능력이 현저하게 부족한 내담자는 인지치료에는 이 이론이 적절하지 않은 것으로 알려져 있다.

넷째, 사회복지사들이 클라이언트의 비합리적 사고를 합리적 사고로 바꾸는 과정에서 자신들의 사고를 강요할 위험이 있다. 그러므로 사회복지사들이 스스로를 잘 이해하고 자신의 삶의 철학을 내담자에게 강요하지 않도록 조심하는 것이 중요하다. 사회복지사들이 내담자(클라이언트)를 설득한다는 점에서 많은 장점을 가지고 있기도 하지만, 덜 지시적인 접근보다는 내담자가 심리적 손상을 입을 가능성이 더 많다(천성문 외, 2006: 197).

그러나 인지이론은 이와 같은 한계점에도 불구하고 앞으로 발전 가능성이 가장 많은 치료이론이다.

연습문제

1. 엘리스(A. Ellis)의 '비합리적 신념'의 예로 옳지 <u>않은</u> 것은? (2013년 기출)
   ① 나는 모든 일에 완벽해야 한다.
   ② 나는 모든 사람들로부터 인정받고 사랑받아야 한다.
   ③ 어떤 문제든지 완전한 해결책은 없다.
   ④ 인간은 자신에게 일어나는 나쁜 일의 외부 원인에 대해서는 통제할 수 없다.

2. 엘리스 이론에서 개입을 실시하는 단계는? (2012년 기출)
   ① A: 선행사건   ② B: 신념   ③ C: 결과   ④ D: 논박

3. 벡의 이론을 설명하는 개념으로 옳지 <u>않은</u> 것은? (2013년 기출)
   ① 윤리적 판단   ② 인지적 왜곡   ③ 자동적 사고   ④ 도식

4. 콜버그(L. Kohlberg) 이론에 관한 설명으로 옳은 것은? (2013년 기출)
   ① 도덕성발달은 아동기에 완성된다.
   ② 도덕성발달단계의 순서는 가변적이다.
   ③ 남성만을 연구의 대상으로 삼은 한계가 있다.
   ④ 모든 사람이 도달하는 최종적 도덕단계는 동일하다.

5. 학자와 주요 개념 간의 연결이 옳지 <u>않은</u> 것은? (2015년 기출)
   ① 벡(A. T. Beck) - 비합리적 신념
   ② 에릭슨(E. H. Erikson) - 자율적 자아(ego)
   ③ 아들러(A. Adler) - 창조적 자기(self)
   ④ 파블로프(I. P. Pavlov) - 반응적 행동

답) 1 ③   2 ④   3 ①   4 ③   5 ①

제12장
사회환경 관련이론

인간행동은 인간이 속해 있는 가족, 집단, 조직, 지역사회, 문화와 같은 사회환경 속에서 많은 요소들이 서로 상호작용한 결과물이기 때문에, 인간의 행동을 이해하고 효과적인 지원을 하기 위해서는 인간의 내면세계뿐만 아니라 그 인간을 둘러싼 사회환경이 인간에게 미치는 영향과 양자 간의 관계까지도 이해하여야 한다. 이것을 설명하는 대표적 이론으로서 일반체계이론(general systems theory)과 생태학이론(ecological theory) 등이 있다.

1. 일반체계이론

일반체계이론은 18세기 물리학 영역에서 출발하여 발전한 것으로 이 이론에 의하면 모든 유기적 조직체는 체계로 구성되어 있고, 그 속의 인간은 사회적 일부이고 순환체계로 구성되어 있다. 일반체계이론은 행동을 단순한 원인에 의해 설명하기보다는 다양한 변인 간의 상호작용으로 이해할 수 있는 개념적 틀을 제시하였다. 그리하여 일반체계이론은 체계 요소 간의 상호

관련성과 상호의존성을 강조한다.

　개인과 환경은 모두 원인인 동시에 결과인 상호적 원인관계로 형성된 전체이다. 체계란 상호의존적이며 상호 영향을 받는 부분으로 구성되어 있는 전체이다. 즉, 체계란 상호관계를 맺고 있는 구성단위들의 집합체이지만, 구성단위들의 단순집합이 아니라 구성단위 간의 상호작용 또는 관계양상을 포함하는 하나의 전체를 뜻한다. 체계의 어느 한 부분의 변화는 전체로서의 체계, 그리고 그 체계를 구성하고 있는 요소들 모두에게 영향을 준다.

　일반체계이론의 창시자는 버틀란피(Bertalanffy, 1901~1972)이다. 버틀란피(1968)는 사회복지에 체계 아이디어를 응용하였다. 그러므로 그는 사회체계를 생명체와 같은 구조로 설명하였다. 특히, 핀커스와 미나한(Pincus & Minahan, 1973)은 사회복지실천을 개인·환경, 임상적 실천·사회활동, 미시체계·거시체계와 같이 이분법적으로 구분하여 마치 별개의 것으로 다루어 왔던 것을 지적하며, 이들 간의 상호관련성을 인식하는 일반체계이론을 사회복지실천과정에 응용하여 사회복지사가 실천과정에서 다루게 되는 대상을 네 가지 체계, 즉 변화매개체계, 클라이언트 체계, 표적체계 및 행동체계로 분류했다(조흥식 외, 2010). 그리고 콤프턴과 갤러웨이(Compton & Galaway, 1989)는 이 네 체계에 전문가체계를 추가하였다.

1) 인간을 보는 관점

　일반체계이론의 전체적 인간관에서 볼 때, 인간은 자신의 욕구에 맞게 자신의 행동을 수정할 수 있는 능력을 지닌 존재이자 통합된 하나의 체계이다. 인간은 신체적·심리적·사회적 부분으로 분리된 존재가 아니라 통합된 전체인 것이다. 인간은 사회적 상황 속에서 살아가고 있는 존재이며, 클라이언트는 사회적 상황에서 어려움에 부딪치게 되어 도움을 필요로 하는 사람들이다. 그래서 클라이언트란 바로 문제를 가진 사람들이고, 인간의 문제를 상호작용, 상호의존적인 역동적 상황 속에서 이해하고 해결하기 위해서는 사회체계이론으로부터 나온 인간의 관점을 충분히 이해하여야 할 것이다(유수현 외, 2015).

2) 사회복지실천과 관련된 체계들

최근 사회복지학에서 개인이나 집단뿐만 아니라 가족, 지역사회에 이르기까지 통용할 수 있는 접근방법으로 통합적 사회복지방법론이 등장하였다. 콤프턴과 갤러웨이(Compton & Galaway, 1999)의 구체적인 체계는 다음과 같다(구혜영, 2010: 165-167 재인용).

(1) 변화매개체계
문제를 가진 클라이언트를 지원하고 문제를 해결하기 위해 계획적 변화에 개입하는 사회복지사나 사회복지사가 속해 있는 사회복지관, 상담실, 각종 쉼터, 개입 기관 등이 변화매개체계(change agent system)에 해당된다.

(2) 클라이언트 체계
사회복지사에게 도움을 청하거나 어떤 문제해결을 위해 사회복지사와 공동의 노력을 기울이겠다는 계약 상태에 있는 사람들이 클라이언트 체계(client system)이다. 자녀가 비행청소년인 부모가 사회복지사에게 도움을 청하는 경우, 부모가 클라이언트 체계가 된다. 클라이언트 체계는 사회복지사의 서비스를 제공받는 개인, 가족, 집단, 기관, 지역사회를 포함한다. 클라이언트란 서비스를 받기로 결정하고 계약을 통해 서비스를 요청하는 사람으로서 변화 노력의 혜택을 받는 사람들이다(유수현 외, 2015).

(3) 표적체계
변화매개체계가 그 활동 목적을 달성하기 위해 영향을 주거나 변화시킬 대상이 표적체계(target system)이다. 클라이언트 체계가 변화의 대상인 경우는 클라이언트 체계가 곧 표적체계가 된다. 비행청소년 사례의 경우, 변화시킬 대상은 비행을 함께하고 있는 친구, 주변 환경요소, 부적절한 부모 등일 수 있는데, 이때 친구와 주변 환경요소, 부모들이 표적체계가 된다.

(4) 행동체계

사회복지사의 활동 목적을 달성하기 위해 공동으로 노력하는 모든 체계들이 행동체계(action system)에 해당된다. 예를 들어, 비행청소년의 문제를 해결하기 위해 부모, 학교 교사, 도움이 될 만한 친구 등이 동원될 수 있다. 이때 부모, 학교 교사, 도움이 될 만한 친구 등이 행동체계가 된다.

(5) 전문가체계

전문가체계(profession system)는 사회복지사들로 구성되어 있어 사회복지사의 전문성을 강화하고 사회 내에서 사회복지사의 위상을 높이기 위해 노력하는 체계를 말한다.

변화매개인은 클라이언트를 변화시키려고 노력하는 사람이나 기관을 의미하는 것이지, 막연히 지역사회나 조직 또는 제도와 같은 추상적인 것을 말하는 것이 아니다. 또한 지역사회, 조직, 가족, 또는 집단을 클라이언트 체계, 표적체계 또는 변화매개체계라고 말할 때, 우리는 그 체계를 구성하는 사람들을 말하는 것이다. 만약 변화매개인의 목표가 체계의 구조, 즉 사람들 사이에 양식화된 관계망을 변화시키는 것이라면, 체계 내의 사람들에게 영향을 줌으로써 서로가 상호 관계하는 방법을 변화시켜 그 목적을 달성할 수 있다.

3) 체계의 주요 개념

체계란 정보, 에너지, 자원 등을 교환하면서 역동적으로 존재하는 실체를 말한다. 또한 체계는 서로 관련을 맺고 상호작용하는 부분들로 구성된 집합,

즉 부분들 간에 관계를 맺고 있는 일련의 단위라 할 수 있다.

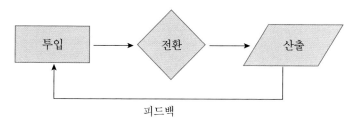

[그림 12-1] 체계의 투입-전환-산출 과정

출처: 이효선 외(2006: 310).

모든 체계는 투입-전환-산출이라는 교환과정을 통하여 환경과 교류한다. 투입(input)이란 환경으로부터 에너지와 정보를 받아들이는 것을 말하며 전환(conversion operations)은 투입된 것들을 체계 내 전환과정을 통해 산출로 연결된다. 산출(output)은 투입된 것이 체계의 전환과정을 통해 처리된 결과이다. 산출은 피드백 과정을 통해 다시 체계로 투입되며 피드백은 일종의 순환으로서, 체계가 변화의 기반으로서 정보를 수용하고 활용하는 과정을 의미한다.

(1) 개방체계와 폐쇄체계

개방체계(open system)란 환경과 역동적으로 연결되어 다른 체계와 에너지, 정보, 자원 등을 상호 교류하는 체계로 체계 내 사람들이 환경 또는 다른 체계들과 빈번하게 상호작용하는 경우를 말한다. 예를 들어, 외부환경으로부터 에너지를 자유롭게 받아들이는 체계이다.

폐쇄체계(closed system)는 체계들이 다른 체계들과 상호작용을 하지 않아 고립되어 있는 체계를 말한다. 즉, 체계들이 다른 체계들로부터 투입을 받아들이지 않을 뿐만 아니라 다른 체계에 산출을 생산하지도 않는다. 이러한 체계들은 엔트로피(entropy)라고 불리는 특성이 있다. 이것은 체계요소들의 분화가 적어지고 조직과 기능이 상실되는 경향을 의미한다(김용준 외, 2014:

209; Compton & Galaway, 1984). 예를 들어, 외부환경으로부터 에너지를 받아들이지 않는 체계이다.

(2) 엔트로피와 역엔트로피

엔트로피(entropy)는 체계 구성요소들 간의 상호작용이 감소함에 따라 유용한 에너지가 감소하는 상태를 말한다. 즉, 체계 내에 질서, 형태, 분화가 없이 무질서한 상태로서 폐쇄체계의 주된 속성이다. 엔트로피는 서서히 무질서와 혼돈의 상태를 향해 나아가는 것이다. 예를 들어, 부부 간 갈등의 역기능적 행동의 증가가 엔트로피 상태인 것이다.

역엔트로피(넥엔트로피, negentropy)는 엔트로피의 반대말로 체계가 성장하고 발달하는 방향으로 진행하는 과정이며 개방적이고 생동적인 체계에서 존재한다. 인간은 성장하면서 신체적 · 지적 · 정서적으로 발달한다. 사회서비스 기관도 발전하며 새로운 프로그램과 서비스 대상을 확대한다(강세현, 2012: 338). 예를 들어, 외부의 도움으로 가족 내 역기능적 관계가 개선되고 가족원 간의 긴장이 감소되는 상태가 역엔트로피 상태로서 부부간의 불화가 개선된 상태이다.

(3) 시너지

시너지(synergy)는 체계 내에 유용한 에너지가 증가하는 것, 즉 체계 구성요소들 사이에 상호작용이 증가하면서 체계를 유지하고 발전시킬 수 있는 것이다. 이러한 시너지는 개방체계의 속성이다.

(4) 홀론

하나의 체계는 보다 큰 상위체계의 부분임과 동시에 다른 하위체계에 대해서 그 자체가 상위체계가 된다. 이를 홀론(holon)이라 한다. 예를 들어, 가족은 지역사회의 하위체계임과 동시에 부부, 부모, 형제, 자녀의 상위체계이다.

4) 사회복지실천에의 적용

일반체계이론을 사회복지실천에 적용할 때, 간과해서는 안 되는 이유가 상호작용하는 인간과 사회체계들이 다른 체계를 필요로 하는 이유가 자체의 성장을 위해서라는 점이다. 인간은 자신의 욕구를 충족하기 위해 환경을 수정할 수 있을 뿐만 아니라 환경의 요구에 맞게 자신의 행동을 적절하게 수정할 수 있는 능력을 가지고 있기 때문에 한 개인의 부적응 행동은 한 개인에게 원인이 있는 것이 아니라 그를 둘러싸고 있는 사회체계와 역기능적 상호작용에 그 원인이 있다고 할 수 있다(구혜영, 2010: 167 참조).

일반체계이론에서 체계는 상호작용을 하는 여러 부분으로 구성되어 있으며, 부분들 간에 상호교류를 하고 정보와 에너지를 교환한다(김용준 외, 2014: 308). 또는 하위체계 또는 부분들이 더 큰 체계의 욕구를 충족시키기 위해 그들 자신의 기능을 조절해야 사회체계가 유지되고 그 기능을 수행할 수 있다. 사회복지사의 업무는 개인적 욕구와 사회적 욕구 모두에 초점을 두는 것이다.

체계이론은 사정의 과정에서부터 그 유용성을 갖는다. 체계이론에서는 한 개인의 문제와 증상을 개인에 국한된 것이 아닌 체계와의 상호작용에 기인한 것으로 보기 때문에 개인과 환경 사이의 매우 복잡한 상호작용 현상을 분석하여 증상의 원인을 찾으려고 한다. 나아가, 이 이론은 자기결정과 변화과정에 클라이언트 참여에 관한 사회복지사의 관심을 지지하며, 사정과 개입계획에 있어 클라이언트의 목표를 이해하고 고려해야 할 필요성을 강조한다.

일반체계이론에 입각해서 활동하는 사회복지사는 변화 노력에 관련된 많은 사람들과 여러 종류의 다른 상황에 적용할 수 있는 기본적 구조 틀을 가져야 하며, 막연하고 추상적인 지역사회나 조직이나 체계가 아닌, 문제를 가진 사람들을 변화시키기 위해 일해야 한다(이종복 외, 2007).

5) 평가

일반체계이론은 사회복지실천에 있어 다양한 변인 간의 상호작용을 이해할 수 있는 개념 틀을 제공해 주고 있다. 행동의 원인을 다양한 곳에서 찾는 순환적 사고로 시각을 전환함으로써 개인에게는 증상 또는 행동에 따른 낙인을 줄여 주며, 사회문제와 관련해서는 전체적인 범위의 요소들을 고려하도록 도와준다. 또한 수집한 정보를 분석해서 조직화하고 통합함으로써 개인의 행동에 초점을 두는 대신, 체계 성원 간의 역동적 상호작용에 초점을 둔 분석이 가능하게 하였다. 이러한 관점은 사회복지실천에서 여러 각도의 개입이 가능하도록 하였고, 문제나 욕구를 상황적이고 환경적인 맥락에서 이해하게 해 주었으며, 관련 체계의 영향력을 인식하게 해 주었다.

일반체계이론은 추상적이고 모호한 면이 많고, 사회복지실천과 같은 인간적인 활동에는 맞지 않는 복잡하고 전문적이며 실증적으로 증명하기가 어려운 부분이 많다. 또한 체계 간의 상호연관성과 상호교류 작용을 매우 중요시하면서도 사회복지 개입의 장이 되는 체계 간의 고유영역에 대해서는 충분한 설명이 없다는 점도 문제점이다. 인간과 환경 · 문화 사이의 발달과 기능이 어떠한 영향을 주고받는지를 규명해 줄 유용한 개념의 부족으로 사회복지에서는 일상생활 환경에 더 적합한 이론인 생태학에 더 관심을 기울이게 되었다(구혜영, 2010).

2. 생태학이론

생태학이론은 단순한 인과관계의 규명이 아닌 복잡한 인간과 환경 간의 상호교류에 관심이 있고 생태학적 접근으로, 인간을 설명하는 브론펜브레너(Bronfenbrenner, 1917~2005)는 인간발달을 "인간이 자신의 환경을 지각하고 다루는 방식에서의 지속적인 변화"라고 정의했다. 즉, 생태학이론은 브론펜브레너가 체계화한 이론으로 인간과 환경과의 상호작용에 초점을 둔다.

생태학은 원래 생물학에서 유기체와 그 주변의 자연·사회·물리 환경 간에 존재하는 상호 의존적 체계에 대해서 연구하는 학문으로 유기체 자체보다 유기체가 존재하는 전체 체계와 유기체 간에 주고받는 상호작용에 더 주목한다. 생태학이론은 인간과 환경은 분리될 수 없으며 하나의 총체이고, '환경 속의 인간(person in environment)'을 강조하며 인간과 환경은 상호 호혜적 관계에 있다.

생태학이론은 동물행동학, 자아심리학, 스트레스 이론, 형태심리학, 역할이론, 문화인류학, 인본주의심리학, 상징적 상호작용이론, 일반체계이론, 권력관계의 역동이론과 같은 다양한 이론의 영향을 받았다. 생태학이론의 궁극적 목적은 인간발달의 과정, 발달이 일어나는 맥락적 환경, 그리고 인간이 접해 있는 다차원적 환경 간의 상호작용과 상호연계성에 대해 분석적·통합적으로 조망하는 데 있다(윤종희, 1994).

생태학이론에서는 발달을 촉진시키는 개인적 요인뿐 아니라 행동적 환경을 통하여 인간에게 영향을 미치는 복잡한 힘의 관계망을 탐색한다. 레빈(Lewin)은 발달이란 일생에 걸쳐 이루어지는 것으로 시간의 흐름에 따라 변해 가는 개인(person)과 환경(environment) 사이의 함수관계라고 보았다. 이를 보다 정교화한 브론펜브레너의 생태학이론에서는 개인과 환경을 발달의 산물이자 생산자라고 보고 환경뿐만 아니라 개인 또한 발달에 있어서 중요한 역할을 한다(Garbarino, 1983)고 보았다. 생태학이론에서 클라이언트와 사회복지사는 상호 간에 영향을 미치며 문제를 해결하는 데 있어서 동반적 관계로 간주한다.

브론펜브레너는 인간발달 생태학이란 능동적으로 성장해 가고 있는 인간 유기체와 인접 환경 간에 전 생애에 걸쳐 일어나는 점진적 상호 조절 과정을 과학적으로 연구하는 학문이라고 정의하였다. 생태학이론의 핵심 가정은 개인과 환경이 상호 간에 영향을 미치고, 상호교류(transaction)에 의해 변화된다는 것이다(Greene, 1986).

1) 주요 개념

(1) 적합성과 적응

적합성(goodness of fit)이란 인간의 적응욕구와 환경자원이 얼마나 잘 맞는가를 말하며, 이것은 전 생애에 걸쳐 성취된다. 적합성은 적응적이거나 부적응적으로 나타날 수 있다.

적응은 인간과 환경 사이의 활발한 상호 교감을 포함하여 인간과 환경이라는 하나의 단위 안에서 이루어지는 과정이다. 또한 적응은 가능한 한 유익한 적합성을 이루기 위해서 인간과 환경이 서로에게 영향을 미치고 반응하는 것이며 새로운 사회적 기대 또는 자연재화와 같은 환경변화를 말한다.

(2) 스트레스와 대처

개인과 환경 사이의 상호교류는 다양한 생활 스트레스를 야기하기도 한다. 스트레스는 개인이 지각한 요구와 이러한 요구를 충족시킬 수 있는 자원을 활용할 수 있는 능력 사이의 불균형에서 발생한다.

스트레스를 경험함으로써 자연적으로 발생하게 되는 대처기술(coping skill)은 정서적 고통을 통제하기 위하여 개인이 수행하는 행동이다. 이때 대처란 생활 스트레스에 의해 발생되는 욕구를 해결해 나가기 위해 고안된 새롭고 특별한 행동이다.

2) 생태체계적 관점에서의 환경

생태체계적 관점은 생태학과 일반체계이론의 개념들을 통합한다. 생태체계적 관점에서 환경체계는 개인을 둘러싸고 있는 네 가지 수준의 체계들과 그 체계들 사이의 위계를 말한다. 미시체계, 중간체계, 외체계, 거시체계가 있다(이종복 외, 2014: 183-188).

(1) 미시체계

미시체계(micro system)는 개인 혹은 인간이 속한 직접적인 사회적 · 물리적 환경이다(조흥식 외, 2010b). 미시체계는 개인에게 가장 인접한 수준의 환경으로 정의된다. 즉, 미시체계는 개개인이 매일매일의 일상생활에서 접하는 환경인 개인, 모든 사람들, 집단을 포함한다(오창순 외, 2015). 미시체계는 가족과 같은 직접적인 환경 내에서 이루어지는 활동, 역할 그리고 내면적인 대인관계의 유형을 말한다. 배우자나 가족, 친구들, 학교, 직장, 어린이집 등의 물리적 환경 및 관계들이 포함된다.

(2) 중간체계

중간체계란 상호작용 중에 있는 두 개 이상의 미시체계로 구성된다. 다시 말해서, 중간체계란 가정과 학교 간의 관계, 학교와 직장 간의 관계와 같이 개인을 둘러싸고 있는 두 가지 이상의 환경에서 일어나는 과정과 연결성을 말한다.

(3) 외(부)체계

외체계란 개인이 직접 참여하고 있지는 않지만 그 개인의 발달에 영향을 주는 환경체계를 말한다. 예를 들어, 부모의 직업환경은 자녀양육에도 강력한 영향력을 갖는다.

(4) 거시체계

거시체계란 일반적인 문화, 민족, 정치, 사회, 법, 종교, 경제, 철학, 관습, 교육정책과 같은 광범위한 사회적 맥락을 의미한다. 이러한 거시체계는 개인의 삶에 직접적으로 개입하지는 않는다. 이 체계는 지역사회 수준의 요인들을 포함하며, 이 요인들은 직접적으로 개인과 관련된 것이 아니라 개인이 기능하는 방식에 영향을 준다. 그러나 전체적으로 볼 때 사회구조적인 맥락을 포함하고 있기 때문에 비록 간접적이지만 강력한 영향력을 행사한다.

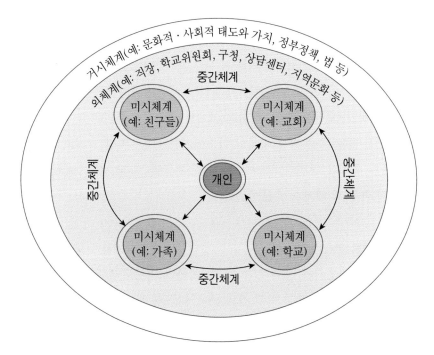

[그림 12-2] 생태학적 환경체계

출처: 오창순 외(2015: 357).

3) 생태학이론에 대한 평가

생태학은 조직과 환경 간의 상호관계를 이해하고자 하며 인간이 어떻게 환경에 영향을 주고 환경에 의해 영향을 받는가를 폭넓게 이해하는 데 의의가 있다. 또한 생태학이론은 인간발달에 영향을 미치는 환경을 체계적으로 구조화하였다. 그러나 인간행동의 발달에 영향을 주는 인간의 내적 요소에 관해서는 거의 논의하지 않는 단점이 있다.

연습문제

1. 개방형 가족체계의 설명으로 옳은 것을 <u>모두</u> 고른 것은?

> 가. 외부체계의 간섭을 허용한다.
> 나. 경계가 자유롭고 유동적이다.
> 다. 지역사회와의 교류가 확대된다.
> 라. 외부와의 상호작용을 제한한다.

① 가, 나, 다   ② 가, 다   ③ 나, 라   ④ 가, 나, 다, 라

2. 생태학적 이론에 대한 기본 가정으로 <u>틀린</u> 것은?

① 인간은 환경에 반응할 뿐만 아니라 스스로 환경을 창조해 내는 주인이기도 하다.

② 인간과 환경을 지속적인 상호작용과 교류 속에서 존재하는 하나의 체계로 본다.

③ 성격은 개인과 환경 사이에 오랜 기간 상호작용한 산물이다.

④ 사회적으로 수용되기 어려운 행동에 대해서는 부적응이라 간주한다.

3. 생태체계적 관점의 개념에 대한 설명으로 <u>틀린</u> 것은?

① 인간과 환경 그리고 그들 간의 교류를 설명하고 분석하기 위해 사용되는 체계이론이다.

② 체계이론과 생태학적 개념을 통합하는 관점이다.

③ 개입에 대해 어떤 규정을 제시하는 특정 모델이 존재한다.

④ 심리과정은 생물학적 · 대인관계적 · 경제적 · 정치적 요인 사이의 상호 복합적인 상호작용의 결과로 나타난다고 본다.

4. 하나의 체계는 보다 큰 상위체계의 부분임과 동시에 다른 하위체계에 대해서 그 체계가
   상위체계가 된다고 보는 입장은?
   ① 홀론(Holon)   ② 진단주의   ③ 기능주의   ④ 위계

5. 미시체계에 영향을 주는 주요 거시체계는?

가. 문화   나. 지역사회   다. 제도   라. 조직

   ① 가, 나, 다   ② 가, 다   ③ 나, 라   ④ 가, 나, 다, 라

제3부

사회체계의 이해

제13장
가족과 집단

1. 가족

1) 가족의 개념

가족은 사회를 구성하는 가장 기본적인 단위라고 할 수 있으며 인류사회에서 가장 오랜 역사를 가지고 있는 가장 중요한 사회제도이다. 가족은 개인의 행동과 발달에 많은 영향을 끼치며 개인과 사회를 연결시키는 가교 역할을 해 왔다(오창순 외, 2015: 353). 가족은 전통적으로 가장 기본적인 사회단위로 번식, 생존, 관습의 습득, 인간 상호 간의 접촉, 문화와 가치의 전달 등 중요한 사회적 기능을 담당하는 사회제도의 하나이다. 또한 가족은 사회통제의 가장 중요한 제도이며 인간이 사회화되는 최초의 학습장으로 생활에 필요한 기본 규범과 가치를 학습하는 곳이다.

현행 민법(제779조)에서는 배우자, 직계혈족 및 형제자매와 생계를 같이하는 직계혈족의 배우자, 배우자의 직계혈족 및 배우자의 형제자매를 가족의 범위로 보고 있다. 가족은 배우자 간의 정서적 · 사회적 · 경제적 유대 및 생식과 성관계, 아동이나 노인, 장애인의 부양, 아동의 사회화 교육, 가족구성원의 보호, 가족구성원의 정서적 보호와 오락, 재화와 용역의 교환 등 중요한 기능을 수행한다.

가족은 개인에 대한 최초의 문화전달자가 되며 아동은 그 가족구성원과의 접촉을 통한 관계에서 최초의 사회화가 이루어지게 되는 것이다. 또한 가족의 기능이 구조적으로나 역할 면에서 원만하게 이루어졌을 때 올바른 자기를 찾게 되지만, 구조적으로 깨어진 가족이거나 역할에 혼돈이 있을 경우 그 가족구성원의 바람직한 성격형성이 어렵게 된다. 이렇게 가족이란 인간이 나타난 이후 발전시켜 온 기본적인 사회제도 가운데 가장 오래된 것으로 인간의 성장과 발달에 필요한 것을 가르치고 양육하는 일차적인 집단이며, 개인과 사회의 중간지점에 위치하여 사회의 기초를 이루고 개인의 성장과 발달에 중요한 역할을 담당하는 체계이다.

미누친(Minuchin)은 체계로서의 가족은 사회가 그 구성원에게 보다 더 융통성 있는 적응력을 요구하면 할수록 사회적 발달의 모체로서 중요성이 증가할 것이라고 하였다. 체계로서의 가족은 항상 동적이어서 변화하고 성장하며 항상성을 유지하려는 속성을 지니고 있다. 가족구성원들은 가족 내의 다양한 위치에서 상호 의존적인 관계를 유지해야 하기 때문에 한 구성원의 역할변화는 다른 구성원들에게도 행동변화를 가져오게 된다. 상당한 기간에 걸쳐 가족구성원들 사이에 형성된 독특한 상호작용 패턴을 통해 가족체계는 적응과 균형을 통한 안정성을 추구하고, 외부체계와 구분되는 경계를 형성하기도 한다. 따라서 한 개인의 문제는 그 개인의 내적 차원에서가 아니라, 그 개인을 둘러싸고 있는 전체로서의 가족이라는 맥락에서 이해해야 한다(김영호 외, 2006).

2) 가족의 특성과 유형

산업화 및 도시화는 가족의 유형 및 가족에 대한 가치관을 변화하도록 하였으며, 가족구조는 시대가 변함에 따라서 점점 다양화되고 있다. 오늘날 가족 중심의 가치관에서 개인 중심의 가치관으로 강조점이 이동하고, 혈연과 부부의 결합이라는 좁은 의미보다는 상호 간에 강한 애정과 충성을 중시하며 일정 기간 동거하는 사람들이 늘어남에 따라 가족에 대한 가치관이 변화하고 있다. 가족이 혈연이나 법적 결혼 등의 계약을 강조하기보다는 가족구성원들 사이의 상호 방향적 관계형성을 강조하는 개인적 연결 관계의 소규모 집단으로 바뀌면서 다양한 형태의 가족이 나타났다. 가족의 모습은 사회문화적 환경 변화의 결과물이라고 볼 수 있다. 현재 새롭게 생겨나고 있는 가족구조는 이제까지 주류라고 여겨 왔던 핵가족, 확대가족, 직계가족 등의 가족유형과는 성격을 달리하고 있다. 과거의 가족유형은 이전 가족의 해체 과정에서 생겨나는 주변적·과도적 산물이거나 환경적 여건으로 인한 산물이었다면, 최근에 나타나고 있는 새로운 형태의 가족구조는 동거가족, 독신가족, 무자녀 가족 등과 같은 새로운 형태로서 개인들의 능동적 선택에 의해 나타나고 있다.

다양해진 가족유형은 가족구성원의 수와 크기에 따라 대가족(large family)과 소가족(small family)으로 구분할 수 있으며 가족구성원에 의해 핵가족(nuclear family)과 확대가족(extended family)으로 구분할 수 있다. 소가족이나 핵가족은 부부 중심의 가족체계로 부부와 미혼자녀로 구성되며 구성원들의 상호작용을 촉진할 수 있고 구성원들 간에 민주적인 관계를 수립할 수 있지만, 반면에 가족의 보호기능 축소, 가족결합의 약화를 발생시키고 구성원들의 갈등을 초래하여 이혼, 별거, 가출, 학대 등의 문제를 발생시킬 수 있다. 대가족이나 확대가족은 가계 중심의 가족체계로서 3세대 이상 함께 거주하는 가족으로 자녀가 결혼을 한 이후에도 부모와 같이 동거하며, 구성원들 간에 권위적인 주종관계가 형성되기 때문에 자녀에 대한 교육기능이 강화되고 노인부양을 하나의 의무로 생각하여 노인문제가 발생할 가능성이 적지만, 가부장적인 사고로 인해 민주적인 가족관계를 형성하는 것을 어렵게 한다. 수정확대가족은 부모와 한집에 살지는 않지만 주위에 살면서 확대가족을 이루는 형태이다(황철수 외, 2011).

또한 부부의 권력을 중심으로 부권 가족, 모권 가족, 평등 가족으로 구분할 수 있다. 가족이 발생한 초기에는 모권 가족(matriarchal family) 사회였는데, 점차 사회의 질서가 잡혀 가면서 부권 가족(patriarchal family)으로 바뀌었다. 그러나 점차 평등 가족(equalitarian family)으로 사회가 변화, 발전해 가고 있다(이숙 외, 2013 재인용).

2. 집단

사회복지실천에서는 인간을 환경 속의 존재로 규정하고 있지만, 보다 정확히 표현하자면 인간은 '환경 속의 집단에 속한 개인(person-in group-in environment)'이라 할 수 있다. 즉, 인간은 생존해 있는 동안 집단에 소속되지 않을 수 없으며, 자신이 속한 집단의 구성원들과 상호작용하고 상호 의존하는 과정에서 협력함으로써 생존할 수 있는 집단 지향적 존재이며, 집단에 소속하고자 하는 기본적인 욕구를 지니고 있다.

1) 집단의 정의

집단이란 공통의 관심사를 지닌 사람들이 공동의 목표를 달성하기 위해 지속적으로 상호작용하는 두 사람 이상의 집합을 말한다(Hartford, 1972). 집단은 공동의 목적 혹은 인지적 · 감정적 · 사회적 면에 관심을 공유하면서, 집단활동을 위한 목적을 발달시키고 그 안에 있는 사람들의 관계가 구조화되고 유형화되어 있는 조직된 체계를 말한다.

2) 집단의 특징

- 비슷한 관심사와 목적을 가진 최소 2인 이상의 일정한 구성원이 있다.
- 집단구성원들이 공유하고 있고 달성 가능한 공동의 목적이 있다.
- 대면적 의사소통과 상호작용을 통하여 '우리' 의식으로 비유되는 소속감, 정체감과 결속력을 형성한다.
- 상호작용과 집단 내 행동을 통제하는 사회통제기제와 집단문화가 형성된다.
- 개인들 간의 상호작용을 통하여 전체로서의 체계의 특성을 지니게 되지만 동시에 전체로서의 집단은 개인의 행동에 영향을 미친다.
- 집단을 둘러싼 외부환경과의 지속적 에너지 교환을 통하여 생존이 가능하고 그 기능의 변화와 발달이 이루어진다.
- 형성에서부터 해체에 이르기까지 동일한 모습을 유지하는 것이 아니라 역동적 변화를 하는 일련의 발달단계를 거친다(김귀환 외, 2015: 316).

3) 집단의 유형

집단은 인간행동에 영향을 미치는 사회환경으로서 집단의 유형에 따라 개인에게 미치는 영향이 다르다(이명재 외, 2005 재인용).

(1) 일차집단과 이차집단

집단은 상호작용과 정서적 결속 정도에 따라 일차집단과 이차집단으로 구분할 수 있다. 일차집단은 혈연과 지연을 바탕으로 자연발생적으로 이루어지는 집단으로, 아주 친밀하면서도 자주 긴밀하게 개인적으로 접촉하면서 관계를 맺는 가족, 친구, 소규모 집단 등을 말한다. 이차집단은 목적을 달성하기 위해 인위적으로 계약에 의해 형성되는 집단으로, 직접 대면해서 접촉하는 경우는 드물거나 전혀 접촉하지 않는 경우도 있다(최순남, 2002: 475).

(2) 자연집단과 형성집단

구성 방법에 따라서 집단은 자연발생적인 집단과 인위적 형성집단으로 구분이 된다. 자연발생적인 집단은 자연적으로 발생한 사건이나 인간관계상의 매력 혹은 성원의 욕구 등을 기초로 하여 자연발생적으로 구성된 집단으로, 예를 들어 가족, 또래집단, 친구들, 갱 집단 등이 있다. 형성집단은 외부의 영향이나 개입을 통해 의도적으로 만들어진 집단으로, 예를 들어 치료집단, 위원회 등이 있다(Toseland & Rivas, 2001: 13-14).

(3) 치료집단

토스랜드와 리바스(Toseland & Rivas)는 치료집단의 주된 목적에 따라 지지집단(support group), 교육집단(education group), 성장집단(growth group), 치유집단(therapy group), 사회화집단(socialization group)으로 세분하였다(생각의 마을 기획, 2017).

① 지지집단

성원들이 스트레스를 주는 생활사건에 잘 대처하고 효과적으로 적응할 수 있도록 원조하는 데 목적을 두는 집단이다. 이 집단의 지도자는 집단 구성원에게 자조와 상호원조를 통해서 대처기술을 향상시키도록 동기화시키며 미래에 대한 희망을 촉진시킨다. 지지집단의 성원은 대개 유사한 문제나 경험을 갖고 있어서 유대가 빨리 형성되며 자기표출 정도가 매우 높다. 예를 들어, 이혼한 부부의 자녀집단, 암환자 가족모임 집단, 아동양육의 어려움을 함께 나누는 한부모집단, 정신병원에서 퇴원하여 지역사회에서 적응을 다루는 정신장애인집단 등이 있다.

② 교육집단

교육집단의 주목적은 성원들의 지식, 정보 또는 기술의 향상에 있다. 이 집단에서 정보의 제공은 주로 전문가에 의해서 강의 형태로 이루어지며 성원들 간의 토의를 통해서 학습이 이루어진다. 교육집단의 지도자는 성원의 지식, 기술, 경험 등을 고려하여 모든 성원이 최상의 학습효과를 얻도록 해야 하며, 집단성원은 학습에 대한 공통의 관심사를 가진 사람들로 구성된다. 교육집단은 주로 강의를 중심으로 이루어지므로 성원들 간의 자기노출은 비교적 낮은 편이며, 예를 들어 청소년 성교육 집단, 부모역할 훈련 집단, 위탁가정의 부모가 되려는 집단, 특정 약물이나 질환에 대해 정보를 획득하려는 집단 등이 있다.

③ 성장집단

성장집단의 목적은 성원들에게 자신과 타인에 대해서 그들의 생각, 감정, 행동을 인식하고 확장하며, 변화할 수 있는 기회를 통하여 자신의 잠재력을 최대한 발휘할 수 있도록 돕는 데 있다. 성장집단은 개인의 내적 병리를 치료하기보다는 심리사회적 건강을 향상시키는 데 초점을 두며, 집단을 자신의 성장 기회로 활용하려는 사람들로 구성된다. 성장집단은 성원들이 통찰력을 얻을 수 있고 새로운 행동을 시험해 볼 수 있으며 피드백을 얻고 성장할 수 있는 지지적인 분위기여야 한다. 예를 들어, 참만남집단, 청소년을 위한 가치명료화집단, 경쟁집단, 여성을 위한 가치고양집단, 퇴직 준비 집단 등이 있다.

④ 치유집단

치유집단의 목적은 성원들의 행동변화, 개인적인 문제의 완화, 또는 상실된 기능의 회복을 원조하는 집단이다. 대개 집단성원은 전문가에 의해 치유집단이 적합한지를 확정한 후에 공통적인 문제를 겪고 있는 사람들로 구성한다. 집단의 지도자는 집단의 공동 목적 내에서 개별 성원의 목적을 구체적으로 수립하여 이를 달성하도록 원조한다. 예를 들어, 정신보건센터에서 심리치료를 받는 외래환자 집단, 건강협회에서 지원하는 금연집단, 보호관찰 대상 청소년집단, 약물중독 치유 집단 등이 있다.

⑤ 사회화집단

사회화집단의 목적은 사회적 관계에 어려움을 가지고 있는 클라이언트들을 중심으로 사회생활에서 효과적으로 기능하기 위해 필요한 사회기술을 학습하거나 사회적으로 받아들여지는 행동 형태를 배우는 데 있다. 이러한 집단은 게임, 역할연습, 레크리에이션, 여가활동 등의 특정 프로그램 활동에 참가하여 결속력을 발전시키며 대인관계기술을 향상시킨다(김용준 외, 2014: 356). 예를 들어, 이전에 공공시설에서 수용되었던 사람들을 위한 사교클럽, 자기주장 훈련 집단, 대인관계기술 향상 집단, 의사소통 향상 집단 등이 있다.

(4) 과업집단

목표를 달성하고자 하는 목적 지향적 집단으로, 자기공개성이 낮고, 은밀한 진행과정이 필요한 집단이다. 집단의 성공은 과업이나 명령 달성 또는 성과물 산출에 근거해서 판단한다. 과업집단은 조직의 정책 입안과 집행, 사업계획의 건의 및 보고, 조직의 이익대변, 조직과 이용자 간의 관계형성, 이용자 지원에 대한 의사결정, 사회구조적 모순의 개선을 목적으로 하는 집단이다. 대표적인 예로는 팀, 위원회, 이사회 등이 있다(허남순 외 역, 2004).

(5) 자조집단

자조집단은 유사한 어려움이나 관심사를 가진 성원들이 공통의 이익을 도모하기 위하여 집단을 만들어 동료끼리 경험을 나누며 개인적으로 바람직한 변화를 가져오도록 노력하는 상호원조 집단이다. 개인들로 하여금 상호지원, 역할모방 등을 통해 단주친목 모임과 같이 공통된 생활문제에 대처하게 돕는다.

4) 집단이 인간행동에 미치는 영향

집단은 지역사회나 사회가 형성될 수 있는 공식 또는 비공식 구조를 제공해 주는 기본적 사회단위인 동시에 개인이 주요 타인과의 관계를 형성·유지할 수 있는 수단을 제공해 준다. 따라서 개인은 집단을 떠나서는 생활할 수 없으며, 집단의 한 부분으로 상호작용에 참여하고, 자아정체감을 형성하고, 성취감과 좌절감을 경험하면서 성장해 간다. 인간의 성장·발달과정에서 얻게 되는 집단경험, 특히 청소년기 이전의 집단경험은 성격의 형성과 발달에 많은 영향을 미친다. 집단체계가 인간행동에 미치는 영향은 집단의 역동성으로 나타나게 되고, 유아기에 또래와의 연합놀이나 협동놀이를 통하여 사회생활에 필요한 기초적인 도덕성이나 사회적 역할분담을 학습하게 되며, 의미 있는 지도력까지도 경험할 수 있게 된다. 아동기에 학급집단이나 또래집단의 구성원으로서 경험하는 여러 가지 집단활동을 통하여 규범준수, 상호협력, 자기 욕구의 통제와 관련된 기술을 습득하게 되며, 근면성 또는 열등감이라는 성격특성이 형성되기도 한다. 청소년기에는 집단에 참여하여 타인이 보는 자신에 대한 관점을 받아들임으로써 자아정체감 형성의 기반을 마련할 수 있게 된다. 그리고 성인기 이후에 유의미한 집단경험을 하지 못할 경우에는 고독, 소외감, 우울증 등과 같은 다양한 정신장애를 보일 가능성이 높아진다.

5) 집단과 사회복지실천

(1) 집단사회복지실천의 구성요소

집단사회복지실천에서는 집단성원, 전체로서의 집단 그리고 그 집단을 둘러싼 환경이라는 세 가지 영역에 초점을 두고, 세 가지 영역에의 변화를 추구한다. 즉, 집단사회복지실천은 사회복지 전문직의 지식, 가치, 윤리 그리고 기술에 근거를 두고 집단 내의 개별 성원, 전체로서의 집단 그리고 집단

이 속한 변화와 사회적 기능의 증진을 도모하는 사회복지실천의 한 방법
이다.

(2) 집단사회복지실천의 목적

개인과 사회의 상호의존성이 사회복지실천의 초점이 되며, 집단은 개인
과 사회의 기능이 향상될 수 있는 장으로 활용된다(강세현 외, 2012: 265). 집
단사회복지실천에서 추구하는 목적은 어떠한 형태의 집단을 활용하는가에
따라 달라질 수 있다. 치료집단을 활용한 집단사회복지실천에서는 집단성원
개인의 성장, 교육, 행동변화 및 사회화를 주된 목적으로 하며, 과업집단을
활용하는 경우에는 조직이나 기관의 문제에 대한 해결책 모색, 새로운 아이
디어의 개발, 내담자와 관련된 의사결정과 효과적인 원조전략의 수립에 목
적을 둔다.

 **연습문제**

1. 다음 중 가족의 형태에 대한 설명으로 옳지 <u>않은</u> 것은?

　① 수정확대가족: 부모님과 한집에 살지는 않지만 주위에 살면서 확대가족을 이루는 가족형태

　② 계부모가족: 인척 또는 인척이 아닌 사람들이 동거하면서 전통적인 가족역할을 수행하는 가족형태

　③ 한부모가족: 이혼과 배우자 사망으로 점차 늘어 가는 가족형태

　④ 딩크가족: 맞벌이하면서 자식을 갖지 않는 가족형태

2. 다음 중 퇴니스 쿨리가 나눈 집단에 대한 설명으로 옳지 <u>않은</u> 것은?

　① 공동사회는 자연적 감정, 충동, 욕망의 본질의지에 의해 형성된다.

　② 이익사회는 인위적 감정, 충동, 욕망의 선택의지에 의해 형성된 집단이다.

　③ 사업화, 정보화되어 감에 따라 인간 삶은 이익사회에서 공동사회로 변하고 있다.

　④ 일차집단은 혈연과 지연을 바탕으로 하여 자연발생적으로 형성한다.

3. 가족체계 역동성에 대한 설명으로 옳지 <u>않은</u> 것은?

　① 가족체계 경계선의 침투성 정도가 가족구성원의 성격과 행동에 영향을 미친다.

　② 가족은 개인의 성격형성에 생물학적 측면과 문화적 측면을 연결하는 사회제도이다.

　③ 가족구조가 변하면 가족구성원 각자의 행동도 변한다.

　④ 가족형태는 가족구성원들과의 관계패턴에는 영향을 주지 않는다.

4. 다음 중 집단 성립요건으로 옳지 <u>않은</u> 것은?

　① 상호작용하는 둘 이상의 사람　　② 집단의식

　③ 자기개발　　　　　　　　　　　④ 소속감

5. 다음 중 집단 역동성에 대한 설명이 <u>아닌</u> 것은?

① 모든 갈등은 집단관계에 위험을 야기한다.

② 지위와 역할이 분화되고 하위집단이 형성된다.

③ 집단규범은 집단이 기대하는 행동 기준이다.

④ 개인적 목적이 집단의 명시적 목적과 일치하지 않을 수 있다.

6. 현대사회에서 가족체계의 변화에 대한 설명으로 옳게 묶인 것은?

가. 사회화의 기능이 약화되어 가족의 부담이 줄어들고 있다.
나. 핵가족화가 확산되어 가족의 규모가 축소되고 있다.
다. 자녀양육 기간이 단축되고 있다.
라. 친족의 범위가 축소되고 전통적인 부계체계에서 양계체계로 변화하고 있다.

① 가, 나, 다   ② 가, 다   ③ 나, 라   ④ 가, 나, 다, 라

7. 다음의 가족유형 중 옳게 연결된 것을 <u>모두</u> 고르시오.

가. 확대가족: 인척 혹은 인척이 아닌 사람들이 함께 동거하면서 전통적인 가족역할을 수행하는 가족
나. 딩크(DINK)가족: 자녀에게 부양받기를 거부하고 부부끼리 독립적인 삶을 일구어 가는 노부부가족
다. 혼합가족: 현대 산업사회의 사회경제적 구조에 가장 적합한 가족형태로 간주됨
라. 핵가족: 부부와 미혼인 자녀로 구성된 가족

① 가, 나, 다   ② 가, 다   ③ 나, 라   ④ 라

8. 퇴니스의 공동사회에 대한 설명으로 옳지 <u>않은</u> 것끼리 묶인 것은?

> 가. 선택의지가 작동한다.
> 나. 자연적이고 실제적인 감정의 교류가 이루어진다.
> 다. 게젤샤프트라고도 한다.
> 라. 인간의 자연적 의지에 의해 결합한다.

① 가, 나, 다   ② 가, 다   ③ 나, 라   ④ 라

9. 다음 중 집단의 유형과 내용의 연결이 바르지 <u>않은</u> 것은?

① 지지집단: 사회복지사의 영향력이 가장 큰 집단

② 교육집단: 자신과 사회에 대한 학습과 교육이 목적인 집단

③ 성장집단: 개인적 변화의 기회를 제공하면서 자아 향상을 강조하는 집단

④ 치료집단: 스스로 자신의 행동을 변화시키고, 개인적 문제를 해결하고 대처할 수 있도록 돕는 집단

10. 다음 중 집단 발전과정에 대한 설명이 <u>아닌</u> 것은?

① 집단은 환경에 적응한다.

② 집단은 목표 지향적인 행동으로 활동, 감정, 상호작용을 발전시킨다.

③ 발달의 외부체계가 정교해지면서 유대, 응집력, 규범, 역할, 지위 등이 발달한다.

④ 집단은 피드백을 통해 환경과 함께 발달하는 내적 체계에 의해 영향을 받으며 적응한다.

11. 가족체계에 대한 설명 중 옳지 <u>않은</u> 것은?

① 가족은 변화와 안정성의 균형을 맞추고자 노력한다.

② 한 가족구성원의 변화는 가족 전체에 영향을 미친다.

③ 가족성원의 행동은 순환적 인과관계로 가장 잘 설명된다.

④ 한 개인의 문제와 가족체계의 문제는 별개이다.

12. 다음은 어떤 가족형태에 대한 설명인가?

> • 한집에 여러 세대가 사는 가족
> • 전통적으로 우리나라에서는 가부장제도에 근거한 이상적인 형태
> • 산업사회로의 변화에 점점 감소하고 있다.

① 핵가족　　　　　② 확대가족
③ 노인가족　　　　④ 혼합가족

13. 인간이 발전시켜 온 기본적인 사회제도 가운데 가장 오래된 것으로서 인간의 성장과
　　발달에 필요한 것을 가르치고 양육하는 사회적 일차집단을 무엇이라고 하는가?
① 집단　　　　　　② 가족
③ 조직　　　　　　④ 지역사회

14. 집단의 성립요건으로 옳게 묶인 것은?

> 가. 최소 1인 이상의 구성원　　나. 공통된 목적이 존재
> 다. 자기개방　　　　　　　　　라. 집단의식

① 가, 나, 다　　② 가, 다　　③ 나, 라　　④ 라

15. 집단성원 역할 중 과업역할에 속하는 것으로 옳게 묶인 것은?

> 가. 정서적 유대감　　　　　　나. 의사소통
> 다. 지위와 역할　　　　　　　라. 경계

① 가, 나, 다　　② 가, 다　　③ 나, 라　　④ 라

16. 가족의 기능으로 옳게 묶인 것은?

가. 경제적 협조의 단위	나. 친밀한 관계의 근원 제공
다. 교육적, 종교적 기능	라. 종족보존의 기능

① 가, 나, 다   ② 가, 다   ③ 나, 라   ④ 가, 나, 다, 라

17. 집단의 역동성에 해당되는 것은?

가. 격려자	나. 타협자	다. 조화자	라. 주도자

① 가, 나, 다   ② 가, 다   ③ 나, 라   ④ 가, 나, 다, 라

18. 퇴니스 쿨리의 집단 유형에 따르면 혈연과 지연을 바탕으로 하여 자연발생적으로 이루어지는 집단을 무엇이라고 하는가?
   ① 이익사회   ② 일차집단
   ③ 이차집단   ④ 게젤샤프트

19. 다음 중 사회복지실천에서 주로 다루는 다양한 유형의 집단과 그에 대한 설명으로 옳지 않은 것은?
   ① 사회화집단: 사회기술 개발, 자신감 증대, 미래 계획 등이 목적이다.
   ② 성장집단: 심리사회적 건강을 향상시키는 데 초점을 둔다.
   ③ 교육집단: 효과적인 부모되기 기술훈련모임, 주장훈련모임 등이 속한다.
   ④ 치유집단: 목표를 달성하고자 하는 목적 지향적 집단이다.

답) 1 ② 2 ③ 3 ④ 4 ③ 5 ① 6 ③ 7 ④ 8 ② 9 ① 10 ③ 11 ④ 12 ②
   13 ② 14 ③ 15 ④ 16 ④ 17 ① 18 ② 19 ④

제14장
조직, 지역사회 그리고 문화

우리는 살아가는 환경 속에서 개인과 가족 그리고 조직과 지역사회와 함께 존재하고 있다. 조직은 자원을 처리하고 클라이언트에게 배분하는데, 클라이언트는 조직 내에서 공식적인 역할이 없기 때문에 조직에서 자원분배를 비롯한 대부분의 것에 대해 직접적인 영향력을 거의 행사하지 못한다. 지역사회는 자원이나 직업, 사회적 지지체계로서 인간들에게 필요한 것을 투입해 주고, 클라이언트는 지역사회의 하위체계로서의 역할을 수행하게 된다. 이때 문화는 인간이 어떻게 사회를 인식할 것인가를 가르쳐 주며 개인의 성격을 형성하고 변화시키며 개인에게 다양한 생활양식과 사회에 대한 적응양식을 제공한다.

1. 조직

1) 조직의 정의

조직은 인간이 살아가는 데 중요한 영향을 미치는 거시체계 중의 하나로서, 특정한 목표를 위하여 함께 일하는 사람들의 집합이라고 할 수 있다(이효선 외, 2006: 332).

조직에 대한 정의는 다양하다. 우선, 사전적인 의미로서의 조직은 '두 명 이상의 인간이 모여 같은 목표를 달성하고자 어떤 일을 하여 그 성과나 업적을 이루는 것' 또는 '어떤 목표를 달성하기 위하여 일정한 지위와 역할을 지닌 사람이 모여서 질서 있는 하나의 집합체를 이룸'으로 정의한다. 조직에 대한 이러한 정의는 조직의 구성원, 공동 목표, 성과를 강조한 것이다.

칼 와익(Karl Weick)은 조직이 사회적 실체임을 잘 설명한다. 와익은 "조직 구성원 각자가 자신과 타인으로부터 무엇을 기대하는 것인가를 규명하며, 그 구성원 혹은 사물 간 조정된 행동과 관계를 통해 다양한 목표를 추구하는 구체적인 사회적 실체이며, 이 실체는 생존하기 위해 보다 큰 체계 속에서 다른 개인 혹은 하부체계에 의존한다."고 함으로써 조직이 생성하고 소멸하는 과정을 거치며, 조직이 생존하기 위해 조직 구성원의 역할과 상·하위 조직 간의 관계성을 중시하고 있음을 강조하고 있다(박주현, 2010).

사회운동 측면에서 조직에 대한 정의는 특정 목적을 성취하기 위한 집단으로 규율과 위계화 권력을 수반하는 점을 강조한다. 그러한 측면에서는 조직을 '위원회, 클럽, 노동조합, 정당의 형태를 띠면서 합당한 권위를 행사할 수 있는 체계를 갖춘 사람의 집합체'로 정의한다. 일상생활 측면에서 조직은 '중추적인 역할을 하며 사회적·정치적·경제적·개인적 목적을 달성하기 위한 중요한 수단'으로서 정의되는데, 안전과 자유, 소득보장, 개인의 다양한 욕구 충족 등이 조직을 통해 이루어지고 있음을 시사한다.

사회복지실천 측면에서 조직에 대해 홀랜드(Holland, 1995)는 사회서비스 조직은 사회화와 같은 정상적인 인간의 기능을 지원하거나 수입의 유지를 돕는 데 중점을 두고 있다고 정의하면서 사회복지조직에 대해 일반적인 조직과 차별성을 강조하고 사회복지실천에 고유한 조직의 특성을 분명히 하고 있다.

사회복지실천에서 사회서비스 조직은 소비자들에게 직접 서비스를 전달하며, 서비스를 제공하는 자와 받는 자와의 인간관계를 중요한 과정으로 간주하여 서비스를 제공받는 자들의 복지 향상에 조직의 정당성을 부여한다(Holland, 1995).

인간행동에 영향을 미치는 사회환경으로서의 조직은 집단과의 유사점과 차이점을 가진다. 인간에 의한 집합체로 각각의 환경은 일정한 목표와 고유한 문화를 지니기 때문에 집단의 목표가 뚜렷하고 집단성원의 결합과 집단 역동이 강한 소집단은 조직과 유사하다고 할 수 있지만 조직은 집단보다 더욱 목표 지향적이며 관료적 성향이 강하다(최옥채 외, 2008). 특히, 사회복지실천과 관련하여 집단은 개인을 변화시키는 한 방법으로 활용하는 데 초점을 두지만, 조직은 문제해결을 위한 대응세력화의 한 수단 혹은 자원으로 활용된다는 차이점을 가지므로 사회복지사는 집단사회사업과 같은 사회복지실천방법을 익히는 데 집단을, 지역사회실천방법을 익히는 데에는 조직을 이해할 필요가 있다.

2) 조직의 주요 개념

조직에 대한 정의를 바탕으로 조직에 대한 이해를 폭넓게 하기 위해 조직체계, 조직규율, 조직문화, 조직화, 집합행동에 대한 조직의 주요 개념을 살펴보고자 한다(최옥채 외, 2008).

(1) 조직체계

조직은 조직성원에 의해 형성될 뿐 아니라 일정한 형식에 따라 만들어지게 되는데 이러한 형식을 조직체계라고 한다. 조직체계는 조직을 구성하는 조직성원 각자에게 지위와 역할을 부여함으로써 조직의 튼튼한 기틀을 구축하는 근간이 된다.

(2) 조직규율

조직규율은 조직의 목적을 달성하고 조직체계를 유지하기 위해 조직의 성원이 지켜야 할 규칙을 의미한다. 그것은 조직성원이 수행해야 할 의무, 역할, 권리, 조직의 운영방식 등을 명시함으로써 조직이 추구하는 목적을 달성하고 기능을 원활하게 한다.

(3) 조직문화

홉스테드(Hofstede, 1996)는 조직문화에 대해 "한 조직의 성원을 다른 조직의 성원과 달라지게 만드는 집합적 정신"이라 정의한다. 조직문화는 조직성원의 성별, 연령, 성장환경 등의 공통된 성향과 조직의 외부환경을 결합함으로써 조직 고유의 특성을 식별하게 한다.

(4) 조직화

조직화는 '특정 목적을 달성하기 위해 일정한 지위와 역할을 지닌 사람들로 모임을 만드는 일'로 정의한다. 또한 지역사회조직에 대한 실천 모델을 제시하는 지역사회실천에서 조직화는 '집단행동을 성공적으로 수행하기 위한 힘을 지니게 되는 사람들에 관한 것' '지역사회 주민과 함께 일함으로써 얻는 힘을 가르치는 것' 등으로 정의된다. 사회복지실천에서 조직화는 클라이언트의 욕구 혹은 문제를 해결하기 위해 필요로 하는 자원을 효과적이고 효율적으로 활용하기 위해서뿐만 아니라 지역사회의 특정 문제를 해결하기 위해 지역사회 주민의 개입을 구체화하는 데 필요한 기술로 간주할 수 있다.

(5) 집합행동

조직 속에서 기존의 규범, 정책, 가치 등의 변화를 지향하는 다수 개인들에 의한 공동행동을 말한다. 조직은 집단행동을 통해 조직성원의 결집을 강화하여 한 조직이 대외적으로 큰 힘을 발휘할 수 있도록 하는 데 중점을 둔다. 집합행동이 강조되는 것은 지역사회 혹은 사회의 주요 쟁점에 대응할 때 개인보다는 뜻을 같이하는 여러 성원들에 의한 행동이 상대에 미치는 영향이 크기 때문이다.

3) 조직의 특성

조직은 의도적으로 만들어진 여러 사람들과 집단들로 구성된 '사회적 실체'이다. 조직의 가장 기초적인 단위는 개인이며 보다 큰 단위가 집단이다. 그러나 가족, 친목 집단 등과 같은 정적 상호작용을 중시하는 사회적 집단은 조직에서 제외된다.

조직을 "특정 목표를 달성할 목적으로 의도적으로 구조화된 계획적 단위"로 정의한 에치오니(Etzioni, 1964)와 같이 일반적으로 조직의 구성요소를 사회적 구조, 참여자, 목표, 기술, 환경 등의 특정 요소를 찾아볼 수 있다(Scott, 1987). 각 구성요소에 대해서는 다음에서 살펴본다.

첫째, 조직은 일정한 틀과 구조화된 체계가 존재되어야 하기 때문에 그에 부합되는 가치, 규범, 역할기대 등에 의해 규범구조와 행동적 구조를 포함하는 사회적 구조를 갖게 된다. 이러한 일정한 규범들은 조직을 유지하고 관리하는 데 주요한 수단이며 구성원들의 합의나 요구에 의해 변경될 수 있다.

둘째, 조직은 사회적 구조를 만들어 목표를 지향하게 될 참여자가 필요한데 여기에는 참여자들의 물질적 장비와 지식과 기술들의 기법이 포함된다.

셋째, 조직은 목적[1]을 지향한다. 이러한 목적은 조직활동의 지침 제공과 행동 기준이 되며, 외부환경으로부터 조직의 정당성을 획득하고 구성원들이 일체감을 형성할 수 있도록 하는 동기를 유발하게 한다. 조직은 그 조직 나름대로 다양한 종류의 목적을 가지고 능률적으로 그리고 효과적으로 그 목적을 달성하고자 한다. 목표는 궁극적으로 조직이 존재하게 되는 원인이며 참여자들이 과업활동을 통하여 이루고자 하는 미래의 상태를 의미한다(최성

---

1) 목적은 실현하려고 하는 일이나 나아가는 방향을 뜻하며, 목표는 어떤 목적을 이루려고 지향하는 실제적 대상으로 삼는 것을 뜻한다.

재 외, 2006).

넷째, 조직은 '구조적 활동체계와 계획된 조정체계', 즉 특정 임무를 수행하기 위한 활동체계와 관리적 측면을 지니고 있다. 조직의 구조는 조직구성원의 유형화된 상호작용을 의미하는 것으로서 비교적 안정적이고 지속적인 형태를 지니게 되며, 조직은 여러 사람들로 구성되어 있기 때문에 과업 및 역할의 중복을 피하고 각 구성원의 활동이 균형과 조화를 이루도록 조정할 필요가 있다. 구조 중심의 조직을 이해하기 위해서는 조직의 특성을 나타내는 구조적인 변수, 상황적인 변수들을 이해하여야 한다.

다섯째, 조직은 환경이 중요한 특성적 요소가 된다. 왜냐하면 조직은 사회적 체계로서 문화적·사회적 조건은 물론 물리적이고 기술적인 여건 등과 같은 환경과 연관을 갖고 존재하기 때문이다. 또한 조직은 장기적인 속성인 '계속성'의 지배를 받으며, 또한 규모가 크고 구성이 복잡하여 어느 정도 '합리성'의 지배를 받는다. 조직의 목표를 수행하기 위해 조직구성원이 바뀌더라도 조직의 규모와 구성원의 규모는 계속 유지되어야 한다. 조직은 내부에 조직구성원, 구조, 관리 등 여러 자체 요인들을 가짐으로써 조직 외부환경과의 구분된 '경계'를 가지게 된다. 따라서 자연적으로 조직은 목표 지향적, 분업과 통합의 합리적 활동체계, 사회적 단위, 구조와 과정, 일정한 경계를 둔 환경과의 상호작용이라는 성격을 갖는다(표갑수 외, 2012).

4) 조직과 사회복지실천

조직은 개인의 생활에 영향을 미치며, 개인은 조직을 위해 의무를 수행해야 하지만 동시에 조직은 개인에게 지위와 역할에 따라 합당한 보상을 한다(이숙 외, 2013: 321).

현대사회에서의 조직은 권력분배기능, 적응기능, 사회변화기능, 사회적 결속기능 그리고 정체성 부여기능 등의 순기능을 수행한다. 개인은 이러한 조직에 소속됨으로써 혼자의 힘으로는 극복이 불가능한 불균형적 권력분배

구조를 변화시키고자 노력할 수 있게 된다. 또한 개인은 조직을 통해 복잡한 사회적 현실에 적응할 수 있는 더 많은 기회를 갖게 되며, 대인관계에서의 소외를 극복하고 자율성과 자아정체감을 확보할 수 있게 된다. 조직성원들은 조직 내에서 수행하는 업무나 대인관계에 대한 불만족이 누적되어 감정의 고갈, 소외, 업무와 다른 사람에 대한 관심의 상실 등과 같은 소진증후군을 경험하기도 한다. 이러한 소진현상은 조직에서 부과한 업무의 요구가 자신의 능력으로 감당할 수 없을 정도로 과중하거나, 업무에서 오는 압박감과 스트레스에 압도당한다고 느낄 때 발생한다. 소진현상은 신체적·정서적 고갈 상태의 경험과 자신과 환경에 대한 부정 등과 같은 일련의 증상으로 나타난다. 이러한 소진증후군을 겪는 사람들은 스스로를 비인간화하고 절망감과 무력감에 휩싸이며 조직 내에서 부적응 행동을 표출하게 된다. 더 나아가서는 조직의 동료나 이용자들에 대해서도 부정적 태도를 보임으로써 업무나 서비스의 질을 저하시키는 주된 요인으로 작용하게 된다.

사회복지실천 서비스는 기본적으로 조직을 통해 제공되며, 서비스가 이루어지는 조직에 따라 사회복지실천의 분야를 구분하기도 한다. 사회복지실천에서는 조직을 자원체계로 간주한다. 사회복지실천에서는 조직의 속성을 지니고 있는 외부의 기관이나 단체로부터 재정 및 인적 자원을 동원하거나 지원을 받아 내담자에게 서비스를 제공한다. 그러므로 사회복지사는 자원체계인 조직의 성향과 특성을 충분히 알아야 할 뿐 아니라 조직을 보다 효율적으로 활용할 수 있는 조직의 운영방법을 터득하고 있어야 보다 효율적으로 자원을 동원할 수 있게 된다.

2. 지역사회

지역사회는 그 자체만으로도 유지될 수 있는 사회의 최소단위로서, 재화와 서비스를 생산하고 배분하며 소비하는 활동을 수행하며, 그 구성원들에 대한 사회화와 통제의 기능을 수행한다. 하지만 저메인(Germain)은 지역사회의 물리적 환경과 사회적 환경이 적절히 갖춰지지 못할 경우, 그 속에 속해 있는 인간은 환경과의 적합성을 확보하지 못하게 되므로 부적응이나 문제에 직면할 수 있다고 하였다. 사회복지실천에서는 지역사회를 개발, 조직화하고 개혁하여 인간생활에 적합한 형태로 지역사회환경을 변화시키는 일이 필요한데, 이를 위해 사회복지사는 클라이언트를 둘러싼 지역사회의 영향을 정확히 이해하고, 지역사회에 대한 지식과 개입에 필요한 기술을 습득하여야 한다.

1) 지역사회의 개념과 대상

지역사회란 지리적 조건에 의해 형성된 지역공동체를 말한다. 지역사회에서 사람들은 일정한 지리적 영역을 공유하고 있으며, 사회적 상호작용을 하면서 사회조직을 이루고 있고, 문화를 공유하면서 지역공동의식을 가지고 생활하면서 지리적 공동체를 구성하고 있다. 지역사회 또는 지역공동체로 번역되는 'community'라는 용어는 생물학에서 차용한 용어로서, 원래 의미는 '생물의 어떤 종이 지역적 또는 공간적으로 분리되어 한데 모여 생활하는 모습'을 의미한다.

지역사회는 개인, 가족, 단체, 조직체 등 다양한 구성원을 포함하고 있으며 그 모두가 지역사회의 대상이 된다. 즉, 지역사회 주민들의 공통된 욕구가 되는 사회문제가 그 대상이 되는 것이다.

2) 지역사회가 인간행동에 미치는 영향

퇴니스(F. Tönnis)는 지역사회 구성원들의 유대관계를 기준으로 지역사회를 공통적 가치와 신념 등의 유대관계를 갖고 있는 공동사회(gemeinschaft)와 전문적 유대관계를 가진 계약에 의해 이루어진 이익사회(gesellschaft)로 구분하였다.

지역사회의 기능은 개인의 성격형성과 행동발달에 많은 영향을 미친다. 먼저, 개인은 사회화 과정에서 지역사회의 일반적 지식, 사회적 가치나 사회적으로 수용 가능한 행동양식을 전수받는 관계에 있으므로, 지역사회의 유산이 성격에 녹아들게 된다. 지역사회는 구성원들에게 사회적 규범에 순응하도록 요구하게 되는데, 이 과정에서 개인은 규범을 내면화하고, 자신의 행동에 대한 통제력을 증진시킬 수 있게 된다.

그리고 지역사회 성원들 간의 협력, 결속, 사회적 지지를 통하여 사회적 소외를 극복하고 이타성이라는 성격특성을 발달시킬 수 있게 된다. 이처럼 개인이 지역사회 내에서 생활하는 과정에서 그 사회의 가치관, 신념, 규범, 행동양식 등을 내면화하게 되므로, 지역사회는 개인의 성격발달뿐만 아니라 생활 전반에 걸쳐 영향을 미친다.

3) 지역사회와 사회복지실천

지역사회는 사회복지실천의 중요한 장인 동시에 자원으로서 깊은 의미가 있으며 사회복지실천의 주요 대상이다. 사회복지실천에서 클라이언트의 문제를 해결하기 위해서는 다양한 기관과 사람의 참여가 필수적이다. 이들 기관과 사람들의 원조활동은 주로 지역사회를 기반으로 하여 이루어지므로 지역사회는 사회복지실천의 중요한 장이 된다. 그래서 지역사회를 기반으로 하여 이루어지는 사회복지실천을 지역사회복지라고 부르고 있다. 클라이언트는 어떤 욕구가 충족되지 않거나 문제가 해결되지 않을 경우에 가장 먼저 가족에게 도움을 요청하며, 가족의 도움으로 문제가 해결되지 않을 경우에는 친구, 이웃 등의 순으로 원조를 요청하게 된다. 이러한 비공식적인 사회적 관계망의 원조로 문제가 해결되지 않을 경우에는 사회복지기관에 원조를 요청하게 된다. 그러나 사회복지사의 개입과 원조만으로는 클라이언트의 문제를 해결하는 데 한계가 있을 수 있으므로, 사회복지사는 내담자의 문제를 보다 효율적으로 해결하기 위해 지역사회 내에 존재하는 클라이언트의 사회적 관계망을 연계시키고 조직화하며, 그 역량을 강화하고 사회적 관계망의 물질적, 도구적 그리고 정서적 지지기능을 강화해야 한다. 이런 점에서 사회복지실천에서 지역사회는 내담자의 문제해결에 필요한 중요한 자원과 지지를 제공하는 기능을 수행한다고 볼 수 있다. 사회복지실천에서 요구하는 주요 자원은 인적자원과 물적자원으로 요약할 수 있다. 지역사회의 개인, 조직, 단체 등이 이들 자원을 지니고 있기 때문에 지역재활 사회복지실천의 자원으로 이해되어야 한다(박주현, 2010: 249). 지역사회 문제를 해결하기 위한 실천 모델로, 로스만(Rothman)은 지역사회개발모형, 사회계획모형, 사회행동모형을 제시하고 있다.

3. 문화

1) 문화의 개념

문화는 행위를 이루어 내는 전체 과정의 사고와 그에 관련된 삶의 현상이며, 합의된 행동 기준을 낳는 원천이다. 문화를 보는 방식은 다양하다. 교육학이나 심리학에서는 문화를 학습된 행동으로 보는 반면, 인류학자들은 유무형의 유산이나 생활양식으로, 사회학자들은 초유기체적인 속성을 지닌 것으로 보고 있다. 하지만 최근 들어서는 문화를 인간의 삶의 모습 또는 생활양식 그 자체로 받아들이는 것이 일반적이다. 이러한 관점에 의하면 문화란 지식, 신앙, 예술, 도덕, 법률, 관습, 행위 규범 등을 포함해 인간의 삶에 필요한 물질적·정신적인 것이 모두 포함된다.

문화는 인간이 사회성원으로서 사고하고 행동하며 소유할 수 있는 복합체로서 관념, 규범, 물질로 구성되어 있다. 우리들이 생활하는 데 필요한 각종 생활용품들이나 기술들은 물질문화에 포함된다. 그러나 인류학이나 사회학에서는 문화에서 물질적 측면, 즉 도구문화를 제외한 비물질적 문화만을 문화로 인정하는 경향이 강해지고 있다. 비물질적 문화 중에서 관념문화에는 과학적 진리, 종교적 신념, 신화, 전설, 문학, 미신 등이 포함되고, 규범문화에는 법, 관습, 민습, 원규, 유행 등이 포함된다. 이때 규범은 특정한 상황에서 인간행동을 지배하는 특수한 규칙으로, 인간행동을 구속하거나 인간행동의 준거 틀을 제공해 주는 기능을 하는 법칙이나 원리를 말한다.

타일러(E. B. Tylor)는 "문화란 지식, 신앙, 예술, 도덕, 법률, 관습 그리고 사회구성원으로서의 인간이 습득한 모든 능력과 습성의 복합적인 총체이다."라고 정의하였다(Tylor, 1970: 권육상 외, 2002: 463 재인용).

2) 문화의 특성

문화는 일반적으로 사회구성원 간에 공유되고, 생득적이라기보다는 인간의 사회 속에서 성장하면서 학습을 통해 습득하게 된다(박주현, 2010: 255). 이러한 문화는 학습성, 보편성, 상징성, 역동성 등 다양한 특성을 갖고 있다.

- 문화는 창조된 것이며 학습성을 갖고 있다.
- 문화는 사회적인 유산 또는 상속으로서 전승되어 온 것이다.
- 문화는 보편성을 지니고 있다.
- 문화는 매우 다양한 특성을 지닌다.
- 문화는 정치, 경제, 사회, 역사 등의 사회적 구성물들이 상호작용한 결과물이다.
- 문화는 상징성을 지니고 있다.
- 문화는 역동적이어서 문화 간 움직임이 매우 강하게 이루어지고 있음을 의미한다.

3) 문화의 기능

- 사회화 기능: 인간이 어떻게 세상을 인식할 것인가를 가르쳐 주는 지침을 통해 개인의 정책을 형성하고 변화시키며, 개인에게 다양한 생활양식을 내면화시켜 개인이 사회에 적응하면서 살아갈 수 있게 하는 기능을 한다.
- 욕구 충족 기능: 다양한 생활양식을 통해서 의식주와 같은 개인의 기본적 욕구를 충족시켜 주는 기능을 한다.
- 사회통제 기능: 규범이나 관습 등으로 개인의 행동에 대한 규제와 사회악의 제거를 통해 사회통제의 기능을 수행하게 된다.
- 사회존속 기능

4) 문화의 형태

문화는 여러 가지 형태가 있는데, 대표적 형태로는 민속문화, 은둔문화, 하위문화, 절반문화, 주변문화 등이 있다.

- 민속문화: 어느 한 민족에서 오랫동안 일반 대중들에게 전승되어 온 전통적인 문화이다. 예를 들어, 전승된 신앙, 풍습, 의례 등의 형태로 서민 생활에 남아 있는 문화로서 관습화된 생활양식을 가지고 있다.
- 은둔문화: 외부에서 손쉽게 파악할 수 없는 감추어진 문화이다. 즉, 문화의 내부나 하부에 존재하는 가치관, 내세관을 의미한다.
- 하위문화: 전체 문화의 일부분을 이루는 문화이다. 예를 들어, 빈곤문화는 빈민들의 하위문화이다.
- 절반문화: 어느 한 문화가 완전한 의미의 독자적인 형태를 이루지 못하고 다른 문화에 의존하는 것이다. 예를 들어, 한 민족이나 지역의 문화가 다른 문화나 지역의 문화에 의존하여 살아가는 경우이다.
- 주변문화: 문화의 중심으로부터 멀리 떨어져 문화 영역의 경계선 지역

에 위치하여 문화 특질을 적게 지니고 있는 것이다. 즉, 다른 곳에 비하여 문화 특질이 적게 나타나는 것을 말한다.

5) 문화가 인간행동에 미치는 영향

문화는 개인이 습득해야 하는 기존의 적응양식을 제공해 줄 뿐만 아니라 개인에게 일상생활의 구체적인 행동지침을 제공해 주고, 개인의 행동을 인도하기도 하며 통제하기도 한다. 그리고 문화는 개인이 주변 상황이나 자극을 해석하는 방식을 제공해 주고, 개인의 자아를 풍부하게 해 주며, 자아실현의 길을 열어 주는 기능을 한다. 문화가 사회통합의 길을 열어 주기도 하지만 문화적 이질성에 의해 문화갈등을 일으킴으로써 대인관계상의 긴장이나 갈등의 단초를 제공하고, 특정 계층에 대한 억압이나 인간 소외의 원인적 요소가 되기도 한다(권중돈 외, 2010: 68).

6) 문화와 사회복지실천

문화가 개인의 행동과 삶 속에 내재되어 있기 때문에 사회복지사는 클라이언트나 그를 둘러싼 사회체계의 문화를 이해하지 않고서는 적절한 문제 해결을 위한 방안을 제시하기 어려우므로, 사회복지실천은 문화적으로 적합한 실천을 통해 이루어져야 한다. 사회복지실천에서 접촉하게 되는 개인, 가족, 집단, 지역사회 등은 다양한 문화를 지니고 있으며 이들의 문화는 사회복지사 자신의 문화와는 다른 문화일 수 있다. 문화는 사회의 가치, 규범, 신념체계 등이 사회구성원에게 내면화되어 많은 영향을 미친다(이근홍, 2011). 따라서 사회복지사는 지역사회 문화를 정확히 이해하고 자신의 문화와 다른 문화에 대해서도 수용적 태도를 취할 수 있어야 한다. 그럴 때만이 사회복지사는 클라이언트의 문화적 특성을 클라이언트의 관점에서 이해할 수 있게 될 것이며, 문화적 차이에서 오는 윤리적 딜레마를 해결해 나갈 수 있을 것이다.

 연습문제

1. 다음 보기의 설명에 해당하는 조직이론은 무엇인가?

> • 조직에 있어서 구조와 조정 모두를 강조한다.
> • 조직의 합리적인 구조뿐만 아니라 그 구조에 관여하는 사람들의 비합리적이며 불완전한 행동도 강조한다.

① 관료제 이론　　　　　② 과학적 관리론

③ 체계이론　　　　　　④ 구조주의 모델

2. 다음 보기의 설명에 해당되는 조직의 관점은 무엇인가?

> • 기본적 가설과 가치 및 관습에 지배되는 것으로 확장 활용하면서 응용한다.
> • 조직의 합리적인 구조뿐만 아니라 그 구조에 관여하는 사람들의 비합리적이며 불완전한 행동도 강조한다.

① 경제적 관점　　　　　② 구조주의 관점

③ 문화적 관점　　　　　④ 개방체계 관점

3. 다음의 지역사회 관습 중 소속감과 관련이 있는 관점은 무엇인가?

① 구조적 관점　　　　　② 인류생태적 관점

③ 사회심리적 관점　　　④ 사회체계 관점

4. 다음에서 설명하는 개념은 무엇인가?

> 외적 요인에 의한 문화 변화의 하나, 독립된 문화를 지닌 둘 이상의 사회가 오랜 시간에 걸친 직접적인 접촉에 의해 한쪽 또는 양쪽의 문화체계에 변화가 일어나는 현상을 말한다.

① 문화변용　　　　　　② 문화마찰

③ 문화상대주의　　　　④ 문화사대주의

5. 다음 보기에서 설명하는 내용은 무엇에 해당하는가?

> • 지식, 신앙, 예술, 도덕, 법률, 관습 및 사회구성원에 의해 획득된 모든 능력과 관습의 복합 총체이다.
> • 사회구성원들이 공유하여 전승, 상대적으로 이해해야 한다.
> • 인간집단의 행동방식을 제시하고 구조화하여, 그 행동에 의미를 부여한다.

① 조직　　　　② 집단　　　　③ 지역사회　　　　④ 문화

6. 다음 중 지역사회에 대한 다양한 이론적 관점을 설명한 것 중 잘못된 것은 무엇인가?

　① 사회심리적 관점은 지역사회 구성원들이 서로 어떻게 느끼고 상호작용하는가에 관심을 둔다.

　② 사회체계 관점은 지역사회 간의 상호의존성을 중심으로 어떻게 직업의 계층구조가 발생하는지를 강조한다.

　③ 구조적 관점에서 강조하는 3차원은 정치적 실체와 힘 그리고 지리적 구성이다.

　④ 구조적 관점은 사람들이 지역사회를 통해 지배적인 정부구조와 어떻게 연결되는가를 강조한다.

7. 조직의 특징으로 옳지 않은 것은?

> 가. 조직은 특정 욕구가 있으며 끊임없이 욕구를 충족시키려고 한다.
> 나. 조직의 욕구는 조직원의 결속력이다.
> 다. 조직은 스스로 행동할 능력이 있으며, 동시에 구성원이 개별적으로 행동할 능력도 있다.
> 라. 항상 합리적인 작용으로 구조가 바뀐다.

① 가, 나, 다　　　　② 가, 다　　　　③ 나, 라　　　　④ 라

8. 다음 〈보기〉에서 설명하고 있는 개념 중 가장 정확한 것을 고르시오.

> 공동의 장소, 이해, 정체감, 문화에 기반하고 있는 사람들이 구성한 사회의 단일체로 일정한 지리적 공간 안에서 서로 사회심리적 인연을 가지고 있는 집단이다.

① 가족체계   ② 지역사회체계

③ 문화체계   ④ 조직체계

9. 다음 중 문화의 형태별 설명과 예시가 옳게 연결된 것을 <u>모두</u> 고르시오.

> 가. 하위문화 - 한 문화가 다른 문화에 의존하여 살아가는 것
> 나. 절반문화 - 빈곤문화
> 다. 은둔문화 - 전승된 신앙, 풍습, 의례
> 라. 주변문화 - 문화의 중심에서 멀리 떨어져 있는 문화

① 가, 나, 다   ② 가, 다   ③ 나, 라   ④ 라

10. 다음 중 지역사회개발모델에 대한 설명을 <u>모두</u> 고르시오.

> 가. 지역사회의 변화란 지역사회 수준에서 지역 주민들이 적극적인 참여로 이루어진다.
> 나. 문제를 발견하고 해결하는 데 있어서 다양한 계층의 사람 모두가 참여토록 하고 있다.
> 다. 사회복지사는 조력자, 분석가, 문제해결 기술과 윤리적 가치를 교육하는 교사의 역할을 감당해야 한다.
> 라. 문제해결의 기술적인 과정을 특히 강조하면서 지역사회의 발전을 꾀하고자 한다.

① 가, 나, 다   ② 가, 다   ③ 나, 라   ④ 라

11. 인류 문화는 일원적으로 진화하는 것이 아니라 제각기 독자적인 방향으로 발전하기 때문에 문화의 우열을 가릴 수 없다고 보는 태도를 무엇이라 하는가?

① 자민족 중심주의   ② 문화사대주의

③ 문화상대주의   ④ 문화변용

12. 집단의 유형이 옳게 연결된 것은?

> 가. 학교운영위원회: 형성집단   나. 또래집단: 일차집단
> 다. 참만남집단: 성장집단   라. 비행청소년집단: 치료집단

① 가, 나, 다   ② 가, 다   ③ 나, 라   ④ 가, 나, 다, 라

13. 문화의 형태에 대한 내용 중 다음의 설명에 해당하는 것을 고르시오.

> 어느 한 문화가 완전한 의미의 독자적 형태를 갖추지 못하고 다른 문화에 의존하는 것으로 한 민족이나 지역의 문화가 다른 문화나 지역의 문화에 의존하여 살아가는 것

① 은둔문화   ② 하위문화

③ 절반문화   ④ 민속문화

14. 지역사회에 관한 관점 중에서 지역사회를 공간, 국가라는 총체와 그 지역사회 정체성과의 관계로 다루는 관점을 무엇이라 하는가?

① 구조적 관점   ② 인류생태적 관점

③ 사회심리적 관점   ④ 사회체계 관점

답) 1 ④ 2 ③ 3 ③ 4 ① 5 ④ 6 ② 7 ③ 8 ② 9 ④ 10 ① 11 ③ 12 ④
   13 ③ 14 ①

참고문헌

가영희, 성낙돈, 안병환, 임성우(2008). 성인학습 및 상담. 경기: 교육과학사.

강기정, 김혜숙, 박경애, 이서영, 최덕경(2011). 인간행동과 사회환경. 경기: 공동체.

강문희, 김매희, 유정은(2011). 아동발달론. 경기: 공동체.

강봉규(1994). 발달심리학. 정훈출판사.

강상경(2011). 인간행동과 사회환경. 경기: 나남.

강세현, 서혜전, 오정영, 임원선, 전영록(2012). 인간행동과 사회환경. 경기: 양서원.

강인숙, 김지영, 유영금, 정인숙, 정태근(2006). 인간행동과 사회환경. 서울: 태영출판사.

고명수, 신경희, 서진숙(2013). 인간행동과 사회환경. 서울: 두남.

고소현(2009). 노인복지 이론과 실제. 경기: 학현사.

공계순, 박현선, 오승환, 이상균, 이현주(2008). 아동복지론. 서울: 학지사.

곽형식, 박영애, 박인전, 양점도, 윤종희, 이소희, 이항재, 최영희(2001). 인간행동과 사회환경. 형설출판사.

구본용 외 편(2005). 노년의 생활. 경기: 대왕사.

구혜영(2010). 인간행동과 사회환경. 서울: 신정.

국정홍보처(2006). 2006년 한국인의 의식 · 가치관 조사 보고서.

권석만, 민병배(2000). 노년기 정신장애. 서울: 학지사.

권육상(1998). 인간행동과 사회환경. 서울: 유풍출판사.

권육상, 이명재(2002). 인간행동과 사회환경. 서울: 대영문화사.

권중돈(2014). 노인복지론. 서울: 학지사.

권중돈, 김동배(2005). 인간행동과 사회환경. 서울: 학지사.

권향임, 김나영, 김양이, 김현옥, 박미정, 박성석, 박정숙, 백종욱, 이영실, 정옥희, 조금화, 조미숙, 형성훈(2013). 인간행동과 사회환경. 서울: 창지사.

김경혜, 김진숙, 박진옥, 윤은영, 이유미, 정진화(2009). 아동발달. 서울: 동문사.

김경희(2001). 발달심리학. 서울: 학문사.

김귀환 외(2008). 인간행동과 사회환경. 서울: 나눔의 집.

김귀환, 나직균(2010). 노인복지론. 서울: 동문사.

김귀환, 어홍선, 나직균, 김철진, 문제영(2015). 인간행동과 사회환경. 경기: 정민사.

김규수 외 역, 찰스 자스트로 저(2002). 인간행동과 사회환경. 서울: 나눔의 집.

김기태 외 (2002). 노인복지실천론. 경기: 양서원.

김기태, 김수환, 김영호, 박지영(2007). 사회복지실천론. 경기: 공동체.

김남순(2003). 발달심리학. 경기: 교육과학사.

김동배, 권중돈(1998, 2005). 인간행동이론과 사회복지실천. 서울: 학지사.

김민남 외 역(1988). 도덕발달의 심리학. 서울: 교육과학사.

김범수(2000). 21세기 지역사회복지론. 서울: 홍익재.

김범수(2007). 지역사회복지의 이해. 경기: 학현사.

김선아, 백경숙, 백선복, 서지영, 성윤숙, 승금희, 이승현, 최우진(2006). 인간행동과 사회환경. 경기: 대왕사.

김선인(2002). 살아있는 죽음 강박증 I. 서울: 도서출판 한솜.

김순규(2008). 청소년 자살에 영향을 미치는 위험요인과 보호요인의 매개효과를 중심으로. 정신보건과 사회사업(29).

김억환(1984). 피아제 지적 발달론. 성원사.

김영종(2001). 사회복지행정. 서울: 학지사.

김영호, 양은심, 이순영, 주수길(2006). 인간행동과 사회환경. 경기: 양서원.

김영화 외(2006). 현대사회와 여성복지. 경기: 양서원.

김용식 외(2008). 비정형 항정신병제의 임상. 서울: 서울대학교 출판부.

김용준, 김교정, 심미영, 염동문(2014). 인간행동과 사회환경. 경기: 정민사.

김윤두 편저(2013). 사회복지사 1급. 경기: 21세기사.

김윤재, 정구애, 임옥빈, 류아빈, 차윤숙, 이윤로, 김수진(2010). 인간행동과 사회환경. 서울: 신정.

김윤정(2012). 인간행동과 사회환경. 서울: 학지사.

김윤주(2011). 성격심리학. 서울: 현학사.

김은수(2006). 인간행동과 사회환경. 서울: 홍익재.

김익균(2003). 가족복지론. 경기: 교문사.

김재은(1990). 유아의 발달심리. 서울: 창지사.

김정남(2000). 직장과 심리학. 경남: 경상대학교 출판부.

김정민 역(2009). 피아제의 인지발달이론. 서울: 학지사.

김정희, 김현주, 손은경, 송연숙(2007). 아동발달. 서울: 동문사.

김지현, 권오균, 이정서, 김정숙(2009). 정신건강론. 경기: 공동체.

김진원(2009). 인간행동과 사회환경. 경기: 대왕사.

김진화 외 10인(2002). 청소년 문제 행동론. 서울: 학지사.

김청송(2006). 이상심리학. 서울: 영진닷컴.

김태련, 장휘숙(1994, 1998). 발달심리학. 서울: 박영사.

김태련, 장휘숙(2004). 발달심리학. 서울: 학지사.

김향선, 황희숙, 김봉순, 김현호, 박영국, 오정옥, 이금숙, 이연복(2015). 사회복지실천
　　의 이해. 서울: 창지사.

김혜란 외(2001). 사회복지실천기술론. 경기: 나남출판.

나동석, 서혜석, 이대식, 곽의향, 김미혜(2008). 정신건강론. 경기: 양서원.

나직균 외(2011). 사회복지개론. 서울: 동문사.

나직균, 임정문(2009). 사회복지행정론. 경기: 21세기사.

남세진 외(1995). 한국사회복지론. 경기: 나남출판.

남세진(1990). 집단지도방법론. 서울: 서울대학교출판부.

남세진(1992). 인간과 복지. 경기: 한울아카데미.

남영옥(2005). 인터넷 중독 청소년의 정신건강과 보호요인. 인간발달연구, 13(2).

남진열, 강세현, 전영록, 유용식(2009). 지역사회복지론. 경기: 공동체.

노민래 편저(2016). 2017 사회복지사 1급 인간행동과 사회환경. 서울: 에듀윌.

노상우 외(2002). 아동·청소년을 위한 집단상담. 경기: 문음사.

노안영(2011). 성격심리학. 서울: 학지사.

도미향, 남연희, 박건실, 정미현, 정은미(2016). 인간행동과 사회환경. 서울: 신정.

도미향, 이기숙, 강기정, 이무영, 박경애(2009). 가족정책론. 서울: 신정.

동서문화(1999). 파스칼 세계대백과사전. 서울: 동서문화.

류상열(2004). 지역사회복지론. 서울: 형설출판사.

류창현(2009). 최신분노치료. 경기: 교육과학사.

만병배, 유성진 역(2007). 성격장애의 인지치료. 서울: 학지사.

문용린 (2006). 학교 폭력 예방과 상담. 서울: 학지사.

민경환(2004). 성격심리학. 경기: 법문사.

민성길(2015). 최신정신의학. 서울: 일조각.

박명숙(1999). 생태체계이론에 대한 이해와 사회사업에의 적용에 관한 연구. 사회
　　복지리뷰. 경기: 가톨릭대학교 사회연구소.

박미정 외(2006). 한국 청소년의 성성숙 시기 및 장기간의 초경연령 추세분석. 대한소
　　아과학회, 49(6).

박병석(1956). 인간행동과 사회환경. 서울: 홍익재.

박선환 외(2008). 정신건강론. 경기: 양서원.

박성연 외(2011). 인간발달. 경기: 파워북.

박아청(1990). 아이텐티티의 세계. 경기: 교육과학사.

박아청(2001). 성격발달 심리의 이해. 경기: 교육과학사.

박아청(2006). 성격심리학의 이해. 서울: 학지사.

박아청(2010). 에릭슨의 인간이해. 경기: 교육과학사

박영아(2010). 아동발달. 서울: 창지사.

박을종(2016). 사회복지사 1급: 인간행동과 사회환경. 은하출판사.

박종원, 김선희(2009). 직업심리학. 서울: 학지사.

박주현(2010). 인간행동과 사회환경. 서울: 파란마음.

박차상(2009). 한국노인복지론. 서울: 학지사.

박태영(2000). 사회복지시설론. 경기: 양서원.

박태영(2003). 가족생활주기와 가족치료. 서울: 학지사.

배주미 외(2009). 자살위기 청소년 상담개입프로그램 개발. 한국청소년상담원.

백종만 외 역, 찰스 자스트로 저(2006). 사회복지개론. 서울: 시그마프레스.

보건복지가족부(2008). 치매유병률 조사결과.

보건복지가족부(2009). 2009 노인돌봄서비스의 실제.

사회복지교육연구센터 편저(2017). 인간행동과 사회환경. 서울: 나눔의 집.

사회복지사 국가시험 연구회(2002). 인간행동과 사회환경.

사회복지사 시험연구소(2016). 사회복지기초 1급. 서울: 시대고시기획.

사회복지사 시험연구회(2006). 인간행동과 사회환경. 서울: 나눔의 집.

생각의 마을 기획(2017). 이론으로 다지는 인간행동과 사회환경. 경기: 공동체.

서봉연 역(1983a). 발달심리학. 서울: 중앙적성출판사.

서봉연 역(1983b). 발달의 이론. 서울: 중앙적성출판사.

서울대 사회복지실천연구회 역(1998). 사회복지실천 기법과 지침. 경기: 나남출판.

서진환, 이선혜, 정수경 역(2001). 현대 사회복지실천이론. 경기: 나남출판.

서창열 역(1999). 피아제. 서울: 시공사.

성영혜(2002). 아동복지의 이론과 실제. 서울: 동문사.

손광훈(2010). 인간행동과 사회환경. 경기: 공동체.

손병덕, 강란혜, 백은령, 서화자, 양숙미, 황혜원(2010). 인간행동과 사회환경. 서울: 학지사.

손병덕, 성문주, 백은령, 이은미, 최은화, 정정호, 송현아(2014). 인간행동과 사회환경. 서울: 학지사.

송길연, 유봉현 공역(2005). 발달의 이론. 서울: 시그마프레스.

송명자(2001). 발달심리학. 서울: 학지사.

신민섭(1993). 청소년기의 정체감혼란과 부적응행동. 대학생활연구(11).

신성웅, 조수철(1996). 주의력결핍ㆍ과잉운동장애 아동과 정상아동 간의 소견 비교 연구, 소아ㆍ청소년정신의학, 7(2), 177-189.

신종우, 윤경원, 이우언(2010). 인간행동과 사회환경. 서울: 동문사.

심윤무 편저(2013). 사회복지사 1급. 경기: 21세기사.

안범희(2000). 성격심리학. 서울: 도서출판 하우.

안병철, 서동인 역(1995). 가족사회학. 서울: 을유문화사.

양옥경, 김정진, 서미경, 김미옥, 김소희(2000). 사회복지실천론. 서울: 학지사.

양정남, 최선령(2008). 사회복지실천론. 경기: 양서원.

엄명용(2002). 사회복지 실천의 이해. 서울: 학지사.

엄태완, 임성혜, 진은영, 강가영(2012). 인간행동과 사회환경. 경기: 공동체.

오세진 외(1999). 인간행동과 심리학. 서울: 학지사.

오승근(2006). 청소년의 자살태도, 자살위험성 및 생명존중교육 참여 요구와의 관계. 고려대학교 대학원 박사학위논문.

오창순, 신선인, 장수미, 김수정(2015). 인간행동과 사회환경. 서울: 학지사.

우종하(2009). 생활 속의 심리. 경기: 교육과학사.

유수현 외(2015). 인간행동과 사회환경. 경기: 양서원.

유안진 외(1996). 인간발달. 서울: 한국방송대학교출판부.

유영주, 김순옥, 김경신(2000). 가족관계학. 서울: 교문사.

유진이(2013). 청소년 심리 및 상담. 경기: 양서원.

유효순, 최경숙(2006). 아동발달. 서울: 한국방송통신대학교 출판부.

윤가현(1990). 성 심리학. 성원사.

윤순임 외(2011). 현대상담 심리치료의 이론과 실제. 서울: 중앙적성출판사.

윤진(1991). 성인ㆍ노인 심리학. 서울: 중앙적성출판사.

이경화, 공진영(2001). 아동발달과 상담. 서울: 학문사.

이규미(1994). 성 바로 아는 내가 좋다. 희성출판사.

이근영 역, 루스 베리 저(2004). 프로이트. 서울: 중앙 M & B.

이근홍(2007). 인간행동과 사회환경. 경기: 공동체.

이근후, 박영숙 역(1987). 정신분석학. 서울: 하나의학사.

이명재, 전길양(2005). 인간행동과 사회환경. 서울: 대영문화사.

이부영(2006). 분석심리학. 서울: 일조각.

이선형, 임춘희(2009). 건강가정론. 서울: 학지사.

이성진 외(1990). 교육과 심리. 서울: 한국방송통신대학교 출판부.

이소희, 손홍숙, 홍숙자, 송순, 이명옥(2006). 인간행동과 사회환경. 경기: 학현사.

이숙, 문혁준, 강희경, 공인숙, 김정희 외(2013). 인간행동과 사회환경. 서울: 창지사.

이영 역(1992). 인간발달생태학. 경기: 교육과학사.

이영실, 나임순, 유해종, 이재용, 정창훈(2014). 인간행동과 사회환경. 서울: 창지사.

이영애, 이나경 역(2008). 간단명료한 심리학. 서울: 시그마프레스.

이영호(2004). 정신건강론. 서울: 현학사.

이용호 역(1980). 융 심리학 입문. 백조출판사.

이위환, 김용주(20090). 현대사회와 인간관계론. 경기: 공동체.

이윤로(2008a). 인간행동과 사회환경. 서울: 창지사.

이윤로(2008b). 최신 사회복지실천론. 서울: 학지사.

이인숙 외(2011). 인간행동과 사회환경. 경기: 나남출판.

이인정, 최해경(2003). 인간행동과 사회환경. 경기: 나남출판.

이정서(2010). 인간행동과 사회환경. 서울: 동문사.

이정석(1992). 아동발달학. 서울: 수학사.

이종복, 전남련(2007). 인간행동과 사회환경. 경기: 학현사.

이종복, 최경화, 김준경, 김재열, 신후경, 김현희(2014). 인간행동과 사회환경. 경기: 양
    서원.

이춘재, 곽금주(2000). 학교에서의 집단 따돌림: 실태와 특성. 서울: 집문당.

이필환 외(1999). 사회복지실천이론의 토대. 서울: 나눔의 집.

이필환 외 역(2001). 사회복지실천이론의 토대. 서울: 나눔의 집.

이현섭 외(2002). 아동발달심리. 서울: 학지사.

이효선, Detlef Garz(2006). 인간행동과 사회환경의 이해. 경기: 공동체.

이훈구 역(1993). 성격심리학. 경기: 법문사.

이희세, 임은희(2015). 인간행동과 사회환경. 경기: 양서원.

임은희(2009). 인간행동과 사회환경. 경기: 학현사.

임창재(1999). 교육심리학. 서울: 학지사.

장세철, 배창진, 이용환(2008). 인간행동과 사회환경. 경기: 교육과학사.

장수한(2007). 청소년문제론. 경기: 세화.

장수한, 김현주, 임혁(2015). 인간행동과 사회환경. 경기: 공동체.

장수한, 김현주, 임혁, 채인숙(2017). 인간행동과 사회환경(3판). 경기: 공동체.

장인협 외(1990). 인간행동과 사회환경. 서울: 집문당.

장휘숙(2000). 인간발달. 전영사.

장휘숙(2009). 성인초기의 발달과업과 행복의 관계. 한국심리학회지.

전남련, 김치건, 김선미, 정명희, 정채기(2012). 인간행동과 사회환경. 서울: 태영출판사.

전용호 편저(2008). 인간행동과 사회환경. 서울: 학문사.

전윤식, 제석봉 역(1986). 아동발달심리학. 서울: 학문사.

정명숙 외 역(2001). 아동기 행동장애. 서울: 시그마프레스.

정영숙 외 편역(2009). 청소년심리학. 서울: 시그마프레스.

정영숙, 김영희, 박범혁(2001). 아동발달과 부모교육. 서울: 시그마프레스.

정옥분 역(1992). 인간발달의 이론. 경기: 교육과학사.

정옥분(2002). 성인발달의 이해: 성인·노인 심리학. 서울: 학지사.

정옥분(2004a). 발달심리학. 서울: 학지사.

정옥분(2004b). 전생애발달의 이론. 서울: 학지사.

정옥분(2006). 사회정서발달. 서울: 학지사.

정옥분(2008a). 아동발달의 이해. 서울: 학지사.

정옥분(2008b). 청년발달의 이해. 서울: 학지사.

정은(2010). 인간행동과 사회환경. 서울: 학지사.

정종우(2005). 사회복지학 문제와 해설. 서울: 학지사.

정지웅 외(2000). 지역사회학. 서울: 서울대학교 출판부.

정태신(2004). 인간행동과 사회환경. 서울: 한마당.

정혜옥 외(2011). 영유아 발달의 이해. 서울: 집문당.

조복희(2004). 인간발달. 서울: 교문사.

조복희, 도현심, 유가현(2010). 인간발달. 경기: 교문사.

조윤득, 김미영(2009). 아동간호학. 경기: 공동체.

조현철, 박혜숙 역(2009). 50인의 현대사상가: 상담심리학의 이론과 실제. 서울: 학지사.

조현춘 외 역(2005). 아동이상심리학. 서울: 시그마프레스.

조휘일, 이윤로(1999). 사회복지실천론. 서울: 학지사.

조흥식(2008). 인간생활과 사회복지. 서울: 학지사.

조흥식, 김혜래, 신은주, 우국희, 오승환(2010a). 가족복지학. 서울: 학지사.

조흥식, 김혜래, 신은주, 우국희, 오승환, 성정현, 이지수(2010b, 2012). 인간행동과 사회환경. 서울: 학지사.

천덕희, 김향은, 김정은, 이영순, 전천운(2011). 인간행동과 사회환경. 서울: 창지사.

천성문, 박순득, 배정우, 박원모, 김정남, 이영순(2006). 상담심리학의 이론과 실제. 학지사.

천성문, 이영순, 박명숙, 이동훈, 함경애(2015), 상담심리학의 이론과 실제. 서울: 학지사.

최경숙(2008). 발달심리학. 경기: 교문사.

최경숙, 송하나(2010). 발달심리학. 경기: 교문사.

최민수, 정영희(2007). 아동건강교육. 서울: 학지사.

최성재, 남기민(2006).사회복지행정론. 나남출판.

최순남(1997). 인간행동과 사회환경. 경기: 한신대학교 출판부.

최순남(2002). 인간행동과 사회환경. 경기: 법문사.

최순영, 김수정(1995). 인간의 사회적 · 성격적 발달. 서울: 학지사.

최옥채(1997). 사회복지실천론. 서울: 인간과 복지.

최옥채(2001). 사회복지실천론. 경기: 양서원.

최옥채, 박미은, 서미경, 전석균(2008, 2015). 인간행동과 사회환경. 경기: 양서원.

최원재 역(1998). 인간과 동물의 감정 표현에 대하여. 경기: 서해문집.

최해경, 이인정(2005). 인간행동과 사회환경. 경기: 나남출판.

통계청(2008). 2008 고령자통계.

통계청(2009a). 이혼자통계.

통계청(2009b). 한국의 사회지표.

표갑수, 김혜정, 유옥현, 박영, 김현진(2012). 인간행동과 사회환경. 서울: 신정.

하정미, 이윤수, 설연욱, 김미경(2009). 인간행동과 사회환경. 경기: 공동체.

학술편찬국(2009). 사회복지사 1급 국가시험.

한국사회복지교육협의회(2004). 인간행동과 사회환경. 서울: 나눔의 집.

한국사회사업연구회(2003). 인간행동과 사회환경. 서울: 나눔의 집.

한덕웅 외 편(2001). 인간의 마음과 행동. 서울: 박영사.

한상철 외(2003). 청소년 문제행동: 심리학적 접근. 서울: 학지사.

한상철(1998). 청소년학개론. 서울: 중앙적성출판사.

한상철(2007). 청소년학. 서울: 학지사.

허남순 외 역(2004). 사회복지실천이론과 기술. 서울: 나눔의 집.

현성용 외(2010). 현대심리학의 이해. 서울: 학지사.

현정환, 김익균(2006). 인간행동과 사회환경. 서울: 창지사.

홍기원, 이종택, 최영안(2009). 알기 쉬운 심리학. 서울: 양서원.

홍나미, 정영순(1999). 청소년의 자살생각 영향요인 분석. 한국사회복지학회지, 제37권, 제1호, 449-473.

홍숙자(2001). 노년학개론. 서울: 하우.

황철수, 박준섭, 안우상, 오정옥, 이시진(2011). 인간행동과 사회환경. 경기: 양서원.

Adler, A. (1929). *Problems of neurosis*. London: Kegan Paul.

Adler, A. (1931a). *The pattern of life*. London: Kegan Paul, Trench, Trubner & Co., Ltd.

Adler, A. (1931b). *What life should mean to you*. Boston, MA: Little.

Adler, A. (1970). *Superiority and social interest: A collection of later writings*.

Allport, G. W. (1937). *Personality: A Psychological Interpretation*. NY: Holt, Rinehart and Winson.

Allport, G. W. (1961). *Pattern and Growth in Personality*. Oxford, England: Holt, Reinhart & Winston.

Anderson, F. E., Carter, I. E., & Lowe, G. R. (1999). *Human Behavior in the Social Environment* (A Social Systems Approach)(5th ed.) NY: Aldine de Gruyter.

Ashford, J. B., Lecroy, C. W., & Lortie, K. L. (2001). *Human Behavior in the Social Environment: A Multidimensional Perspective* (2nd ed.). California: Thompson Brooks/Cole.

Baltes, P. B., & Baltes,M.M,(1990). *Successful aging*. Cambridge: Cambridge University Press.

Bandura, A. (1974). Aggression: A Social Learning Analysis. NJ: Prentice-Hall.

Bandura, A. (1977). Self-efficacy: Toward a Unifying Theory of Behavior Change. *Psychological Review*, *84*, 191-215.

Bandura, A. (1982). Self-efficacy: Mechanism in Human Agency. *American Psychologist*, *37*, 122-147.

Bandura, A., & Kyper, C. (1964). The Transmission of Self-reinforcement through Modeling. *Journal of Abnormal and Social Psychology*, *69*, 1-9.

Bandura, A., Walters, R. (1963). *Social Learning and Personality Development*.

NY: Holt, Rinegart and Winston.

Berger, K. S. (1991). *Developing Person through Childhood and Adolescence.*

Berk, L. E. *Development Through the Lifespan* (4th ed.) 이옥경 외 역(2011). 생애 발달. 서울: 시그마프레스.

Birren, J. E. (1974), Translation in Gerontology—from Lab to Life: Psycho Physiology and Speed of Response. *American Psychologist, 31,* 56-62.

Bronfenbrenner, U. (1989). *Ecological Systems Theory.* Annals of Child Development.

Bronfenbrenner, U. (1999). Environments in developmental perspective: Theoretical and operational models. In S. Friend, & T. Wachs (Eds.). *Measuring Environment across the Life Span.*

Carver, C. S., & Blanchard, F. F. (2002). *Adult Development and Aging* (5th ed), California: Wordsworth Thomson Learning.

Chess, W. A., & Norlin, J. M. (1988), *Human Behavior and Social Environment: A Social System Model.* Boston, MA: Allyn and Bacon.

Chess, W. A., & Norlin, J. M. (1998). *Human Behavior and the Social Environment, A Social Systems Model.* Boston: Allyn and Bacon.

Child, L. L. (1968), Personality in Culture, In E. F. Birhitta, & W. W. Lambert (Eds.), *Handbook of Personality Theory and Research.* Chicago: Rand McNally.

Colarusso, C. A. 반건호, 정선주 역(2011). 정신분석적 발달이론. 서울: 학지사.

Compton, B. R., & Galaway, B. (1989). *Social work processes* (6th ed.). Pacific Grove, CA: Brooks/Cole.

Compton, B. R., & Galaway, B. (1989). *Social work processes.* Chicago: Dorsey Press.

Connolly, K., Furman, W., & Konarski, R. (2000). The Role if peers in the Emergence of Heterosexual Romantic Relationship in Adolescence. *Child Development, 71,* 894-912.

Corey, G. (1991). Theory and Practice of Counseling and Psychotheraphy. Belmont, CA: Wadsworth Publishing Co.

Corsini, R. J. (1994). *Encyclopedia of Psychology.*

Craig, J. C., & Baucum, D. (1999). *Human Development* (8th ed.). Englewood Cliffs, N. J.: Prentice-Hall.

Craig, J. C. (1997). *Human Development*. Englewood Cliffs.

Crain, W. C. (1983). 발달의 심리. 서봉연 역. 서울: 중앙출판사.

Cronin, A., & Mandich, M. B., 양영애 외 23인 역(2009). 일생에 걸친 인간발달과 작업수행. 경기: 테라북스.

Durkheim, E. (1951). *Suicide*. Translated by J. A. Spaulding and G. Simpson. Glencoe., IL: Free Press.

Ellis, A. (1989). Rational emotive therapy. Chapter 6. In R. J. Corsini & D. Wedding (Eds.), *Current psychotherapies* (4th ed.). Itasca, IL: F. E. Peacock.

Engler, B. (1991). *Personality Theories* (3rd ed.). Boston: Houghton Miffilin Company.

Epstein, S. (1959). *Identity and the Life Cycle: Selected Papers*. New York: International University Press.

Epstein, S. (1963). *Childhood and Society* (2nd ed.). New York: International University Press. New York: W. W. Norton.

Epstein, S. (1968). *Identity: Youth and Crisis*. New York: W. W. Norton.

Epstein, S. (1973). *The Self-Concept Revisited: Or a Theory of a Theory*. American Psychologist.

Epstein, S. (1980). *Identity and the Life Cycle*. New York: Norton.

Erickson, E. H. (1964). *Insight and responsibility: Lectures on the ethical implication of psychoanalytic insight*. New York, NY: W. W. Norton & Company, Inc.

Erickson, E. H. (1968). *Identity: Youth and crisis*. New York: Norton.

Erickson, E. H. (1982). *The life cycle completed: A review*. New York: Norton.

Erickson, E. H. (1985). *Childhood and society*. New York: W. W. Norton & Company.

Erikson, E. H. (1992). *The Life Cycle Completed: Review*. N.Y: Norton.

Etzioni, A. (1964). Modem organisations. Englewood Cliffs, NJ: Prentice-Hall.

Farrell, M. P., & Rosenberg, S. D. (1981). *Men at Midlife*. Boston: Auburn House.

Flavell, J. H. (1983). 서봉연, 송명자 역. 인지발달. 서울: 중앙적성출판사.

Freud, A. (1946). *The ego and the mechanics of defense*. New York, New York: International Universities Press, Inc.

Freud, A. (1965). *Normality and Pathology in Childhood*. NY: International University Press.

Freud, S. (1895/1962). *A Reply to Criticisms of My Paper on Anxiety Neurosis.* London: Hogarth Press.

Freud, S. (1905). *Three Contribution to The Theory of Sex.* New York: The Modern Library.

Freud, S. (1920). *A General Introduction Psychoanalysis.* NY: Boni and Liveright Publisher.

Freud, S. (1920/1935). *A general introduction to psycho−analysis.* New York: Liveright Publishing Corporation.

Freud, S. (1923). *The ego and The Id.* New York: W. W. Norton.

Freud, S. (1930). *Three contributions to the theory of sex* (4th ed.). New York and Washington: Nervous and Mental Disease Publishing Co.

Freud, S. (1933). *New Introductory Lectures on Psychoanalysis.* NY: W. W. Norton.

Freud, S. (1936). *Three problem of anxiety.* Henry Alden Bunker (Trans.). New York: W. W. Norton & Company, Inc.

Freud, S. (1937/1957). *A general selection from the works of Sigmund Freud.* Rickman, J. (Ed.). Garden City, New York: Doubleday Anchor Books.

Freud, S. (1938). *Three Contributions to the Theory of Sex, the Basic Writings of Sigmund Freud.* NY: Modern Library.

Freud, S. (1965a). *New introductory lectures on psychoanalysis.* Strachey, J. (Ed. & Trans.). New York: W. W. Norton & Company. Inc.

Freud, S. (1965b). *The Interpretation of Dreams.* Strachey, J (Ed.). New York, N.Y.: Avon Books.

Garbarino, J. (1983). Social Support Networks: Rax for the Helping professions. In J.J Whittaker et al. (eds.). *Social Support Networks Informal Helping in the Human Services.* NY: Aldine de Gruyter.

Germain, C. (1979). *Social Work Practice: People and Environment.* NY: Columbia University Press.

Germain, C. B. (1976). *An Ecological Variable in Social Work Practice, Social Casework.*

Germain, C. B., & Gitterman, A. (1980). *The Life Model of Social Work Practice.* New York: Columbia University Press.

Gould, S. J. (1978). *Transformation, Growth and Change in Adult Life.* New

York: Simon and Schuster.

Gouldner, A. (1960). The Norm of Reciprocity. *American Sociological Review*, *25*, 161–168.

Greene, R. R. (1986). *Social Work with the Aged Their Families*. NY: Aldine De Gruyter.

Greene, R., & Ephross, P. H. (1991). *Human Behavior Theory and Social Work Practice*. New York: Aldine de Gruyter.

Hall, C., & Lindzey, G. (1978). *Theories of Personality*. New York: John Willy & Sons.

Hartford, M. E. (1972). *Groups in Social Work*. New York: Columbia University Press.

Havighurst, R. J. (1972). *Developmental task and education* (3rd ed.). New York: David Mckay.

Havighurst, R., & Albrecht, R. (1953). *Older People*. New York: longmans, Green & Co.

Hjelle, L. A., & Ziegler, D. J. (1992). *Personality Theories*. New York: McGraw−Hill Book Co.

Holland, T. P. (1995). *Organization: Context for Services Delivery*. Encyclopedia of Social Work. NY: NASW Press.

Jung, C. G. (1959b). "The concept of the collective unconscious." in *The collected works* of C. G. Jung (Vol. 9, Part II). London and Henley: Routledge & Kegan Paul.

Jung, C. G., & Jaffe, A. (Ed.) (1961). *Memories, Dreams, Reflections*. New York: Vintage Books.

Jung, C. G. (1931, 1933). *Modern Man in Search of a Soul*. NY: Harcourt, Brace & Co.

Jung, C. G. (1959a). *Psychological Types, or the Psychology of Individuation*. New York: Pantheon Books.

Jung, C. G. (1959b). "The archetypes of the collective unconscious." in *the collected works* of C. G. Jung (Vol. 9, Part I). London and Henley: Routledge & Kegan Paul.

Jung, C. G. (1959c). "Aion: Researches into the phenomenology of the self." in *The collected works* of C. G. Jung (Vol. 9, Part II). London and Henley:

Routledge & Kegan Paul.

Jung, C. G. (1960a). "The stages of life." in *The collected works* of C. G. Jung (Vol. 8). London and Henley: Routledge & Kegan Paul.

Jung, C. G. (1960b). "The structure and dynamics of the psyche." in *The collected works* of C. G. Jung (Vol. 8). London and Henley: Routledge & Kegan Paul.

Jung, C. G. (1961). *Memories, dreams, reflections.* New York: Pantheon.

Jung, C. G. (1977). "The relations between the ego and the unconscious(1934)." in *The collected works* of C. G. Jung (Vol. 7). London and Henley: Routledge & Kegan Paul.

Kail, R. V., & Cavanaugh, J. C. (1996). *Human Development.* Pacific Grove, CA: Brooks. Cole Publishing Company.

Kail, R. V. 권민균 외 역(2007, 2009). 아동과 발달. 서울: 시그마프레스.

Keating, D. P. (2004). Cognitive and Brain Development, in R. M. Lerner & L. Steinberg (Eds.), *Handbook of Adolescent Psychology* (2nd ed). New York: Wiley.

Klineberg, O. (1938). Emotional Expression in Chinese Literature. *Journal of Abnormal and Social Psychology, 33.*

Kohlberg, L. (1964). Development of moral character and moral character and moral ideology. Russell Sage Foundation.

Kohlberg, L. (1981). *Philosophy of moral development.* Harper & Row. New York: Worth publishers.

Kohlberg, L. (1984). *Moral stages and moralization.* New York: Holt, Rinehart & Winston.

Kohlberg, L. (1984). *Assessing Moral Stages.* MA: Harvard University Press.

Kübler-Ross (1969). *On Death and Dying.* New York: MacMillan.

Kübler-Ross (1975). *Death.* Englewood Cliffs, NJ: Prentice-Hall.

Levinson, D. (1978). *The Seasons of a Man's Life.* New York: Ballantine Books.

Levy, L. H. (1970). *Conceptions of Personality.* NY: Random House.

Lidz, T. (1968). *The person throughout the life cycle.* NY: Basic Books, Inc.

Looft, W. R. (1971). *Egocentrism and Social Interaction in Adolescence, 6.*

Maddi, S. (1980). *Personality Theories.* IL: Dorsey Press.

Mafkman, E. M. (1991). The whole object, taxonomic and mutual exclusivity assumptions as initial constraints in word meaning, In J. P. Bynes & S.

A. Gelman, *Perspective on Language and Cognitive Interrelations in Development*. NY: Cambridge University press.

Maguire, L. (2002). *Clinical Social Work: Beyond Generalist Practice with Individuals, Groups, and Families*. CA: Brooks/Cole.

Martin, P. Y., & O'connor, G. G. (1989). *The Social Environment: Open Systems Applications*. White Plains, NY: Longman.

Maslow, A. H. (1967). "A theory of meta motivation: The biological rooting of the value-life. *Journal of Humanistic Psychology*, 7(2).

Maslow, A. H. (1970). *Motivation and personality* (2nd ed.). New York, N.Y.: Harper & Row, Publishers.

Masters, W. H. et al. (1995). *Human Sexuality* (5th ed.). New York: Harper Collins.

McCammom, S., Knox, D., & Schacht, C. (1993). *Choices in sexuality*. MN: West.

McCammon, S., Kmox, D., & Schacht, C. (1998). *Making choices in sexuality*. Pacific Grove: Brooks/Cole.

Miller, J. B. (1973). *Psychoanalysis and Women*. NY: Brunner/Mazel.

Muzi, M. Jo. (2000). *Child Development*. Prentice-Hall. Inc.

Neimark, E. D. (1982), *Longitudinal Development of Formal Operational Thought. Genetic Psychology Monographs*.

Neugarten, B. L. (1974). Personality and Aging, in J, Birren & K. W. Schaie (Eds.), *Handbook of the Psychology of Aging*. New York: Van Nostrand Reinhold Co.

Newman, B. M., & Newman, P. R. (2006). *Development through Life: A Psychosocial Approach* (9th ed.). California: Brooks/Cole Publishing Co., New York: McGraw-Hill.

Newman, B. M., & Newman, P. R. (1991). *Development through Life: A Psychosocial Approach* (5th ed.). California: Books/Cole Publishing Co., NJ: Prentice-Hall.

Norlin, J. M., & Chess, W. A. (1997). *Human Behavior and the Social Environment: Social System Theory*. Boston: Allyn and Bacon.

Nye, R. D. (1992). *The legacy of B. F. Skinner*. Belmont, CA: Thomson Brooks/Cole Publishing

Papalia, D. F., Olds, S. W., & Feldman, R. D. (1998). *Human Development* (7th ed.), NY: McGraw-Hill Co.

Peck, R. C. (1968). Psychological development in the second half of life. In B. L., Neugarten (Ed.), *Middle age and aging*. Chicago: University of Chicago Press.

Pervin, L. A. (1996). *The Science of Personality*. NY: Willy.

Piaget, J. (1936). *The Origins of intelligence in children* (Translated by Cook, M.). New York: International Universities Press.

Piaget, J. (1952). *Autobiography*. Worcester, Mass: Clark University Press.

Piaget, J. (1952). *The child's conception of number* (Translated by Gattegno, C. and Hodgson, F. M.). New York, NY: Routledge.

Piaget, J. (1973). *The child and reality*. New York: Viking Press.

Piaget, J. (1974). *The Origins of Intelligence in Children*. New York: International University.

Piaget, J., & Inhelder, B. (1964). *The Children's Conception of Space*. London: Routledge & Kegan Paul.

Pincus, A., & Minahan, A. (1973). *Social Work Practice: Model and Method*. Itasca, IL: F. E. Peacock.

Pollari, V., & Newsome, M. Jr. (1998). *Human behavior in the social environment (Families, Groups, Organizations, and Communities.)*. Brooks/Cole: Thomson Learning.

Rogers, C. R. (1959). "A theory of therapy, personality, and interpersonal relatioships, as developed in the client-centered framework." in S. Koch (Ed.), *Psychology: A study of a science* (Vol. 3). New York: McGraw-Hill.

Rogers, C. R. (1978). "The formative tendency." *Journal of Humanistic Psychology, 18*(1), 23-26.

Rogers, C. R. (1980). *A way of being*. Boston, Mass: Houghton Mifflin.

Santrok, J. W. (1999). *Life-span Development* (7th ed.). Boston: McGraw-Hill.

Schaie, K. W. (1996). "The course of adult intellectual development". *American Psychologist, 49*.

Schriver, J. M. (2011). *Human Behavior and Social Eavirenment*. Allye & Bacan.

Schultz, D. P., & Schultz, S. E. (1994). *Theories of Personality* (5th ed.). Pacific Grove, CA: Brooks/Cole Publishing Company.

Scott, W. R. (1987). *Organizations: Rational, Natural, and Open Systems* (2nd ed.). Englewood Cliffs, NJ: Prentice-Hall.

Shaffer, D. R. (1999). *Development Psychology* (5th ed.). 송길연, 김수정, 이지연, 양돈규 역(2000). 발달심리학. 서울: 시그마프레스.

Sigelman, C. K. (1999. *Life-Span Human Development* (3rd ed.). Brooks: Cole Publishing Co.

Skinner, B. F. (1971). *Beyond Freedom & Dignity*. NY: Hackett Publishing Company.

Skinner, B. F. (1938). *The Behavior of Organism*. NY: Appleton-Century-Crofts.

Skinner, B. F. (1953). *Science and Human Behavior*. NY: Macmillan.

Soecgtm, R., & Craig, G. J. (1987). *Human Development: A Social Work Perspective* (2nd ed.). Englewood Cliffs, N.J.: Prentice-Hall.

Specht, R., & Craig, G. J. (1982, 1987). *Human development: A social work perspective*. NY: Prentice-Hall, Inc.

Taylor, S. E. & Brown, J. D. (1988). *Illusion and Well-Being: A Social Psychological on Mental Health*. Bulletin.

Toseland, R. W., & Rivas, R. (2001). *An Introduction to Group Work Practice* (4th ed.). Boston: Allyn and Bacon.

Troll, L. E. (1982). *Early and middle adulthood*. Pacific Grove, CA: Brooks/Cole.

Turner, F. J. (1984). *Child Psychopathology: A Social Work Perspective*. NY: Free Press.

Turner, J. S., & Helms, D. B. (1983). *Lifespan Development* (2nd ed.). New York: Holt, Rinehart & Winston.

Ward, R. A., & Spitze, G. (1998). *Sandwiched marriages*. Social Forces.

Zabel, D. (1994). *Diagnostic and Statistical Manual of mental Disorders* (4th ed.). Washington, DC: American Psychiatric Association.

Zastorw & Kirst-Ashman. 김규수 외 역(2006). 인간행동과 사회환경. 서울: 나눔의 집.

Zastrow, C. (1995). *The Practice of Social Work*. Pacific Grove Publishing Company.

Zastrow, C., & Kirst-Ashman, K. K. (2013). *Understanding human behavior and the social environment* (9th ed.). CA: Thomson Books/Cole.

Zastrow, C., & Kirst-Ashman, K. K. (2001). *Understanding Human Behavior and the Social Environment* (5th ed.). California: Thomson Brooks/Cole.

교육과학기술부. http://moe.go.kr/
네이버 "청소년의 성 의식" 검색 (지식인 카페 블로그)
네이버 지식백과. http://terms.naver.com/
서울대학교병원 의학정보. http://snuh.org/
세계보건기구(WHO). http://www.who.int
송파청소년성문화센터. http://youth1318.or.kr
아이펀 창의센터. http://www.i-friend.org
여성가족부. http://mogef.go.kr/
여성동아(2012년 7월호).
영동세브란스병원 영상의학과 정태섭교수
통계청(2008, 2009, 2012, 2014, 2015).
통계청(2016). 국가지표체계.
한국일보(2012년 1월 21일자).
한국일보(2016년 3월 24일자).

찾아보기

〈내용〉

저자 소개

김향선(Kim, Hyang Seon)

중앙대학교 문학사, 이화여자대학교 문학석사, 중부대학교 사회복지학석사 및 교육학석사(상담심리전공) 학위를 취득하였으며, 경희대학교 대학원에서 철학박사 학위를 받았다. 또한 중앙대학교, 이화여자대학교, 경희대학교, 강남대학교 외래교수와 의정부시사회복지사협회 4~5대 회장직을 역임했다. 현재 신한대학교 사회복지학과 교수로 재직 중이다.

저서로는『사회복지실천의 이해』(공저, 창지사, 2015),『자원봉사론』(공저, 형설출판사, 2011),『철학의 지혜』(동문사, 2011),『여성복지론』(공저, 양서원, 2009),『철학의 산책』(선학사, 2008),『철학과 삶』(선학사, 2000),『작품을 통해 본 철학이야기』(선학사, 1994) 등이 있다.

* 표지 그림: 김경희(전 신한대학교 산업디자인학과 교수)

현대 인간행동과 사회환경
Human Behavior and the Social Environment

2018년 4월 25일 1판 1쇄 인쇄
2018년 4월 30일 1판 1쇄 발행

지은이 • 김향선
펴낸이 • 김진환
펴낸곳 • (주)**학지사**

　　　　04031 서울특별시 마포구 양화로 15길 20 마인드월드빌딩
대표전화 • 02)330-5114　　　　팩스 • 02)324-2345
등록번호 • 제313-2006-000265호

홈페이지 • http://www.hakjisa.co.kr
페이스북 • https://www.facebook.com/hakjisa

ISBN 978-89-997-1457-3 93330

정가 19,000원

이 도서의 국립중앙도서관 출판시도서목록(CIP)은 서지정보유통지
원시스템 홈페이지(http://seoji.nl.go.kr)와 국가자료공동목록시스템
(http://www.nl.go.kr/kolisnet)에서 이용하실 수 있습니다.
(CIP 제어번호: CIP2018011967)

교육문화출판미디어그룹 학지사

심리검사연구소 **인싸이트** www.inpsyt.co.kr
원격교육연수원 **카운피아** www.counpia.com
학술논문서비스 **뉴논문** www.newnonmun.com
간호보건의학출판 **정담미디어** www.jdmpub.com